OPÉRATION NÉMÉSIS

Du même auteur

CHEZ LE MÊME ÉDITEUR.

Les secrets du ballottage (avec Jean-François Kahn), 1966.
La Loi du retour (Prix Aujourd'hui), 1970.

CHEZ D'AUTRES ÉDITEURS.

Des enfants malgré nous (Éd. de Minuit, 1956).
Vaincre le cancer (Éd. de Minuit, 1958).
Population sur mesure (Le Seuil, 1965).
Les deux exodes (avec Édouard Saab - Denoël, 1968).
Cent mille juifs à la mer (Stock, 1973).
Israël, la mort en face (avec Jean-Noël Gurgand - Laffont, 1975).
Enquête sur un juge assassiné (Laffont, 1977).
Histoire secrète d'Israël (avec Hesi Carmel - Orban, 1978).
Le cas Wallenberg (Ramsay, 1980).
Israël Connection (Plon, 1980).
La traque (Orban, 1980).
Enquête sur les « Affaires » d'un septennat (avec Jean-Marie Pontaut - Laffont, 1981).
Enquête sur les mystères de Marseille (avec Jean-Marie Pon-
taut - Laffont, 1984).
Enquête sur trois secrets d'État (avec Jean-Marie Pontaut - Laffont, 1986).

JACQUES DEROGY

OPÉRATION NÉMÉSIS

Préface de Gérard Chaliand

Fayard

A Jiro, Nora et Lorky

Préface

Ce qu'on appelle en anglais un political thriller *est un genre que les Britanniques ont admirablement cultivé avec des maîtres-artisans tels Graham Greene ou Eric Ambler. En France, cette catégorie littéraire est plus rare. On pense au Gilles Perrault de* L'Orchestre rouge, *à Yves Courrière, à Jacques Derogy. De ce dernier, j'avais beaucoup aimé, lors de sa parution,* La Loi du retour : la secrète et véritable histoire de l'« Exodus » *(Fayard), qui obtint en 1970 le Prix Aujourd'hui. C'était un récit dense, fondé sur une enquête serrée, écrit avec limpidité.*

Il y a quelques années déjà que je souhaite voir paraître un ouvrage sur l'« Opération Némésis ». Je m'en suis ouvert à Claude Durand qui, avec sa rapidité de décision et son sens du risque, en a accepté l'idée à condition que le récit en soit confié à l'un des deux ou trois maîtres du genre.

Jacques Derogy, que j'ai alors rencontré, a consenti, malgré des engagements multiples, à donner vie à ce projet.

De l'histoire mouvementée des Arméniens, comme beaucoup il ne connaissait que le génocide. D'origine juive, ancien résistant — il rejoignit les maquis de l'Ardèche à dix-neuf ans —, Jacques Derogy ne pouvait manquer d'empathie à l'égard du destin du peuple arménien.

Après avoir lu toute la documentation sur le sujet, il s'est rendu par deux fois aux États-Unis, à Boston où se trouvent, à l'Institut Zoryan, les archives de la Fédération révolutionnaire arménienne. Il y a travaillé avec l'historien Gérard Libaridian, directeur de cet Institut, et ils ont ensemble exhumé, à partir de documents encore non classés, bien des éléments nouveaux qui éclairent l'organisation de l'opération.

Sur le plan historique, « Némésis » est peut-être la chasse à l'homme la plus extraordinaire du siècle. Elle est aussi la moins connue, dans la mesure où ses organisateurs ont obstinément gardé le silence jusqu'à leur mort. Extraordinaire, cette traque sur trois continents, décidée à Erivan, en Arménie alors indépendante, et à Constantinople occupée par les Alliés, organisée à partir de Boston, répercutée à Genève, exécutée à Berlin, à Rome, à Tiflis en Géorgie, et jusqu'en Asie centrale. Elle vise, dans le droit fil de la tradition du tyrannicide, *à châtier des responsables politiques majeurs, condamnés à mort par contumace par une cour ottomane. Talaat, Enver, Djemal, le triumvirat dirigeant des Jeunes Turcs, et quelques autres dont les figures sont évoquées dans le présent récit, sont coupables de ce qu'on appelle aujourd'hui « crime contre l'humanité ». La vengeance ici relatée est un acte de justice élémentaire semblable à l'exécution des hauts dignitaires nazis après la Seconde Guerre mondiale. Mieux, il s'agit ici non de cadres supérieurs d'un régime coupable de génocide, mais des dirigeants eux-mêmes qui ne peuvent se retrancher derrière les ordres reçus, puisqu'ils ont eux-mêmes conçu le dessein et ordonné le crime.*

L'assassinat des élites, la liquidation des hommes sous les drapeaux préalablement désarmés, la déportation et l'extermination systématiques des populations arméniennes d'Anatolie, furent l'œuvre des plus hautes instances du Comité « Union et Progrès ». Ceux-là trouvent ici leur châtiment.

Le génocide des Arméniens — la moitié au moins de la population a disparu —, enfin reconnu par la sous-commission des Droits de l'Homme de l'O.N.U. (Rapport Benjamin Whitaker, 21-8-85), connut avec l'« opération Némésis » sa conclusion provisoire. Le mérite de cette opération revint sans doute moins aux exécutants, jeunes gens déterminés d'une vingtaine d'années, qu'aux organisateurs qui mirent en place la logistique, le renseignement et les conditions de sa réalisation. Ceux-ci —

tels, au centre du groupe, Armen Garo qui perdit sa famille dans les massacres et dont la biographie est étonnante, Aaron Sachaklian, chargé de la logistique, de l'entraînement et de surcroît trésorier, ou, plus jeune, Chahan Natali, coordinateur opérationnel — appartiennent à une génération politique d'une exceptionnelle activité. Entre la dernière décennie du XIXe *siècle et 1920, une partie de cette génération fut de tous les combats libérateurs de la région. La plupart firent partie de la Fédération révolutionnaire arménienne. Influencée par les Lumières, nourrie des idées du socialisme européen de la seconde partie du* XIXe *siècle, marquée par le populisme russe, celle-ci devint membre, à partir de 1907, de la IIe Internationale.*

Ce que véhicule cette génération politique représente à la fois l'avant-garde de la modernité en Transcaucasie, dans l'Empire ottoman, en Perse, et l'expression d'aspirations nationales et révolutionnaires. On retrouve ainsi ces hommes combattant avec les Macédoniens contre l'Empire ottoman au tournant du siècle, participant à la révolution constitutionnelle en Perse (1905-1907), comme partisans en Anatolie orientale entre 1895 et 1908, ou résistants contre les déportations à Sassoun en 1915.

C'est l'ensemble de ces aspirations et de ce courant que faucha le génocide de 1915-16. Les rescapés vont brièvement constituer un État qui va s'effondrer, exsangue, et ils prépareront et exécuteront l'« opération Némésis ». Très vite, les événements se bousculent : l'Arménie devient alors soviétique, la Turquie moderne apparaît grâce à Mustapha Kemal. La question arménienne, et plus particulièrement celle du génocide, est reléguée aux oubliettes pour plus d'un demi-siècle.

Depuis une décennie, bon nombre de livres historiques et d'œuvres de fiction ramènent au jour ces événements qui, dans les manuels, n'occupaient pas même une note de bas de page.

*Il manquait à cette série d'ouvrages un livre tel qu'*Opération Némésis. *Grâce au talent de Jacques Derogy, ce récit fait désormais partie, de façon inoubliable, de l'histoire contemporaine.*

GÉRARD CHALIAND

« Partout où l'assassin se cache
Nous serons là, de jour, de nuit,
Nos yeux se fixeront sur lui
Comme au soleil le tournesol s'accroche.
Nous sommes dans ses chambres intimes
Et notre ombre suit ses pas.
Nous sommes dans le poison dormant
Dans l'aiguille creuse à la taille fine. »

NATHAN ALTERMANN, poète israélien.

« Toi ma patiente ma patience ma parente
Gorge haut suspendue orgue de la nuit lente
Révérence cachant tous les ciels dans sa grâce
Prépare à la vengeance un lit d'où je naîtrai. »

PAUL ÉLUARD, poète français.

Prologue

UN COMMANDO DE VENGEURS

Représentant de commerce en boucherie, Nicolas Jessen, 40 ans, se rendait à pied, ce mardi 15 mars 1921, vers 11 heures du matin, visiter des clients de la Wittenbergstrasse, dans le quartier de Charlottenburg, à Berlin. Les premiers rayons du soleil n'étaient pas encore assez chauds pour sortir sans manteau. En empruntant la Hardenbergstrasse, Jessen se trouva à une vingtaine de mètres derrière un homme de forte carrure, emmitoufflé dans un gros pardessus gris d'hiver, qui marchait d'un pas lent de promeneur en balançant sa canne, sur le trottoir de droite, en direction du jardin zoologique. Il se vit alors dépassé par un jeune homme au chapeau rabattu sur le front et au long profil aquilin, qui venait de traverser la chaussée devant l'école de musique. En arrivant à la hauteur de l'homme au gros pardessus, le passant sortit sa main droite de la poche de son manteau et la leva vers la nuque de l'autre. Un coup de feu le fit tressaillir : Jessen comprit en un éclair qu'il était en train d'assister à un meurtre quand le gros type tomba en avant, face contre terre, dans une mare de sang giclant de son crâne fracassé. Le jeune homme pressé avança le bout de sa chaussure dans la flaque, jeta son arme de poing et s'enfuit en tournant dans la rue des Faisans, vers la Kantstrasse. Une passante, qui marchait devant la victime, s'évanouit. Jessen se précipita pour la relever, croyant qu'elle avait été touchée elle aussi. Puis il s'élança à la poursuite du meurtrier qu'il rattrapa rue des

Faisans, alors que des cris fusaient de tous côtés : « A l'assassin ! Arrêtez-le ! » Un camion de déménagement arriva au même moment et deux hommes sortirent d'une villa pour se joindre à la foule. Jessen ceintura le fuyard qui n'eut que le temps de dire en mauvais allemand : « Moi Arménien, lui Turc, pas de mal pour l'Allemagne ! Lâchez-moi, ça ne vous regarde pas. » Déjà les passants accourus commençaient à rouer de coups le captif. Un autre témoin du meurtre, Boleslaw Dembiki, un domestique de 32 ans qui rentrait déjeuner chez lui, aida Jessen à soustraire l'assassin au lynchage, pour le conduire au poste du jardin zoologique. Mais là, les coups redoublèrent, car certains passants avaient cru reconnaître dans la victime, dont on avait retourné le corps sur le trottoir, un héros de la guerre, le général von Kappen, qui avait la même corpulence et un visage aussi joufflu.

Un officier de police put arracher le jeune homme en sang des mains de la foule et l'emmener au commissariat de la gare de Charlottenburg, où un garde vint lui panser la tête avant de l'enfermer dans une cellule. Le meurtrier ne faisait que répéter : « C'est un étranger, je suis aussi étranger, ça n'a pas d'importance pour vous. » Et demander l'assistance d'un interprète d'arménien. Cependant, la police avait bouclé le lieu de l'assassinat. Le criminaliste Paul Scholz fut le premier à fouiller la victime dont le cadavre était étendu sur le trottoir, devant le 17 de la Hardenbergstrasse, entre la rue des Faisans, toute proche, et la rue Joachimstaler. Elle portait un passeport turc établi au nom de Ali Salieh bey, homme d'affaires résidant au 4 Hardenbergstrasse. Elle venait donc de sortir de son domicile dont la location avait été faite, curieusement, par le secrétaire d'ambassade de Turquie en Allemagne, Chiaḫ bey. La nouvelle se propagea rapidement dans la colonie des réfugiés turcs de Charlottenburg.

Le Dr Schloss, médecin du service sanitaire n° 7 du jardin zoologique, ne put que constater l'importance de la plaie couverte de sang coagulé, au-dessus de l'œil gauche du mort. Le criminaliste Gnass, de la police du quartier, y enfonça son doigt : c'était le trou de sortie de la balle qui était entrée sous l'oreille gauche, tout près de la nuque. Puis il saisit l'arme abandonnée dans le caniveau : un pistolet automatique à 8 coups de 9 mm, provenant des réserves de l'armée allemande et daté de 1915. Il restait 7 balles intactes dans le chargeur.

Au bout de deux heures, un dirigeant turc en exil, le Dr Behaeddine Chakir, fut autorisé à s'approcher du cadavre dont il recouvrit le visage après l'avoir identifié avec effroi : il s'agissait de l'ancien Grand Vizir Talaat Pacha, d'abord ministre de l'Intérieur, qui avait dirigé le gouvernement de la Sublime Porte à la fin de la guerre et avait fui l'Empire ottoman au lendemain de sa capitulation, pour trouver un asile clandestin auprès de ses anciens alliés du deuxième Reich. Le ministre allemand des Affaires étrangères vint aussitôt s'incliner devant la dépouille qui ne fut transportée à la morgue qu'en début d'après-midi. Chargé de l'autopsie, le Dr Schmulinsky releva de nombreux éclats d'os dans la plaie et une matière cervicale noircie de sang : « Le cerveau a complètement éclaté et a subi une telle pression que la mort a été instantanée, avec arrêt du cœur. »

Les enquêteurs enregistrèrent les dépositions des deux premiers témoins. Jessen précisa avoir secouru la passante évanouie avant de s'apercevoir de la mort de l'homme au manteau gris, puis avoir fouillé le meurtrier qu'il avait ceinturé, de crainte qu'il ne portât une autre arme de poing ou un poignard. Dembicki confirma que celui-ci l'avait dépassé au coin de la rue des Faisans, à environ quatre pas de l'homme qu'il devait tuer. Il crut d'abord qu'un pneu venait d'éclater, quand il vit tomber l'homme devant lui et l'autre se sauver en empruntant la rue des Faisans à gauche, avant de se faire rattraper par le premier témoin : « Il avait visé sa victime de dos, après avoir levé la tête comme s'il regardait en haut, vers un balcon. Il a tiré et a jeté son arme sans s'arrêter près du cadavre. Je n'ai pas remarqué la femme évanouie. En tout cas, personne n'accompagnait la victime, que j'avais vue descendre la rue toute seule, à pas comptés.

Le meurtrier la suivait sur le même trottoir et ne l'a dépassée que pour s'enfuir dans la rue des Faisans. »

Interrogé l'après-midi même par le criminaliste Gnass au commissariat de Charlottenburg, le meurtrier, titulaire d'un visa de séjour en règle au nom de Soghomon Tehlirian, né le 2 avril 1897 à Pakaridj (Turquie), arménien protestant, étudiant en mécanique, arrivé à Berlin au début de décembre, tenta d'expliquer sommairement son geste : il avait tué le Pacha parce qu'il le savait responsable du massacre de sa famille. Le policier lui montra alors le pistolet en plaçant le canon devant sa tête, pour lui demander si c'était bien ainsi qu'il avait procédé. L'Arménien, au visage glabre et émacié, secoua la tête en signe de dénégation et fit le geste de tirer par-derrière. Mais, en l'absence de l'interprète, il se refusa à toute autre déclaration.

Gnass recueillit encore, ce jour-là, la position spontanée d'un troisième témoin, nommé Resch, qui avait vu le meurtrier descendre d'abord la Hardenbergstrasse sur le trottoir opposé, puis traverser la chaussée à la hauteur de l'école de musique, pour se placer derrière sa victime qu'il avait ainsi préalablement pu dévisager, et se pencher un instant sur le corps affaissé du premier coup, avant de tenter de s'enfuir.

Au fonctionnaire du poste de police qui lui avait demandé pourquoi il n'avait pas affronté sa victime de face, Tehlirian fit comprendre qu'il n'aurait pas été aussi sûr de la précision de son tir et qu'un réflexe de défense de Talaat aurait risqué de faire échouer l'attentat. Le lendemain, il fut transféré dans une autre cellule, avec son pansement sur la tête, pour un premier interrogatoire en présence d'un interprète, Georges Caloustian, qui l'embrassa et lui offrit des gâteaux et du chocolat.

« Comment ? s'étonna le magistrat Schulze, conseiller à la Cour de Charlottenburg, chargé de cette audition. Vous osez offrir des friandises à un criminel ? » A quoi l'interprète répondit : « Comment, un criminel ? C'est un grand patriote que nous autres, Arméniens, admirons tous ! »

D'emblée, Tehlirian reconnut être venu en Allemagne pour

venger sa famille et son peuple sur la personne principal responsable de leur extermination. Dès qu'il eut découvert son repaire, il se débrouilla pour s'installer dans un logement dont les fenêtres donnaient sur le perron d'entrée du faux Ali Salieh bey, afin d'épier ses allées et venues de l'autre côté de la rue. Il avait emménagé très exactement dix jours avant de se faire justice.

— Vous reconnaissez donc la préméditation de votre acte ?

— Oui, et je le referais s'il le fallait. J'étais prêt à y sacrifier ma vie.

— Qui vous a aidé ?

— Personne. J'ai agi seul.

— Aviez-vous un conflit personnel avec la victime ?

— Aucun. Mais c'est sur ses ordres que ma mère, mon frère, ma sœur, ma famille, mon peuple ont été massacrés.

— Vous admettez donc avoir prémédité son assassinat ?

— Oui.

L'interprète fit des signes désespérés à l'inculpé dont chaque réponse affirmative ne faisait qu'aggraver judiciairement le cas. Mais Tehlirian continuait sur sa lancée :

— J'ai rempli ma mission, vous pouvez faire de moi ce que vous voudrez.

— Ce n'était donc pas pour étudier la mécanique que vous êtes venu à Berlin ?

— C'était bien mon but, avant la guerre.

— Quand donc avez-vous pris la décision de tuer Talaat ?

— Quand je l'ai juré sur la tombe de ma mère.

Le lendemain, un chapelain protestant, qui avait été impressionné par la lecture du rapport établi en pleine guerre par le théologien Lepsius sur les atrocités turques en Anatolie, vint apporter au détenu une Bible en arménien, ainsi que le *Morgen Post* qui titrait : « L'ex-Premier ministre turc assassiné pour raisons politiques. » La presse européenne, à l'exception de l'allemande, n'eut en général pas un mot d'apitoiement pour la victime. A Paris, *Le Figaro* évoquait ainsi la chute du « tyran » :

« Le 14 octobre 1918, quand Franchet d'Esperey, ébranlant le front de Macédoine, puis l'enfonçant, sonna le glas des armées turques, le ministère que Talaat présidait dut se démettre. Le 14 novembre, il prit la fuite d'abord en Suisse, puis en Hollande d'où, menacé d'extradition, il passa en Allemagne. C'est là que ce tyran de petite envergure, mais d'ambitions démesurées, est venu expirer par le geste vengeur d'un opprimé. »

Le 17 mars, le quotidien lorrain *La Meuse* titra carrément : « Un Turc pro-Boche assassiné en Allemagne », et félicita le meurtrier d'avoir « exécuté la sentence d'une cour martiale rendue par contumace au lendemain de la guerre », quand les Alliés avaient réclamé la mise en jugement des dirigeants Jeunes-Turcs. Le 19 mars, enfin, un quotidien allemand de Darmstadt, le *Hessischer Volksfreund* (l'Ami du peuple de Hesse), n'hésita pas à stigmatiser le silence complice de son pays sur le martyre arménien :

« Les torrents de sang qui ont coulé en Arménie durant la guerre ne furent connus en Allemagne qu'après le conflit. La raison d'État ne permettait pas alors d'en parler. La raison d'État ! Ce grand mot, tous les grands criminels de l'histoire l'ont eu à la bouche chaque fois qu'il s'agissait de justifier leurs sinistres entreprises... La "perspective orientale" ne change rien au fait qu'au sang de Talaat s'attache une mer de sang. Talaat Pacha voulait résoudre la question arménienne par le fer et par le sang. Il croyait à la recette de Bismarck selon laquelle les grands problèmes du moment se résolvent non par des discours ou des décisions démocratiques, mais par le fer et par le feu... Les Jeunes-Turcs ont misé sur un mauvais cheval, non parce qu'ils ont marché avec l'Allemagne, mais parce qu'ils ont voulu appliquer la politique allemande de la force. »

Seule la presse turque de Constantinople et d'Ankara prit le deuil en encadrant ses « Unes » de noir pour annoncer les circonstances de la mort du Pacha dont le dernier gouvernement de la Sublime Porte se refusait à faire rapatrier la dépouille. Les obsèques eurent donc lieu à Berlin le 20 mars, au milieu d'une affluence énorme. Sous un soleil éclatant, amis et sympathisants se rassemblèrent autour du portrait de Talaat, devant le 4 Hardenbergstrasse, en présence du ministre turc de la Marine, d'un représentant de l'ambassade, Choukri Effendi, de dignitaires de l'ancien et du nouveau régime ottoman, d'hommes d'affaires, qui escortèrent le cercueil recouvert d'un drapeau turc et du fez de l'ancien Premier ministre, jusqu'au cimetière Mattheus où Talaat fut inhumé selon le rituel musulman. Le Dr Behaeddine Chakir prononça l'oraison funèbre : « Ne croyez pas qu'avec ce servant d'Allah, cet homme de principes, nous enterrons aussi nos espoirs. Non, dans cet affreux règlement de comptes, une pensée nous console : il n'y a pas de doute que nous sortirons gagnants. Talaat Pacha était prêt à payer la part de dettes qui lui revenait et le sort en a ainsi décidé... »

Entre-temps, Tehlirian, transféré à la prison centrale et remis de ses blessures, se faisait chapitrer par son interprète, ses avocats et ses co-détenus pour revenir sur ses aveux de préméditation. Il fallait qu'il justifie son acte par un choc émotif irréfléchi, consécutif à ses propres souffrances, afin de pouvoir plaider non-coupable et de faire de son procès celui de sa victime, qui avait été le bourreau de ses proches. Il lui fallait évoquer la hantise de sa déportation, ses trois blessures, ses crises d'épilepsie au souvenir de sa mère, de son frère, de ses sœurs massacrés sous ses yeux. Il devait affirmer qu'il ne connaissait même pas la présence de Talaat à Berlin quand il était venu reprendre ses études en Allemagne : un jour, il l'avait rencontré par hasard dans la rue, l'avait suivi par simple curiosité, sans intention funeste. Mais, deux semaines avant l'attentat, en emménageant en face de chez lui, il avait revu en songe le tas de cadavres parmi lesquels il avait reconnu les corps de ses parents martyrisés. Et voilà que le spectre de sa mère s'était dressé et l'avait apostrophé sévèrement : « Comment, tu sais que notre assassin est ici, sous tes yeux, et tu restes encore indifférent ? Tu n'es plus mon fils ! » C'est en s'éveillant de ce cauchemar qu'il décida de tuer Talaat : l'injonction de sa mère passait avant toute autre loi. D'autant que la petite et toute jeune République arménienne du Caucase venait d'être rayée de la carte et que l'invasion par l'Armée Rouge de ce qu'il restait de sa « nouvelle patrie » avait commencé le 1er mars... Les cinq médecins experts, désignés tant par l'accusation que par la défense, devaient confirmer que Tehlirian était bien sujet à des crises d'épilepsie et que son système nerveux se trouvait gravement perturbé du fait des horreurs qu'il avait vécues et des scènes hallucinantes, comme celle de l'extermination de sa famille, dont il avait été le témoin. Ils se divisaient seulement sur son degré d'irresponsabilité au moment des faits.

Le 3 juin 1921, moins de trois mois après l'attentat, les jurés de la Cour criminelle de Berlin déclarèrent l'accusé non coupable de meurtre avec préméditation. Son acquittement fut accueilli par les applaudissements frénétiques d'une foule de compatriotes et de sympathisants qui avait investi le prétoire. Une heure plus tard, Tehlirian quittait sa prison dans une auto couverte de fleurs. La presse ne s'y trompa pas. Dans son ensemble, elle considéra le verdict comme un acte de justice honorant la nouvelle Allemagne. Des colonnes entières étaient consacrées à la tentative d'extermination du peuple arménien dont les dirigeants Jeunes-Turcs portaient la principale responsabilité — une véritable révélation pour l'opinion allemande que le gouvernement avait jusque-là soigneusement tenue dans l'ignorance des massacres perpétrés par son allié impérial d'Orient.

Exaltant l'absolution du crime de Tehlirian, l'organe socialiste *Vorwaerts* allait jusqu'à y voir « le premier des procès contre les vrais coupables de guerre ». Tout en se défendant de vouloir glorifier l'assassinat politique, il comparait Tehlirian au héros de la Suisse, Guillaume Tell, abattant le bailli Gessler, cet oppresseur qui l'avait obligé à viser une pomme placée sur la tête de son fils : « Comme le héros de Schiller, l'étudiant arménien peut s'écrier : j'ai vengé les droits de la sainte Nature... »

Tehlirian avait finalement soutenu avoir agi seul, sans préméditation, animé d'un irresponsable désir de vengeance des siens à la vue du bourreau nº 1 des Arméniens, reconnu par hasard, en dépit de son déguisement, dans une rue de Berlin. Il s'agissait en somme d'un acte isolé, commis par un survivant devenu épileptique et incapable de supporter l'idée qu'un responsable comme Talaat Pacha pût vivre impunément après tant d'horreurs.

C'est la version que, moins de deux mois après le verdict de Berlin, un autre jeune Arménien, Missak Torlakian, donnera à son tour, alors qu'il vient d'abattre, à la porte d'un hôtel de Constantinople, le ministre de l'Intérieur de l'Azerbaïdjan, Behoud Khan Djivanchir, responsable du massacre de 20 000 Arméniens lors de l'entrée des Turcs à Bakou, et rallié depuis lors aux bolcheviks. Le 18 juillet 1921, peu avant minuit, le dirigeant tatar regagnait le Pera Palace, en compagnie de son frère et de quatre autres personnes également coiffées de la traditionnelle chapka russe, après une dernière consommation prise dans un kiosque du jardin public voisin. Un petit homme brun et frisé, aux grands yeux noirs enfoncés sous des sourcils saillants, avec une petite moustache à la Charlot, surgit sur le parvis de l'hôtel, comme un diable de sa boîte, et tira une balle à bout portant contre le flanc de Djivanchir, qui le dépassait d'une bonne tête. Le ministre pivota d'un quart de tour et parvint à saisir le bras de son agresseur qui lui logea deux balles de face en pleine poitrine. Tandis que le blessé s'écroulait, son entourage, pris de panique, courut s'abriter derrière les voitures. Les deux policiers turcs de garde devant l'hôtel s'enfuirent à la vue du pistolet du tireur. Celui-ci tourna le coin de la rue, mais réapparut en entendant les appels au secours de sa victime. Il y avait là près de trente témoins pétrifiés qui, sans oser bouger, le virent s'approcher et donner le coup de grâce au blessé qui devait succomber peu après son transport à l'hôpital.

Cerné par une demi-douzaine de policiers accourus entre-temps, l'assassin enjamba une voiture décapotable et trébucha sur des gens couchés sur la chaussée qui tentèrent de le ceinturer. Il fit feu pour se dégager et blessa aux yeux le frère de Djivanchir. Il tira encore un coup en l'air pour écarter les policiers qui cherchaient à le désarmer, puis, à l'arrivée de militaires français appartenant aux troupes d'occupation, il posa son pistolet sur le toit d'une auto. Les soldats l'escortèrent jusqu'au poste de police, tout en laissant la foule le tabasser jusqu'à l'évanouissement. Aux officiers français, puis anglais, qui l'interrogèrent, Missak Torlakian répondit que sa famille avait été liquidée sur ordre de Djivanchir à Bakou, et montra trois cicatrices qu'il portait lui-même sur le corps, une balle lui étant restée dans la cuisse depuis ce massacre.

Le procès s'ouvrit à la fin d'août, devant le tribunal militaire britannique siégeant à l'ancienne école de guerre ottomane d'Harbieh. Il dura deux mois et l'avocat de la défense, appuyé par un médecin-expert, plaida que son client, atteint du « haut mal » — comme Tehlirian —, avait agi en état de crise au souvenir du massacre de ses proches à Bakou, quand il avait appris la présence de Djivanchir à Constantinople. Le 20 octobre, Torlakian fut reconnu coupable, mais dispensé de peine en raison de son état de démence au moment des faits. Ainsi déclaré irresponsable de son crime, il fut expulsé vers la Grèce par les autorités d'occupation.

En fait, Torlakian avait calqué son attitude sur celle de Tehlirian, selon les instructions de leur commune organisation qui avait décidé et planifié l'exécution des plus hauts responsables du génocide arménien. Le meurtre de Djivanchir, comme celui de Talaat, s'inscrivait dans une série d'attentats prémédités et soigneusement préparés par un réseau clandestin constitué au sein de la Fédération révolutionnaire arménienne (Dachnak) pour traquer ces criminels de guerre jusque dans leurs repaires les plus secrets, et les liquider.

Né du développement conjoint de la conscience nationale

et de la répression à la fin du siècle dernier, ce parti avait adopté le recours au terrorisme comme moyen politique. Non le terrorisme publicitaire tant pratiqué de nos jours, mais un terrorisme du dernier recours et de la justice exercée au nom de la collectivité, dans le droit fil de la tradition du tyrannicide. Parallèlement à la guérilla, le parti Dachnak, fondé par des intellectuels arméniens du Caucase, préconisait la mise sur pied de groupes armés chargés d'exécuter des fonctionnaires turcs aussi bien que des usuriers et exploiteurs arméniens. « La technique du terrorisme dachnak, écrit le Dr Yves Ternon, historien français de la cause arménienne, est copiée sur celle de l'organisation de combat du parti socialiste-révolutionnaire russe, elle-même héritière des populistes. Le groupe opère en marge du parti, sous le contrôle d'un responsable. Il ne dépasse pas une dizaine de membres et n'agit qu'au terme d'une longue préparation. Après un premier temps de repérage et d'identification de la victime, la surveillance porte sur ses trajets, lieux de promenades et de rendez-vous. Puis, à la première occasion, l'exécution a lieu. A cette identité de technique se superpose une identité de comportement : le justicier arménien des années 20 s'identifie à son projet, le sublime. Il hait le meurtre, mais a fait le sacrifice de sa vie. Son acte est ressenti comme une nécessité vitale, une fatalité irréversible, puisque déjà ordonnée. La décision prise par le parti, la victime est déjà tuée, comme si le terroriste incarnait la balle qui doit la frapper[1]. »

Ainsi, Soghomon Tehlirian n'était pas l'étudiant halluciné de Berlin qu'il parut lors de son procès. Si ses vertiges n'étaient pas feints, il faisait en réalité partie d'un commando de cinq militants recrutés par un organisme spécial du parti Dachnak et chargés d'exécuter l'ex-Grand Vizir Talaat Pacha, dans le cadre d'une opération baptisée du nom de la déesse de la Vengeance, Némésis, emprunté à la mythologie grecque. Et Tehlirian n'en était pas à son coup d'essai. Le dernier dimanche de mars 1920, à Constantinople, il avait, en le

1. Yves Ternon, *La Cause arménienne*, Le Seuil, 1983.

visant de la rue à travers une fenêtre, tué d'une balle de pistolet en plein cœur un traître, l'Arménien Haroutioun Meguerditchian. Celui-ci avait jadis aidé Talaat à dresser la liste de 300 intellectuels et notables arméniens de Constantinople à liquider en priorité, le 24 avril 1915, pour empêcher toute résistance à l'imminente et fatale déportation des artisans et paysans arméniens d'Anatolie.

De même Missak Torlakian, qui avait pris le maquis dès le début de la guerre, en 1914, et tendu en vain une embuscade pour assassiner le général Enver Pacha, ministre de la Guerre, lors de la retraite initiale de l'armée ottomane sur le front oriental, avait-il fourni des fonds et des armes à l'un des premiers volontaires de l'« Opération Némésis », Aram Yerganian. Dès juin 1920, celui-ci exécutait à Tiflis, en Géorgie, le président du Conseil de l'Azerbaïdjan, Fathali Khan Khoiski, chef des massacreurs de Bakou... où, en fait, Torlakian n'avait pas de famille (la sienne avait été décimée à Trébizonde, le grand port turc de la mer Noire).

Le 6 décembre 1921, c'est au tour de l'ancien chef du premier gouvernement Jeune-Turc, Saïd Halim, de tomber à Rome sous les balles d'un autre vengeur de l'organisation, Archavir Chiraguian, que l'on retrouve faisant équipe à Berlin avec Yerkanian pour abattre simultanément, le 17 avril suivant, l'un des responsables majeurs du génocide, le Dr Behaeddine Chakir, et l'ancien gouverneur de Trébizonde, Djemal Azmi. La traque de l'ancien ministre de la Marine, Djemal Pacha, membre du triumvirat Jeune-Turc responsable de la guerre et du génocide, devenu conseiller soviétique aux Affaires caucasiennes, conduira un commando d'intrépides militants, Stepan Dzaghiguian, Bedros Der-Boghossian et Ardaches Kervokian, à l'abattre, le 25 juillet 1922, devant le quartier général de la Tchéka (police politique bolchevique) à Tiflis.

Ironie du destin : Enver Pacha, le premier dirigeant Jeune-Turc à avoir rallié Moscou, n'échappera aux justiciers dachnaks que pour tomber, le 4 août 1922, à la tête d'une bande de musulmans révoltés de l'émirat de Boukhara, sous les coups d'une escouade d'Arméniens bolcheviques, non loin de Samarkand, aux confins de l'Afghanistan. Mais la République indépendante d'Arménie, enclave d'espoir accrochée à l'inhospitalière barrière du Caucase, avait déjà vécu. Et son prestigieux représentant aux États-Unis, Armen Garo, qui était le grand patron de l'« Opération Némésis », se préparait à regagner l'Europe, rongé par la maladie, et à s'éteindre parmi ses amis de jeunesse dans cette paisible Suisse où la rumeur du monde ne parvient qu'amortie...

L'histoire peu connue de ce commando de vengeurs est à bien des égards exemplaire : pas de victimes inutiles ; des objectifs précis, indiscutables, réalisés avec efficacité ; une traque motivée par le sentiment du devoir qui anime des jeunes gens prêts à tuer comme à mourir, parce qu'ils veulent que justice soit faite pour leur famille anéantie, leurs amis disparus, leur peuple martyrisé.

« Notre organisation n'avait pas de plan d'extermination, écrit Chiraguian dans ses mémoires publiés à Boston en 1976[2]. Elle distribuait leur châtiment aux individus qui avaient été jugés par contumace et reconnus coupables d'assassinats en masse. En tête de notre liste, il y avait d'ailleurs des traîtres arméniens. »

C'est que, comme le rappelle Gérard Chaliand dans la présentation française de cet ouvrage, le terrorisme a aussi sa déontologie. « La façon de combattre, quand on en appelle à l'opinion publique tout particulièrement, doit refléter la justesse d'une cause et non la desservir[3]. »

Par quelle perversion de la dialectique et autres ronds de jambe autour de la morale, du sens ou de l'ironie d'une Histoire qui avance à tâtons, en est-on venu parfois à inverser les rôles des bourreaux et des victimes, des opprimés et des oppresseurs, dans de bien médiocres docilités ?

« Les morts sans sépulture de cette tragédie de l'Histoire

2. *La Dette de sang*, traduit aux éditions Ramsay, Paris, 1982, et Éditions Complexe, Bruxelles, 1984.

3. *Le Temps des assassins*, préface à *La Dette de sang*, *op. cit.*

que fut le premier génocide du XXe siècle, écrit encore Chaliand, n'ont pas été seulement l'objet des larmes et du désespoir des survivants. » D'où sa volonté de lever le voile sur des « actes qui libèrent du passé... et qui prendront tout leur sens lorsque, enfin, le génocide des Arméniens sera internationalement reconnu. »

Comble d'ironie, c'est le fondateur de la République moderne de Turquie, Kemal Pacha, le futur Kemal Atatürk, qui, tout en consacrant la négation du génocide des Arméniens, a, sans le vouloir, parachevé à sa façon l'« Opération Némésis ». Le 26 août 1926, il fit pendre à Ankara le Dr Nazim, dernier sursitaire de la liste des hommes à abattre dressée par les vengeurs dachnaks. Non pour avoir organisé les massacres de 1915, mais pour avoir comploté contre son propre pouvoir...

I

Les passagers du *Lorelei*

Le canon s'est tu depuis deux jours à peine quand le torpilleur allemand *Lorelei* quitte son mouillage du Bosphore, dans la nuit du 1er au 2 novembre 1918, pour doubler la Corne d'or et gagner subrepticement la mer Noire à destination d'Odessa. Avec l'accord des frères Radowitz, haut fonctionnaires de l'ambassade d'Allemagne, il transporte à son bord un important contingent de passagers quasi clandestins, pressés de fuir Constantinople avant le débarquement des forces franco-anglaises prévu pour le 13, et de trouver asile en pays ami. Il s'agit en effet des principaux dirigeants ou animateurs du Comité « Union et Progrès » (*Ittihad*[1] en turc), qui portent la responsabilité de la politique suivie par l'Empire ottoman depuis la révolution Jeune-Turque de 1908 contre le pouvoir absolu du Sultan. Ils se sont emparés eux-mêmes des leviers de commande, en 1913, pour entraîner leur pays dans la guerre au côté des Empires centraux — allemand et austro-hongrois — et réaliser leur rêve pantouranien en liquidant au passage l'irritante question arménienne. Laissant derrière eux ruines et charniers, ils n'ont réussi qu'à vider l'Anatolie de son peuplement arménien. Devant l'avance alliée en Thrace, en Syrie et en Palestine, et l'ampleur du désastre militaire, ils redoutent d'avoir à répondre de leur impéritie autant que de

1. *Ittihad ve Tesakké.*

leurs crimes. Les puissances de la Triple Entente, dont deux aujourd'hui victorieuses, ne les avaient-elles pas solennellement avertis en publiant, dès le 24 mai 1915, une note de protestation prémonitoire :

> « Les gouvernements de France, d'Angleterre et de Russie ont décidé, d'un commun accord, de faire les déclarations suivantes : Depuis un mois, les populations turque et kurde, de concert avec les agents du gouvernement turc et souvent avec leur aide, sont en train de massacrer les Arméniens. En particulier, des massacres ont eu lieu vers la mi-avril à Erzeroum, Terdjan, Bitlis, Mouch, Sassoun, Zeïtoun et dans toute la Cilicie. Dans les environs de Van, la population de plus de cent villages a été massacrée en masse. Le gouvernement turc est aussi en train de persécuter la population arménienne inoffensive de la capitale. Devant ce nouveau *crime de lèse-humanité* perpétré par les Turcs, les puissances de l'Entente déclarent publiquement à la Sublime Porte qu'elles en tiendront personnellement responsables les membres du gouvernement ainsi que tous ceux qui auront participé à ces massacres. »

Certes, l'un des signataires, la Russie, manque à l'appel, du fait de la révolution bolchévique. Mais, sur tous les autres fronts, les Empires centraux sont défaits et le cabinet turc a dû adresser une demande de paix à Washington par le truchement de l'ambassade d'Espagne, qui y représentait les intérêts de Constantinople depuis la rupture des relations diplomatiques intervenue entre les deux capitales, le 20 avril 1917, au lendemain de l'entrée en guerre des États-Unis contre l'Allemagne. Cette demande s'appuyait sur l'un des quatorze préalables posés, le 8 janvier 1918, par le Président Wilson :

> « Il faut assurer le droit à une souveraineté sûre de la partie turque de l'Empire ottoman. Il faut également offrir une sécurité ne laissant place à aucune incertitude,

ainsi que la possibilité d'une évolution autonome aux autres peuples se trouvant encore sous la domination turque. »

Les puissances belligérantes s'étaient déjà entendues pour se partager, à la règle et à l'équerre, les dépouilles de l'Empire ottoman. Dans les palais de Londres et de Paris, des diplomates à col cassé marchandaient entre eux, au nom de leur roi ou de leur république, un morceau d'Afrique pour un morceau d'Asie. Au-delà du Caucase, dans les fracas de la guerre civile qui ravageait l'ancien empire des Tsars, un minuscule État arménien avait vu le jour, le 28 mai 1918, sur un territoire de 9 000 km^2 autour d'Erivan et de Sevan et réclamait, au nom de ses martyrs, sa part d'héritage.

En dépit de son ultime succès militaire à Bakou, le cabinet « unioniste » du Grand Vizir Talaat Pacha démissionne, le 8 octobre, afin de faciliter les négociations d'armistice. Sa chute consacre l'effondrement du régime Jeune-Turc. Le chef de la Sûreté, Aziz Bey, s'est empressé de détruire les archives de l'Organisation spéciale *(Techkilati Mahsoussé)* mise sur pied en août 1914 par l'un des fondateurs du parti Union et Progrès, le Dr Nazim, pour mener l'action subversive de part et d'autre de la frontière turco-russe et « trancher par la force les questions en suspens ». Il s'agit d'une force supplétive composée d'irréguliers recrutés dans les prisons et les bas-fonds (les Tchettés) et qui, placée sous les ordres d'un des douze membres du Comité central de ce parti, le Dr Behaeddine Chakir, est devenue le fer de lance de la turquification de l'Empire ottoman. Les documents témoignant de son activité criminelle pendant la guerre ont disparu dès le 15 septembre.

Le 14 octobre, l'ancien Premier ministre et ministre de la Guerre, Ahmet Izzet Pacha, chassé par les Jeunes-Turcs en 1914, est chargé par le nouveau sultan, Mehmed VI, de former un gouvernement de coalition afin d'entamer les pourparlers. Le 19 octobre, Izzet Pacha présente à l'Assemblée un programme d'apaisement mettant tardivement fin aux persécutions :

« Les citoyens transférés d'un lieu à l'autre à l'intérieur du pays, ou que l'on a fait émigrer pour des nécessités de guerre, peuvent retourner dans leur région d'origine, et cette décision est en cours d'application. Un projet d'amnistie générale des détenus et de libération des déportés est en voie d'élaboration. »

Le 27 octobre, les plénipotentiaires turcs conduits par le nouveau ministre de la Marine, Hussein Raouf bey, montent à bord du croiseur britannique *Agamemnon* mouillé dans le port de Moudros, île de Lemnos, pour négocier les conditions d'armistice avec l'amiral anglais Gough-Calthrope. La convention signée le 30 prévoit, entre autres, la démobilisation partielle de l'armée turque et son retrait de Transcaucasie sur les frontières d'avant la guerre, l'occupation par les Alliés des Détroits, de la capitale, des autres points stratégiques et éventuellement des six provinces orientales (les vilayets d'où ont été chassées les communautés arméniennes et que revendique la jeune République d'Erivan), car des troubles risquent de s'y manifester. La flotte de l'Entente, constituée de soixante bâtiments, doit jeter l'ancre devant Constantinople le 13 novembre. Le 1er novembre, à l'issue du dernier congrès de l'Ittihad (Union et Progrès), le ministre de l'Intérieur du nouveau cabinet, Fethi bey, facilite l'embarquement des plus importants dignitaires du parti et du comité secret qui le dirigeait à bord du navire allemand *Lorelei*, pour leur permettre de se réfugier à Berlin, via Odessa.

Fethi bey est en effet un camarade de promotion de l'ex-ministre de la Guerre, Enver Pacha, « héros de la Révolution » Jeune-Turque, devenu généralissime. Il a pris part, avec lui, à la conspiration des officiers nationalistes de Salonique, en Macédoine, qui ont fondé, en 1907, le parti des Unionistes (les Ittihadistes) avec les intellectuels révolutionnaires turcs exilés à Paris, ainsi qu'à la marche sur Constantinople qui a détrôné, en 1909, le sanguinaire sultan Abdul Hamid. Ce qui lui a valu d'être chargé de la garde de l'ex-Majesté reléguée dans une villa de Salonique. Attaché militaire à Vienne au moment où son « dieu » Enver occupait le même poste à Berlin, il a également œuvré à l'alliance avec les Empires centraux. En 1910, il a guerroyé contre les Italiens en Libye comme chef d'état-major, puis dans les Balkans, avant de représenter son pays à Sofia où il a favorisé l'alliance bulgaro-turque, dont la signature a précédé de peu l'ordre de déportation des Arméniens d'Anatolie.

Élu député unioniste de Constantinople en 1917, Fethi Bey a fait fortune en trafiquant sur le ravitaillement. Appelé néanmoins à faire partie du gouvernement d'armistice, il met à profit ce poste provisoire pour faciliter la fuite de ses anciens chefs et de ses pairs.

En fait, ce sont bien les principaux responsables du premier génocide du siècle qui viennent d'échapper aux représailles envisagées par les Alliés et aux velléités des nouveaux gouvernants ottomans, issus pour une part d'une formation rivale (les libéraux et les conservateurs du parti Entente et Liberté).

D'abord cet homme massif de 44 ans, aux allures de bouledogue, et qui a pris soin de raser sa célèbre paire de moustaches noires : Talaat Pacha, le chef du triumvirat officieux qui tenait les rênes de l'Empire ottoman depuis le coup d'État du 26 janvier 1913, marqué par l'assassinat du ministre de la Guerre — un libéral — dans le vestibule de la Sublime Porte, et par la démission arrachée sous la menace au Grand Vizir de l'époque, en pleine salle du Conseil.

A ses côtés, on pourrait remarquer, par contraste, la très petite taille, la silhouette presque gracile et le visage lisse de son compagnon, Enver Pacha, 37 ans. On pourrait aussi surprendre le regard cruel de son autre acolyte : Djemal Pacha, 46 ans. A eux trois, ils s'étaient peu à peu imposés aux postes-clefs du régime : Talaat à l'Intérieur dès le putsch de 1913, Enver à la Guerre en janvier 1914, et Djemal Pacha, d'abord gouverneur militaire et préfet de Constantinople, au ministère de la Marine en février 1914.

Parmi les autres compagnons de voyage qui ont pu trouver place à bord du *Lorelei*, on pourrait aussi reconnaître quatre artisans de choc de la solution finale arménienne : les Drs Nazim et Chakir, chefs des milices « tchettés », le préfet de Trébizonde, Djemal Azmi, et le préfet de police de Constantinople, Bedri bey.

Le Dr Nazim, 48 ans, formé à Paris où il avait participé au Congrès des partis ottomans d'opposition au régime d'Abdul Hamid avec les révolutionnaires arméniens, est à l'origine du Comité d'action Union et Progrès, créé en 1907 à Salonique. Il dirigeait encore l'hôpital de cette ville avant de devenir ministre de l'Éducation dans le dernier cabinet Jeune-Turc. Encore un humaniste qui, de Constantinople en guerre, avait mis ses hordes de « tchettés » à la disposition de son confrère Chakir, de sept ans son cadet, pour « convoyer » les femmes, les enfants et les vieillards déportés vers les déserts de Mésopotamie.

La traversée de la mer Noire donne à ces passagers spéciaux le temps de méditer sur l'ironie du destin qui vient de les précipiter du faîte du pouvoir à l'exil, vers un refuge semi-clandestin offert par le grand allié vaincu. Avant de tirer des plans sur la comète en vue d'un éventuel retour, ils ont à préparer des plaidoyers *pro domo* pour éviter tout risque d'extradition. Peut-être leur patrie leur sera-t-elle un jour reconnaissante des initiatives que le temps et l'oubli leur permettront de multiplier à l'extérieur pour tenter de desserrer l'étau des impérialismes qui vient de se refermer brutalement sur la Turquie. Mais, dans le sillage du *Lorelei* qui taille sa route vers le grand port de l'Ukraine, c'est plutôt leur passé qui émerge, vague après vague...

Issu d'une humble famille, mi-bohémienne mi-bulgare, convertie à l'Islam, Talaat a d'abord grandi au milieu de la plèbe d'Andrinople, en Thrace, qu'il a dû fuir devant l'invasion russe de 1878. Il n'a donc pas d'origine turque. Et il fait fi de toute religion. Après deux ans de scolarité secondaire à l'Alliance israélite, il devient un *hooligan* avant la lettre. Son premier emploi est celui de facteur des postes, où il apprend l'usage du télégraphe. Cette connaissance ne lui permet pas seulement de monter en grade comme télégraphiste, puis comme chef de correspondance à la poste centrale de Salonique : elle lui donne accès aux dépêches échangées entre le gouverneur et les sicaires du sultan Abdul Hamid. Du coup, il devient l'informateur, puis le conseiller des Jeunes-Turcs qui s'organisent en Macédoine. D'où son ascendant sur le premier noyau de l'Ittihad constitué dans l'ombre de loges maçonniques. Il multiplie alors les contacts avec les minorités révolutionnaires grecque, bulgare et serbe de Macédoine en leur promettant l'égalité dans une Turquie fraternelle. Et il n'hésite pas à payer de sa personne en exécutant des agents du sultan Abdul Hamid.

Après le putsch de juillet 1908 à Salonique et le rétablissement de la Constitution imposé à la Sublime Porte, Talaat franchit le stade de l'agitateur populaire aux réparties grossières et comiques : il fait preuve de ses qualités d'administrateur en envoyant des émissaires dans toutes les villes d'Anatolie fonder des clubs Union et Progrès, de façon à tisser un réseau de pouvoirs parallèles aptes à doubler l'administration officielle. Élu député d'Andrinople, sa ville natale, il transfère son quartier général de Salonique à Constantinople après le renversement d'Abdul Hamid et son remplacement par son frère. Il feint de déplorer le massacre des Arméniens d'Adana, perpétré par ses propres troupes, en avril 1909, à la faveur d'une tentative de contre-révolution fomentée par Abdul Hamid : ce sont en réalité les émissaires Jeunes-Turcs qui ont profité de cette tentative pour soulever la population contre la minorité arménienne, puis les militaires envoyés pour rétablir l'ordre qui ont parachevé le massacre.

Ses démonstrations de fraternité bruyante, ses visites dans les églises et les cimetières arméniens réussissent à voiler le rôle occulte joué par Talaat et les siens dans ces événements qui sonnent le glas de l'illusion égalitaire entretenue par l'alliance du mouvement révolutionnaire arménien avec les Jeunes-Turcs. Talaat poursuit habilement son ascension : vice-président du Parlement, il devient ministre de l'Intérieur du nouveau cabinet formé à la chute du « Sultan rouge ». Il destitue systématiquement les fonctionnaires qui refusent la tutelle des clubs unionistes. Ceux-ci deviennent peu à peu les véritables maîtres de l'administration : ils font main basse sur les ressources du pays.

Avec un art consommé du double jeu et du double langage, Talaat promet aux comités arméniens la restitution des terres usurpées à la faveur des massacres « hamidiens » de 1895, et la répression des abus qui se perpétuent dans les provinces arméniennes de l'Est. Mais, en même temps, il se rend à Salonique pour encourager les émigrés musulmans de Bosnie et d'Herzégovine à s'installer dans les villages chrétiens de Macédoine au détriment de leurs paysans. Ce mouvement démographique s'accompagne inéluctablement de pillages, de viols et autres atrocités qui, de 1909 à 1911, vont se traduire par la disparition de plus de 20 000 Grecs, Bulgares, Serbes et Albanais.

Les conflits régionaux résultant de cette politique et les défaites militaires essuyées par les armées ottomanes en Libye et dans les Balkans ont pour conséquence immédiate le départ des ministres unionistes du gouvernement. Muté de l'Intérieur au ministère des Postes et Télégraphes, Talaat se trouve privé cette fois de tout portefeuille, mais il mène l'opposition contre le nouveau cabinet libéral qui doit assumer les frais des guerres provoquées par ses prédécesseurs. D'où l'impopularité croissante du régime qui amène Talaat et ses compagnons à passer dans la clandestinité et même à trouver refuge auprès des députés arméniens élus à la faveur de la révolution Jeune-Turque de 1908...

Les meneurs unionistes, qui ont ainsi pu échapper aux arrestations et au châtiment des exactions dont ils s'étaient rendus coupables, organisent, avec deux cents partisans, le coup d'État du 26 janvier 1913, qui les ramène en force au pouvoir. Tandis que le général Enver reprend Andrinople à la Bulgarie, Talaat, redevenu ministre de l'Intérieur, assure la victoire de son parti par de nouvelles élections dont il a manipulé les modalités à sa guise.

A son arrivée en poste à Constantinople, à la fin de l'année

1913, l'ambassadeur américain Henri Morgenthau se dit frappé par l'efficacité cynique de ce *boss system*. Le souverain lui-même, entièrement sous la coupe de Talaat, comme le Grand Vizir, est réduit à l'état de machine à estampiller les documents qu'il soumet à sa signature. Morgenthau racontera dans ses mémoires[2] comment le sultan Mehmed s'est en vain traîné à genoux devant le ministre de l'Intérieur pour demander la grâce de son propre gendre, condamné à mort comme conspirateur. C'est une occasion pour Talaat de montrer une fois pour toutes qui est le maître : le sultan ou le Comité Union et Progrès. Quelques jours plus tard, le corps du gendre se balancera sous une potence publique. Désormais, le souverain calife ne cherchera plus à s'immiscer dans la conduite des affaires. L'omnipotence de Talaat impressionne l'ambassadeur qui laissera de lui un portrait remarquable :

> « Sa puissante constitution, son dos large et carré, ses biceps durs comme le roc amplifiaient la force mentale et la vigueur naturelle qui avaient facilité sa carrière. Pour discuter, il aimait à s'asseoir à son bureau, les épaules remontées, la tête rejetée en arrière et les poignets, deux fois aussi gros que ceux d'un homme ordinaire, fermement plantés sur la table... Toute la vie et la nature de l'homme se symbolisent pour moi dans ces poignets gigantesques... Un jour, je le trouvai assis à sa place habituelle, ses massives épaules remontées, les yeux enflammés, ses poignets plantés sur le bureau ; je pressentais toujours quelque difficulté quand je le voyais dans cette attitude. A chacune de mes demandes, Talaat, entre deux bouffées de cigarette, répondait invariablement : "Non, non, non." Je me glissai près de lui : "Excellence, dis-je, il me semble que ces poignets sont cause de tout. Ne voudriez-vous pas les enlever de dessus la table ?" Le visage d'ogre de Talaat commença à se plisser, il leva les bras, se renversa et eut un rire

2. Henri Morgenthau, *Mémoires*, Payot, 1919, réédité par Flammarion, 1984.

semblable à un rugissement. Ma façon d'agir l'avait tellement amusé qu'il accéda à toutes mes requêtes. »

L'ogre versatile a cependant gardé ses mœurs simples d'homme du peuple, fier de ses humbles débuts : l'appareil télégraphique grâce auquel il avait autrefois gagné sa vie trône dans son bureau sommairement meublé, comme un objet de culte ou de prédilection. Il s'en sert encore pour appeler ses amis intimes ou câbler ses ordres codés aux *valis* (gouverneurs), *mutessarifs* (préfets) et *kaïmakams* (sous-préfets).

Tel est le rustre qui détient la réalité du pouvoir, avec assez de ruse pour faire élever au poste de Grand Vizir Saïd Halim, un prince cousin du Khédive d'Égypte, fort riche et fort cultivé, dont l'honorabilité ne manquera pas de rejaillir sur sa clique. De même s'empresse-t-il d'accepter la protection allemande sollicitée par son bras droit, le général Enver, pour faire pièce aux pressions et aux appétits des autres puissances impérialistes. « Nous demanderons aux Allemands de nous aider à nous organiser jusqu'à ce qu'il nous soit possible de gouverner nous-mêmes, et alors nous leur dirons adieu et les remercierons dans les vingt-quatre heures », confie-t-il à l'ambassadeur Morgenthau.

L'essentiel, aux yeux de Talaat, est d'avoir les mains libres pour régler à sa guise le sort des minorités chrétiennes qui font obstacle à la turquification de l'Empire : il cherche tous les prétextes pour se débarrasser d'abord des Grecs, puis des Arméniens. Il fait donc confier à Enver, devenu, à 32 ans, ministre de la Guerre, le soin de « prussifier » l'armée ottomane.

Ce héros de légende est lui aussi d'origine modeste. Sa mère était laveuse de morts, un des métiers les plus méprisés dans la capitale des Califes dont sa famille habitait l'un des quartiers les plus misérables. Enver en parcourait les ruelles obscures, pieds nus et en haillons. Il put néanmoins s'inscrire à l'école des cadets et suivre une formation d'officier au collège militaire d'Harbieh dont il sortit, au tout début du siècle, pour servir au 3e corps d'armée de Salonique chargé de traquer les bandes rebelles en Macédoine. C'est là qu'il devint l'un des plus jeunes membres du Comité Union et Progrès, n'hésitant pas à lancer sur la grand'place de la ville un ardent appel à la révolution : « Il n'y a plus de Turcs, plus de Grecs, plus d'Arméniens, il n'y a plus que des frères ! »

Fringant officier, Enver prend la tête des Jeunes-Turcs qui, en 1908, franchissent le Rubicon — c'est-à-dire le Bosphore — et marchent sur la Sublime Porte pour imposer le rétablissement de la Constitution. A la chute du sultan Abdul Hamid, l'année suivante, il est attaché militaire à l'ambassade de Berlin, où il succombe vite au charme du Kaiser qui reconnaît tout de suite en lui un instrument capable de seconder ses projets en Orient. Les mœurs militaires et politiques de l'Empire germanique le fascinent.

> « Lorsqu'il revint à Constantinople, écrira plus tard Morgenthau, il était presque plus allemand que turc. Il en parlait la langue couramment, copiait tout ce qui était en usage sur les bords de la Spree, jusqu'à porter la moustache légèrement relevée aux extrémités ; bref, le prussianisme l'avait conquis tout entier. »

Quand éclate, en 1911, la guerre de Tripolitaine avec l'Italie, il trouve enfin l'occasion d'accompagner ses premières prouesses guerrières dans le cadre romantique des oasis des Bédouins. C'est au milieu de ce désert africain qu'un jeune officier, Kemal, qui deviendra son futur rival sous le nom de Kemal Pacha, croise pour la première fois son chemin. La guerre des Balkans va permettre ensuite à Enver de se couvrir de gloire en réussissant l'exploit de reprendre Andrinople aux Bulgares. Il devient alors l'idole de tout l'Orient. Sa fine moustache noire lui tient lieu d'auréole. S'y ajoutent ses fortunes à la chasse et sa réputation de tireur capable de mettre dans le centre de la cible à trente pas. Tant de vertus désignent vite ce brillant général aux honneurs suprêmes : il accède à l'imposant palais du Seraskeriat, le ministère de la

Guerre, où la tour de Mahmoud II dresse sa silhouette altière. Il disposera bientôt d'un appartement privé au bout d'un long couloir du ministère de l'Intérieur, au Sérail, où son ami Talaat lui laissera établir son quartier-général. Il épousera enfin une princesse du harem impérial, devenant ainsi le gendre de « l'ombre de Dieu sur la terre », membre de l'auguste maison des Osmanlis. Dans la grand'salle de réception du féerique palais qu'il habitera au bord du Bosphore, il fera dresser le trône de noces que Nadjeh Sultana, la fille du sultan, lui a apporté en dot. Il consiste en quatre hampes d'argent doré supportant un dais étoilé de brocart byzantin. Un vrai conte des Mille et Une Nuits pour le fils d'une pauvre laveuse de morts !...

Mais, aux yeux de l'ambassadeur des États-Unis Morgenthau, la réputation militaire du généralissime Enver Pacha était aussi surfaite que ses harangues enflammées sur la fraternité et la libération des peuples étaient mensongères. Il n'a, à sa connaissance, jamais remporté de véritable succès stratégique : la Révolution de 1908 avait coûté peu de vies humaines. La campagne de Tripolitaine contre les Italiens n'avait rien eu de napoléonien. Et Enver lui-même lui a raconté comment, à la suite d'une nuit de marche, il s'était porté à la tête de ses troupes pour la reconquête d'Andrinople que les Bulgares avaient abandonnée à son approche, et comment il avait ainsi obtenu sa victoire la plus éclatante sans coup férir.

> « Un trait dominait chez lui, écrit Morgenthau : l'audace, qui devait fatalement le conduire au succès dans un pays aussi désorganisé que la Turquie. De décision prompte, toujours prêt à jouer sa vie et son avenir sur la réussite d'une simple aventure, il avait en effet jusqu'alors évolué dans une suite de crises, favorisé par la chance. Et, bien qu'il fût cruel, sans merci, d'une volonté implacable, son beau visage aux traits réguliers, son corps petit mais vigoureux, ses façons agréables, rien enfin ne révélait sa véritable nature... Ses amis l'appe-

laient Napoleonik, le “petit Napoléon”, surnom qui symbolisait parfaitement ses prétentions. »

Morgenthau se rappellera l’avoir trouvé un soir chez lui assis entre deux portraits : celui de Napoléon et celui de Frédéric le Grand. La part active qu’il avait prise, à 26 ans, à la Révolution qui avait détrôné Abdul Hamid, l’amenait naturellement à se comparer à Bonaparte. Et il lui avoua à maintes reprises se savoir « destiné à un grand avenir ».

« Il appartenait à ce type d’hommes qu’en Amérique on désigne parfois sous le nom de “bourreau des cœurs”, et les femmes le qualifiaient couramment d’irrésistible. Pas une seule ride n’abîmait son visage, véritable masque qui ne trahissait ni ses émotions ni ses pensées ; il était toujours calme, glacial, imperturbable. »

Flatté, cajolé dès son arrivée au ministère de la Guerre par l’ambassadeur d’Allemagne, le baron von Wangenheim, « Beau masque » procède sur-le-champ à une réorganisation complète et radicale de l’armée ottomane en s’inspirant du modèle prussien. Il commence par destituer 268 officiers restés attachés à l’ancien régime ou partisans du ministre assassiné, Nazim. Il les remplace par des Turcs notoirement affiliés aux Comités Union et Progrès et par des Allemands : le général Bronssart von Schnellendorf est nommé chef d’état-major, le général Liman von Sanders, d’abord chef du premier Corps d’armée contrôlant Constantinople, puis, à la suite des protestations de la Russie, de la France et de l’Angleterre, inquiets de cette mainmise allemande sur l’armée ottomane, inspecteur général. Des postes de commandement sont néanmoins confiés à près d’une centaine d’officiers du kaiser.

C’est au moment où Enver et Talaat se jettent ainsi dans les bras intéressés des protecteurs germaniques que la diplomatie tsariste, triomphant de l’opposition austro-allemande, obtient l’accord des Puissances pour faire avaliser par le gouvernement Jeune-Turc un plan de réforme en faveur des populations arméniennes de l’Empire ottoman. Cette relance de la question arménienne est ressentie comme une ingérence intolérable par les nationalistes turcs. C'est en vain que Talaat promet monts et merveilles aux dirigeants de la communauté arménienne pour tenter de faire pièce aux pressions redoublées de la Triple Entente. Cédant à l'action conjuguée de la France, de l'Angleterre et de la Russie, le Grand Vizir Saïd Halim signe, le 9 février 1914, un protocole d'accord sur la réforme administrative des provinces arméniennes : les sept vilayets orientaux seront regroupés en deux régions, l'une au nord avec Erzeroum, Sivas et Trébizonde, l'autre au sud avec Van, Bitlis, Diarbékir et Kharpout. Elles seront placées sous le contrôle de deux inspecteurs généraux européens nommés par la Porte, mais présentés par les Puissances et investis de pouvoirs étendus pour appliquer, avec la collaboration des populations locales, les réformes prévues par les traités antérieurs en vue d'assurer la sécurité des Arméniens. Deux inspecteurs, le Hollandais Westenenk et le Norvégien Hoff, sont bien désignés en avril. Ils rejoindront leur poste en juillet... mais ne pourront jamais entrer en fonction.

C'est qu'entre-temps le triumvirat Talaat-Enver-Djemal, qui domine le gouvernement de la Porte, a négocié un accord secret prévoyant qu'en cas d'entrée en guerre de la Russie, ennemie héréditaire de l'Empire ottoman, contre l'Allemagne et l'Autriche, leur pays se rangerait aux côtés des Puissances centrales.

Or, en juillet, l'Europe retentit déjà du cliquetis des armes. Le parti Dachnak (Fédération révolutionnaire arménienne), qui est représenté au Parlement ottoman depuis 1908, et qui n'a pas d'autre choix que de soutenir le mouvement Jeune-Turc, tient précisément son huitième congrès à Erzeroum. La répartition du peuplement arménien entre les deux Empires rivaux (près de 2 millions d'Arméniens en Anatolie turque, 1,7 million en Transcaucasie russe) place les congressistes dans une position difficile. Ils souhaitent que Constantinople se tienne en dehors d'un conflit mettant aux prises les puissances européennes, mais, en cas d'entrée en guerre de la Turquie dans l'un des camps belligérants, ils engagent les

Arméniens à se comporter en sujets loyaux du pays qu'ils habitent. Un comité de sept délégués est même constitué pour résoudre les problèmes qui naîtraient de la présence de combattants arméniens de part et d'autre du front.

Le Congrès dachnak va se séparer sur cette décision au début d'août quand arrive à Erzeroum une délégation Jeune-Turque dirigée par le Dr Behaeddine Chakir. Elle a un marché à proposer : que les Arméniens organisent, en cas de guerre, à l'instar des Géorgiens et des Azéris (Tatars), des opérations subversives en Transcaucasie, à l'arrière des lignes russes, pour faciliter l'avance éventuelle des armées ottomanes. En échange, les délégués Jeunes-Turcs promettent l'autonomie des territoires situés en Arménie russe, auxquels seraient adjoints quelques districts orientaux de l'Empire ottoman. L'idée de cet État-tampon placé sous contrôle turc est d'inspiration allemande.

Rappelant le loyalisme des Arméniens envers les pays où ils sont établis, le congrès Dachnak décline l'offre de Chakir. Les congressistes ignorent encore l'existence d'une organisation spéciale, faite de mercenaires et de repris de justice et placée sous les ordres du délégué de l'Ittihad, mais ils mesurent les risques de leur refus : l'offre provocatrice des Jeunes-Turcs condamne les Arméniens à souhaiter, en cas de conflit, une victoire rapide des Russes. Or la guerre vient d'éclater en Europe et un accord secret, signé le 2 août, engage le gouvernement turc. Deux navires allemands forcent le détroit des Dardanelles et arrivent à Constantinople. Maquillés en bâtiments turcs, ils sortent en mer Noire, à la fin d'octobre, pour bombarder des ports russes, créant ainsi le *casus belli*. Pour arracher la décision, Berlin verse 2 millions de livres à Constantinople où Enver, puis Talaat entraînent le Grand Vizir Saïd Halim à proclamer l'état de guerre, le 2 novembre. Il s'agira bientôt du Djihad, la guerre sainte islamique contre les Infidèles.

Pourtant, les Arméniens sont parmi les premiers à répondre à l'ordre de mobilisation générale, puisque, depuis 1908, ils sont, pour l'armée, citoyens ottomans à part entière. Leur affectation à des unités combattantes fort dispersées supprime tout risque éventuel de rébellion dans les provinces. De leur côté, les Arméniens de Russie ont également été incorporés dans l'armée du Tsar, et envoyés sur les fronts européens au début du conflit. Mais, dès octobre, le Bureau national arménien de Tiflis lève un corps de volontaires recrutés sur place parmi les réfugiés et les Arméniens de Russie non astreints aux obligations militaires, en réplique au marché turc proposé au congrès Dachnak d'Erzeroum quelques mois plus tôt. Quatre légions arméniennes, commandées par des chefs de partisans qui s'étaient illustrés dans la guérilla au début du siècle, guident les troupes russes dans le dédale des montagnes arméniennes et leur permettent de pénétrer dans les vilayets orientaux.

Les Dachnaks de Turquie s'inquiètent cependant des conséquences de l'initiative de leurs camarades de Russie. La section de Van envoie un de ses militants, Hovannès Katchaznouni, au Bureau arménien de Tiflis pour lui demander d'arrêter l'enrôlement des volontaires. Mais, aussitôt arrivé, le délégué s'engage lui-même dans la Légion, qui comptera bientôt 5 000, puis 8 000 combattants.

Sur le front, la contre-attaque turque stoppe l'avance russe. Le généralissime Enver prend en personne le commandement de la 3e armée ottomane et se lance, le 18 décembre, dans une offensive folle à travers des cols de plus de 2 000 mètres d'altitude dans le Caucase, pour s'ouvrir la route de Tiflis, puis de Bakou. Son plan est de soulever les populations musulmanes, de conquérir la Transcaucasie pour réunir Turcs et Tatars et réaliser ainsi le vieux rêve pantouranien.

Entre-temps, la situation se dégrade dans les provinces orientales d'Anatolie où, au moindre incident, cavaliers kurdes, gendarmes turcs et tchettés de l'Organisation spéciale excitent la population contre les communautés arméniennes, accusées de sympathies prorusses, voire de trahison. Cette flambée de haine, suscitée en décembre, va s'envenimer avec les nouvelles désastreuses du Caucase. L'offensive d'Enver, menée avec des troupes mal équipées et une logistique insuffisante, se heurte au terrible hiver caucasien. Une bonne partie des soldats succombe au froid et au typhus. Ce qui en reste est pratiquement anéanti à Sarikamich, en janvier 1915, par une contre-offensive russe : des 90 000 hommes de la IIIe armée, 15 000 refluent en désordre à travers les vilayets orientaux.

Enver lui-même ne doit son salut qu'à un détachement composé presque uniquement d'Arméniens : c'est un de ces combattants arméniens qui le soustrait à l'encerclement de son quartier général, en l'emportant sur son dos à travers les lignes... Il coupe alors court aux rumeurs de traîtrise en déclarant que les Arméniens accomplissent loyalement leur devoir, et que la population arménienne reste dévouée au gouvernement.

Mais à tout revers il faut un bouc émissaire. Les désertions qui suivent la catastrophe de Sarikamich alourdissent le climat de suspicion qui entoure les Arméniens. Dès son retour amer à Constantinople, Enver fait désarmer 300 000 soldats arméniens de l'armée ottomane pour les affecter à d'humiliants travaux de portage et de terrassement. Les gendarmes arméniens doivent rendre à leur tour leurs armes. Leurs officiers sont incarcérés. Selon un plan secret mis au point au Comité central de l'Ittihad sous la pression des Drs Nazim et Chakir, les fonctionnaires arméniens sont à leur tour destitués dans la deuxième quinzaine de février. Bientôt, à travers l'Anatolie orientale, commence une série systématique de fouilles dans les bourgades et les maisons arméniennes, afin de saisir les armes dont disposent les civils pour assurer leur autodéfense contre les tribus kurdes. Les gouverneurs prennent des otages pour que leur soient livrés les éventuels déserteurs. Les militaires arméniens, envoyés par groupes de 500 à 1 000 hommes dans des bataillons de travail, sont en effet progressivement fusillés dans des lieux isolés.

Les menaces de terrifiantes représailles se précisent avec la nouvelle offensive russe du 17 mars, à l'Est, et le débarquement franco-anglais à Gallipoli, pour le contrôle des Dardanelles, le 25 avril. Les Arméniens livrés à la merci des agents unionistes ne résistent qu'en deux points : fin mars, dans la bourgade montagnarde de Zeïtoun, et, ` partir du 20 avril, à Van. Cette résistance sert de prétexte à la mise à exécution, par phases successives, du programme arrêté dès la mi-février.

Les 24 et 25 avril, la rafle de quelque 650 intellectuels et notables arméniens de Constantinople, parmi lesquels deux députés, donne le signal du départ à une série d'opérations qui s'inscrivent dans un processus de solution finale de la question arménienne. Certains sont pendus après un simulacre de jugement, ou massacrés sommairement dans les prisons. Les autres seront déportés ou assassinés en cours de route. Dans chaque ville, chaque bourg, chaque village de six des provinces orientales, les notables locaux et les membres des partis arméniens sont accusés de recel d'armes et de trahison, torturés puis exécutés à quelque distance des agglomérations.

Dans un deuxième temps, des ordres de déportation sont affichés ou proclamés par crieurs publics. La population arménienne dispose de deux ou trois jours pour régler ses affaires et préparer ses bagages. Les hommes valides sont emmenés sans attendre et fusillés à la première halte. Le reste est acheminé vers des camps de transit, sous la garde de gendarmes supplétifs. Les rescapés des caravanes décimées en cours de route seront ensuite dispersés dans des « camps de concentration » prétendument aménagés dans les déserts de Syrie. En fait, rien n'a été prévu pour le transport et le ravitaillement de ces masses humaines livrées sans défense aux attaques des pillards, des tchettés ou de la populace.

Pour donner un semblant de légalité à cet horrible exode, Talaat fait adopter, le 27 mai, en réponse à la note de protestation des Alliés, une loi en trois articles :

> 1/ En temps de guerre, les chefs militaires sont chargés de réprimer avec la plus grande rigueur toute opposition à la mise en œuvre des ordres du gouvernement ;
>
> 2/ Ils pourront transférer les populations pour des nécessités d'ordre militaire ;
>
> 3/ La loi entre en vigueur dès sa publication.

Les modalités en sont précisées progressivement : 1) dans les lieux de déportation, la population ne devra pas excéder le dixième de l'effectif des tribus et des habitants musulmans ; 2) aucune des installations arméniennes ne pourra y excéder cinquante foyers.

C'est que l'opération d'élimination des populations arméniennes ne peut plus être tenue secrète, en dépit de la censure : les déportations ne touchent pas seulement les régions frontalières où se déroulent des combats. A partir de juillet, elles vident également les autres provinces d'Anatolie, à l'exception de Smyrne et de Constantinople.

> « La déportation n'est, en fait, qu'une forme déguisée d'extermination, écrit Yves Ternon. Au départ, on a sciemment éliminé les plus résistants. Puis, on décime régulièrement les convois, afin qu'au terme, il ne reste plus qu'un résidu déshumanisé, tamisé par la faim, la soif, le froid et la maladie... Le pays n'est plus qu'un vaste charnier. Des milliers de cadavres s'entassent sur les chemins. Les arbres et les poteaux télégraphiques sont chargés de pendus ; les rivières charrient des corps mutilés et les abandonnent le long des berges. »

Si nombre de jeunes femmes échappent à ce calvaire, c'est qu'elles sont enlevées au départ, ou en route, pour enrichir des harems. Nombre d'enfants sont également vendus comme esclaves ou livrés aux derviches, qui les enferment dans leurs couvents pour les convertir à l'islam. L'apostasie est, en principe, un moyen d'éviter la déportation et la mort. Mais les conversions elles-mêmes cessent d'être des garanties de survie. La preuve, cette circulaire codée de Talaat en date du 1er juillet :

> « On a constaté que les Arméniens changeaient de religion, en groupe ou individuellement, et s'efforçaient de demeurer ainsi dans leurs régions d'origine. Qu'on les déporte, même s'ils changent de religion ! »

L'émotion gagne les missions chrétiennes et les consulats

étrangers. Le patriarche arménien de Constantinople, Mgr Zaven, intercède en vain auprès du Grand Vizir Saïd Halim : « Nous ne pouvons rien, soupire le Premier ministre. Voyez Talaat. » Mais le ministre de l'Intérieur éconduit le représentant de l'Église arménienne.

Docteur en théologie, le pasteur allemand Johannes Lepsius, fils d'un célèbre archéologue et lui-même spécialiste des questions d'Orient — il présida la Deutsche Orient-Mission et l'Armenische Gesellschaft — a été chargé par des sociétés protestantes de se rendre chez l'allié ottoman de son pays en guerre. Il s'agit de vérifier le bien-fondé des rumeurs répandues en Europe sur les atrocités commises contre les Arméniens. Par ses fonctions de missionnaire, il était depuis longtemps en contact intime avec ce peuple opprimé : en 1895, il avait été témoin des massacres ordonnés par le « sultan rouge » Abdul Hamid. Il avait alors recueilli des fonds destinés à la fondation d'orphelinats pour les enfants des victimes. En dépit de l'alliance militaire qui unit, depuis près d'un an, la Turquie et l'Allemagne, il vient donc naturellement s'enquérir de la situation faite à ses protégés, au nom de son institution caritative. L'ambassadeur von Wangenheim a tout fait pour s'opposer à sa venue, sous prétexte que les Turcs risquent d'accuser les Allemands de leur créer des embarras, alors même que les démarches de Lepsius ne permettraient de sauver aucune vie arménienne. Mais, pour finir, l'entêté pasteur a réussi à convaincre la Wilhelmstrasse d'autoriser son voyage de Potsdam à Constantinople en assurant que son intention était non d'exercer une pression sur le gouvernement turc, mais d'exhorter le Patriarcat arménien à observer la plus grande loyauté envers l'État ottoman.

Lorsqu'il arrive à la fin de juillet, sur les 1 200 000 Arméniens que comptaient les sept vilayets orientaux, 300 000 environ ont pu gagner le Caucase à la faveur de l'avance russe de février. A Alep, point de convergence des convois de déportation avant leur éclatement dans les déserts de Syrie et d'Arabie, il n'est pas parvenu plus de 50 000 survivants depuis mai. Et Talaat est en train de passer à la deuxième phase de son programme : le départ des Arméniens des autres régions d'Anatolie, et particulièrement de la Cilicie, qui se trouvent très loin des zones de combats.

Son regard bleu et myope par-dessus son lorgnon, sa bouche restée puérile au-dessus de son aimable barbiche grisonnante, le Dr Lepsius fait du porte à porte, importunant inlassablement, jour après jour, son ambassadeur ainsi que les représentants des puissances neutres. Le diplomate américain Morgenthau l'autorise à prendre connaissance des rapports alarmistes de ses consuls dans les provinces, lui relatant lui-même la disparition de l'élite arménienne de Constantinople, décapitée les 24 et 25 avril. Lepsius sillonne les quartiers pour rendre visite à chaque compatriote de retour d'un séjour à l'intérieur du pays — tels les ingénieurs de la ligne de chemin de fer en construction pour desservir Mossoul — afin d'obtenir d'eux des précisions sur le sort des convois de déportés rencontrés en route. Il passe des jours entiers dans le bureau de la Bible House, et abuse de l'hospitalité des congrégations les plus diverses. Au prix de mille ruses, il rencontre des amis arméniens cachés dans des planques clandestines. Tout cela pour se préparer à l'audience que lui a enfin obtenue un capitaine de corvette de la mission militaire allemande auprès du ministre de la Guerre, le tout-puissant généralissime Enver Pacha. Pour cette entrevue trois fois décommandée, et qu'il juge capitale, il a troqué sa longue soutane noire contre un complet de ville gris.

Dans son beau roman *Les Quarante Jours du Mousa Dagh*[3], le grand écrivain juif autrichien Franz Werfel rapportera ce face à face historique avec un rare talent. La scène se passe le 24 août 1915, dans le cabinet de travail que le « nouveau dieu de la guerre » s'est fait aménager derrière une tenture du Sérail et dont la fenêtre donne sur un admirable panorama fait de coupoles effondrées et de tronçons de marbre, piqué de pins parasols jusqu'au miroir du Bosphore, dans le lointain.

3. Traduit aux éditions Albin Michel, 1936.

En le voyant, Lepsius a la surprise de constater « combien ce Mars ottoman, l'un des sept ou neuf personnages dont dépendant la vie et la mort de l'univers entier, paraît petit et insignifiant. Il comprend aussitôt le pourquoi des portraits de Napoléon et de Frédéric II. Ce sont des héros d'un mètre soixante, des génies compressés dans une enveloppe trop étroite, ayant remporté leur succès en dépit de leur infériorité corporelle. »

Lepsius parierait volontiers qu'Enver Pacha porte des talons hauts. La toque d'astrakan qu'il ne retire pas dépasse certainement la hauteur réglementaire. Son uniforme de maréchal (ou de fantaisie) à brandebourgs, a, vers la taille, une coupe admirable, et sa ligne, nette et collante, rehausse l'allure générale en donnant à toute la silhouette, constellée de décorations éblouissantes disposées sur deux rangs, une nuance d'insouciance juvénile et de grâce intrépide. « Le baron tzigane », pense Lepsius... Sur le visage d'Enver Pacha se lit une expression d'embarras, parfois même de timidité, et le mouvement de ses paupières fait penser à une jeune fille. De son agréable voix de ténor, le ministre généralissime répond en bon allemand aux questions de son interlocuteur sur la situation dans les vilayets éloignés du théâtre des opérations : « Lorsqu'un État est en guerre, toutes ses provinces font plus ou moins partie du théâtre des hostilités. »

Écoutant son visiteur les yeux fixés au sol et sans se départir d'une patience étudiée, Enver redresse la tête aux mots de « question arménienne ». Ses amis et lui se sont toujours efforcés, dit-il, de traiter le peuple arménien avec la plus stricte équité, depuis leur arrivée au gouvernement, mais, après la déclaration de guerre, tout montre qu'il conspire avec la Russie, la France et l'Angleterre : désertions, trahisons, intrigues, démoralisation, révolte armée comme à Zeïtoun. « Nous avons, ajoute-t-il, l'expérience de ce qu'est une révolution. »

Lepsius lui oppose-t-il une autre version des faits, qu'il dit notamment tenir de l'ambassadeur américain Morgenthau ? « M. Morgenthau est un Juif, remarque Enver. Or les Juifs mettent toujours un certain fanatisme à prendre parti pour les minorités. » Le pasteur lui objecte-t-il les multiples témoignages de première main, dont il a pris lui-même connaissance, sur les traitements inhumains infligés aux civils de tous âges et de tous sexes déportés sans discrimination vers des lieux inhospitaliers ? « Ce sont évidemment des faits très regrettables, mais le commandant en chef a la responsabilité d'assurer la sécurité sur le champ des opérations militaires. » Il lui paraît vital, pour une nation en état de siège comme la sienne, de conjurer tout danger interne, de faire sans plus de façons « un vaste ballot de tous les éléments de la population qui sont une menace pour l'issue de la guerre », et de l'expédier « vers une région lointaine et désertique ». La raison d'État doit alors l'emporter sur les élans du cœur.

« Il ne s'agit pas d'une méthode de protection contre un ennemi intérieur, réplique sourdement Lepsius, mais de la destruction systématique d'une autre nation. » Il abandonne bien vite cet argument humanitaire pour mettre en avant les méfaits économico-socio-culturels de la disparition de l'élément arménien pour l'avenir de l'empire ottoman :

« Sans vouloir parler du commerce, qui se trouve entre les mains des chrétiens dans une proportion de 90 %, Votre Excellence sait aussi bien que moi que le service d'importation tout entier est assuré par des maisons arméniennes (et, par conséquent, l'approvisionnement du pays en matières premières et en produits d'industrie). Quant à l'état de chose à l'intérieur... l'agriculture arménienne en Anatolie est supérieure, et de beaucoup, aux méthodes pratiquées par les petits paysans turcs... Le peuple arménien, qui est la fraction la plus cultivée et la plus active de la population ottomane, fait depuis plus de trente ans d'immenses efforts pour détacher l'empire de son système d'économie trop primitive... Et c'est justement pour avoir été d'aussi valeureux pionniers que les Arméniens sont persécutés et anéantis par la vengeance de la paresse brutale... Et qui remplacera tous ces ingénieurs, ces avocats, ces professeurs, ces médecins qui ont fait leurs études dans les meilleures universités d'Europe, et dont le travail inlassable pousse sans cesse le pays dans la voie du progrès ? »

Un tel sermon ne peut que faire sortir l'Excellence de ses gonds : « Le peuple turc comprend quarante millions d'hommes. Mettez-vous une fois de notre côté, monsieur ! N'est-ce pas un plan politique fort digne et de grande envergure que de vouloir réunir ces quarante millions d'hommes et fonder avec eux un empire national destiné à jouer, en Asie, le même rôle que l'Allemagne en Europe ?... Il y a évidemment, parmi les Arméniens, une proportion inquiétante d'intellectuels. Êtes-vous vraiment admirateur de cette forme d'intellectualisme, M. Lepsius ? Moi pas ! Nous, les Turcs, nous n'avons reçu en partage que très peu de cet intellectualisme. En revanche, nous sommes restés la vieille race héroïque qui a pour mission de construire et de diriger le grand Empire. »

Sur sa lancée, Enver ne peut s'empêcher de découvrir ses arrière-pensées : « Il n'y a pas de paix possible entre l'homme et le microbe de la peste. » Mais il se reprend aussitôt, en croisant ses jambes courtes mais impeccablement moulées dans ses bottes de cavalier : « Les citoyens qui travaillent à la ruine de l'État tombent partout sous le coup de la loi. »

Le pasteur tente alors désespérément d'ébranler son auguste interlocuteur en changeant de registre : faire expier à un peuple entier les menées, peut-être coupables, de quelques individus, n'est pas seulement un crime, mais une faute qui risque de se retourner contre la Turquie en cas d'issue malheureuse du conflit. Le généralissime ne se laisse ni convaincre ni fléchir. Il n'est d'ailleurs pas de sa compétence de veiller à l'exécution des mesures de déportation prises par son collègue de l'Intérieur, mais il se dit prêt à écouter et à transmettre toute suggestion pour l'améliorer. Seulement, quand le pasteur lui propose de le laisser aller sur place porter secours aux déportés avec l'aide de comités d'assistance allemands et américains, le masque de garçonnet du ministre de la Guerre tombe pour lui révéler la « presque innocente naïveté de l'impiété incarnée » : impensable pour lui de créer un précédent qui admette « l'immixtion de personnalités et par conséquent de puissances étrangères dans les affaires turques » ! Car ce serait réduire à rien toute sa politique, dont le but est « d'apprendre au peuple arménien quelle conséquence entraîne le désir de l'intervention étrangère. Les Arméniens eux-mêmes ne pourraient plus s'y reconnaître : d'abord je les punis pour leurs rêves et leurs espérances traîtresses, ensuite je leur envoie un de leurs plus influents amis pour réveiller chez eux cet espoir et ces rêves. Non, cher monsieur Lepsius, c'est impossible, je ne peux pas permettre à des étrangers de témoigner des bienfaits à ces gens. C'est en nous seuls que les Arméniens doivent voir leurs bienfaiteurs. »

Le pasteur, déjà sidéré par la réponse cynique de cet interlocuteur qu'il ne parvient pas à trouver antipathique, est encore plus abasourdi par la contre-proposition qu'il lui fait : « Réunissez de l'argent ; réunissez, avec vos sociétés d'assistance, d'Amérique et d'Allemagne, une grosse somme d'argent. Revenez alors m'apporter ces subsides. Je m'occuperai alors sans faute de les employer tout à fait dans votre esprit et selon vos vues. Néanmoins, je vous avertis que je ne tolérerai aucun contrôle exercé par les Allemands ou par d'autres étrangers. »

Pour mettre fin à ce dérisoire dialogue, le Dr Lepsius se lève de toute sa taille en s'épongeant le front et lance une ultime supplique : « Je ne puis supposer, Excellence, que l'heure que vous m'avez accordée ne porte pas le moindre fruit. Au nord de la Syrie et sur la côte vivent 100 000 chrétiens, par-delà les opérations militaires. Votre Excellence estime certainement préférable de ne pas exécuter [à leur encontre] des mesures qui n'ont pas lieu d'être.

— Soyez persuadé, monsieur Lepsius, que notre gouvernement ne manquera pas d'éviter toute rigueur inutile. »

Enver Pacha n'a pas fait la moindre concession. Quelles rigueurs sont, à son avis, inutiles ? C'est lui seul, ou le Comité, qui en décideront. Il s'efface pour laisser passer son visiteur. Gardant une physionomie toujours impénétrable, il accompagne du regard la silhouette chancelante qui s'éloigne à tâtons, comme un aveugle, à travers le long couloir aux portières agitées par le vent.

Laissons l'écrivain Franz Werfel imaginer la suite de cette scène dans son chapitre intitulé : « Intermède des dieux[4] » :

> « Enver Pacha entre dans le bureau de Talaat Bey. Les fonctionnaires se lèvent aussitôt de leurs sièges, comme mus par un ressort. Un enthousiasme sincère brille sur leurs visages. L'amour presque mystique que témoigne au gracile dieu de la guerre ce peuple de fruits secs bureaucratiques ne s'est pas encore éteint. Ici comme partout, on entend circuler mille légendes célébrant sa folle audace. Lorsque, pendant la guerre des Balkans, un régiment d'artillerie se mutina en Albanie, Enver Pacha, la cigarette aux lèvres, s'est placé devant la bouche d'un obusier en criant aux rebelles de venir, s'ils en avaient envie, tirer la mèche. Le peuple voit sur les traits délicats d'Enver un reflet messianique. C'est, pour eux, l'homme envoyé par Dieu dans le but de restaurer l'empire d'Osman, de Bajazet et de Soliman. Le général adresse aux fonctionnaires un salut joyeux auquel répondent des manifestations exagérées d'allégresse. Des mains démonstratives se précipitent pour ouvrir les portes qui, par une enfilade de bureaux, mènent dans le cabinet de travail de Talaat. Cette pièce est trop petite pour la taille écrasante du ministre. Lorsque ce colosse se lève de sa table, comme il le fait précisément en ce moment, il obscurcit la clarté de la fenêtre. La tête puissante de Talaat grisonne aux tempes. Ses lèvres proéminentes d'Oriental s'ornent d'une petite moustache d'un noir de jais. Son important double menton déborde de son col cassé à coins rigides. Un gilet de piqué blanc, comme un symbole de franchise et de sincérité, couvre la surface bombée de son buste. Toutes les fois que Talaat Bey rencontre Enver, son confrère du triumvirat, il éprouve

4. *Op. cit.*

le besoin de poser sa puissante patte d'ours sur l'épaule étroite du jeune homme comblé par le ciel. Mais toujours une auréole de timidité glaciale qui flotte autour de la personne d'Enver l'empêche de réaliser ce geste d'affectueuse familiarité. D'autre part, Talaat est un homme du monde et un orateur débordant, capable de damer le pion à cinq diplomates à la fois par son éloquence supérieure, tandis qu'Enver, l'idole du peuple, mari d'une princesse impériale, peut fort bien, au cours d'une grande réception officielle, rester une demi-heure durant à l'écart, perdu dans ses rêveries et visiblement gêné. Talaat laisse retomber sa main géante et charnue et se contente de demander :

"Alors, l'Allemand est venu te voir ?..."

Le regard d'Enver s'arrête sur un vieil appareil télégraphique posé, comme une pièce rare de grande valeur, sur une console recouverte d'un tapis. C'est sur ce misérable appareil que Talaat, fonctionnaire subalterne des postes et télégraphes, a formé de ses doigts malhabiles des caractères morses avant de devenir, par la révolution de l'Ittihad, le premier homme d'État dans l'empire du calife. Chaque visiteur est prié d'admirer comme il sied ce symbole d'une ascension vertigineuse. Enver, lui aussi, semble considérer non sans plaisir l'appareil Morse si lourd de signification, puis se souvient enfin de la question qui lui a été posée :

"Oui, l'Allemand est venu. Il a un peu essayé de me faire peur avec le Reichstag..."

... Ce dialogue au sujet de la déportation serait ainsi terminé pour aujourd'hui si Enver ne jetait pas justement un regard curieux sur le paquet de dépêches. Talaat bey remarque ce coup d'œil et, feuilletant les papiers l'un après l'autre, il les fait bruire en les froissant :

"Voilà les instructions précises pour Alep ! Entretemps, je pense, les routes ont dû se vider un peu. Dans le courant des prochaines semaines, Alep, Alexandrette, Antioche et toute la côte vont se mettre en marche."

"Antioche et la côte", répète Enver sur un ton d'interrogation, comme s'il avait une remarque à faire à ce propos. Mais il ne prononce plus le moindre mot et regarde avec une attention soutenue les gros doigts de Talaat qui, sans répit, comme un assaut impétueux, apposent d'un geste machinal leur signature familière sous le texte des messages. Ce sont les mêmes doigts épais de bon bourgois qui ont rédigé, et pas même en langage chiffré, l'ordre qui fut adressé à tous les valis et mutessarifs : "Le but de la déportation est le néant." L'écriture rapide et décidée dénote une conviction impitoyable qui ne connaît pas de scrupules. Maintenant, le ministre redresse son corps mal équarri penché au-dessus de la table :

"Voilà qui est fait ! De cette façon, je pourrai répondre en automne à tous ces gens avec la plus grande sincérité qui soit : La question arménienne n'existe pas." »

C'est à peu près la réponse sans fard que recevra aussi l'ambassadeur des États-Unis, Henri Morgenthau, à sa énième démarche. Dès ses premières interventions au lendemain de la rafle des intellectuels de Constantinople, puis de l'officialisation des mesures de déportation, Talaat, raide comme un bouledogue, les poignets plantés sur la table, lui rappelle en termes précis qu'il s'agit là d'affaires purement domestiques, ne relevant pas de la diplomatie américaine :

« On ne peut pas se fier aux Arméniens ; et, de plus, nos procédés vis-à-vis d'eux ne sont pas l'affaire des États-Unis. »

A la visite suivante, le ministre de l'Intérieur brandit une poignée de câblogrammes sur papier jaune : « Pourquoi ne nous donnez-vous pas cet argent ? dit-il en ricanant. Voici un câblogramme pour vous, d'Amérique, vous envoyant une grosse somme pour les Arméniens ; vous devriez en faire meilleur usage et nous la remettre à nous, Turcs ; nous en avons besoin autant qu'eux. » Et il ajoute, la fois d'après : « Je me propose de discuter un jour avec vous la question arménienne tout entière. » Puis il baisse la voix pour dire en turc : « Mais ce jour ne viendra jamais. »

« D'ailleurs, pourquoi vous intéressez-vous aux Arméniens ? lui demande-t-il une autre fois. Vous êtes juif et ces gens sont chrétiens. Les mahométans et les juifs s'entendent on ne peut mieux. Vous êtes bien considéré ici. De quoi vous plaignez-vous ? Pourquoi ne pas nous laisser faire de ces chrétiens ce que nous voulons ? » Réponse de Morgenthau : « Vous ne semblez pas comprendre que je ne suis pas ici en qualité de Juif, mais comme ambassadeur américain... Je ne m'adresse pas à vous au nom d'une race ou d'une religion, mais simplement au nom de l'humanité... » Étonnement de Talaat : « Nous traitons bien les *Américains* ; je ne vois pas de quoi vous vous plaindriez. » Puis, laissant de côté toutes ces abstractions, le ministre enchaîne : « Les Arméniens nous ont résisté à Van et à Zeïtoun, ce sont les alliés des Russes. Il n'y a pour nous qu'un seul moyen de nous protéger à l'avenir, c'est précisément leur déportation.

— Supposez même que quelques Arméniens vous aient trahi, ce n'est pas une raison pour anéantir la race tout entière et faire souffrir des femmes et des enfants.

— C'est inévitable... Les innocents d'aujourd'hui seront peut-être les coupables de demain. »

Ce dialogue de sourds reprend au début du mois d'août, hors, cette fois, la présence de l'interprète d'origine arménienne :

« Ce n'est pas la peine d'argumenter, lui avoue franchement Talaat. Nous avons déjà liquidé la situation des trois quarts des Arméniens : il n'y en a plus ni à Bitlis, ni à Van, ni à Erzeroum. La haine entre nos deux races est si intense qu'il nous faut en finir avec eux, sinon nous devrons craindre leur vengeance... Nous nous moquons des dommages économiques, cela ne nous inquiète pas. Je vous ai demandé de venir ici afin de vous faire savoir que notre attitude à ce sujet est absolument déterminée. Nous ne voulons plus voir d'Arméniens en Anatolie, ils peuvent vivre dans le désert, mais nulle part ailleurs. »

Avant cette confidence, Talaat a demandé à Morgenthau pourquoi il a, ce jour-là, fait couper sa barbe : « Parce qu'elle était devenue toute blanche à la suite des douleurs que me cause votre traitement des Arméniens. » Le Pacha expose alors les trois vrais motifs de la « décision irrévocable de les rendre impuissants avant la fin de la guerre » :

1) les Arméniens se sont enrichis aux dépens des Turcs ; 2) ils ont résolu de se soustraire à leur domination pour créer un État indépendant ; 3) ils ont ouvertement aidé les Russes dans le Caucase et causé les revers des armées ottomanes.

« Aucun Arménien ne peut être notre ami après ce que nous leur avons fait », répond-il plus tard à l'ambassadeur, tout en n'hésitant pas à lui demander le service le plus stupéfiant qui soit : « Je voudrais que vous me fassiez avoir, par les compagnies américaines d'assurances sur la vie, une liste complète de leurs clients arméniens, car ils sont presque tous morts maintenant, sans laisser d'héritiers ; leur argent revient par conséquent au gouvernement, c'est lui qui doit en bénéficier. »

L'ambassadeur notera dans ses mémoires l'orgueilleuse fanfaronnade de Talaat devant des amis pour résumer son point de vue : « J'ai fait plus en trois mois pour résoudre le problème arménien qu'Abdul Hamid [le « sultan rouge »] en trente ans ! »

Les démarches multipliées par Morgenthau auprès d'Enver Pacha n'ont guère plus de succès. Les réponses qu'elles suscitent sont presque stéréotypées : « Vous devez comprendre que, tandis que nous nous battons aux Dardanelles pour notre propre existence, sacrifiant des milliers d'hommes, nous n'allons pas laisser ces gens nous frapper dans le dos chez nous... La Russie, la France, la Grande-Bretagne et l'Amérique ne leur rendent aucun service en sympathisant avec eux et en les encourageant, car je sais l'influence que cela peut avoir sur un peuple aux tendances révolutionnaires... C'est notre propre expérience révolutionnaire qui nous fait redouter les Arméniens. Si 200 Turcs ont pu renverser le gouvernement [en 1908], quelques centaines d'Arméniens instruits et intelligents peuvent mener à bien semblables entreprises. Nous avons donc décidé de les disperser pour les empêcher de nous nuire. » A la question : « Pourquoi ne pas punir que les coupables ? », réplique imperturbable d'Enver : « Vous auriez raison en temps de paix ; tandis qu'en temps de guerre, il ne nous est pas possible de faire des enquêtes, de juger, il nous faut agir promptement, résolument. » Quant à la possibilité de laisser les missions américaines ravitailler et secourir les déportés, le ministre de la Guerre oppose un refus catégorique : « C'est le plus grand malheur qui pourrait leur arriver. Si vous entreprenez de leur distribuer des vivres et des vêtements, ils vont tout de suite voir en vous des amis puissants. Leur esprit de révolte n'en sera que renforcé et il faudra les punir encore plus sévèrement. Remettez-nous l'argent que vous avez reçu pour eux, nous veillerons à ce qu'il soit employé à les assister... Votre pays ne leur est d'aucune utilité en leur témoignant sans cesse de la sympathie. Vous ne faites qu'attirer sur leurs têtes les plus grands malheurs. »

Confondu par cette « logique désespérante », Morgenthau croit politique d'émettre, dans un autre entretien, l'idée que le ministère ne porte sans doute pas la responsabilité des massacres : « Vos subordonnés ont certainement outrepassé la consigne. Je comprends d'ailleurs toute la difficulté de la tâche. » Enver se redresse d'un air offensé : « Vous vous trompez entièrement, répond-il. Nous sommes les maîtres absolus de ce pays. Je n'ai nullement l'intention de rejeter le blâme sur nos subalternes et suis tout disposé à assumer la responsabilité de tout ce qui est arrivé... Nous sommes les chefs ici et personne au-dessous de nous n'oserait prendre de telles mesures sans notre assentiment. »

Profitant d'une promenade à cheval en forêt, près de Büyükdere, Morgenthau évoque devant Enver les affreux traitements infligés aux Arméniennes enceintes : « Vous disiez que vous vouliez protéger les femmes et les enfants ; d'après ce que je sais, vos ordres n'ont pas été exécutés. » Le ministre proteste contre de telles assertions : « Ces histoires sont fausses : je ne puis concevoir qu'un soldat turc soit capable de maltraiter une femme enceinte. »

Rappelé à Washington au début de 1916, l'ambassadeur américain fait sa visite d'adieu le 13 janvier à Enver et Talaat. Tous deux sont d'excellente humeur : les Alliés ont levé le siège des Dardanelles deux semaines auparavant et évacué la presqu'île de Gallipoli. Ils lui donnent volontiers l'assurance que les missionnaires et les professeurs américains ne seront molestés en aucune façon et pourront poursuivre leur travail. Il n'arrivera rien de grave non plus aux Français et aux Anglais. « Et les Arméniens ? » La gaieté de Talaat disparaît instantanément : « A quoi bon parler d'eux, dit-il avec un geste de la main. Nous les avons liquidés, c'est fini. »

Ce n'est pas fini : il reste à supprimer le Patriarcat de Constantinople, à déporter à son tour le Patriarche Zaven, à faire disparaître les Arméniens de Smyrne et de la capitale, jusqu'ici relativement épargnés en raison de la présence de nombreux observateurs étrangers. Mais le gouvernement Jeune-Turc a perdu son plus puissant protecteur : l'ambassadeur allemand von Wangenheim est mort peu avant le départ de Morgenthau. Son successeur, le comte Wolff-Metternich, empêche Talaat de passer à la troisième phase de son plan d'extermination et prend des mesures efficaces pour sauver également les Arméniens du Caucase, menacés par la nouvelle percée des armées d'Enver. Mais, en Anatolie, seuls les 4 500 montagnards du Mousa Dagh (mont Moïse), à l'extrême pointe nord-ouest de la Syrie, ont pu être évacués sains et saufs, après 53 jours d'une résistance héroïque le dos à la mer, par l'arrivée de quatre navires de guerre français et d'un vaisseau britannique qui les ont transportés à Port-Saïd.

Talaat Pacha, élevé le 4 février 1917 au poste de Grand Vizir, a déjà fait liquider le reliquat des survivants des camps improvisés le long du chemin de fer de Bagdad et sur les berges de l'Euphrate. Il fait encore engloutir par le désert, où ils sont envoyés sans eau et sans vivres, les 200 000 déportés concentrés à l'oasis de Deïr-ez-Zor et qui n'ont pas été brûlés en tas dans des cavernes. C'est alors qu'il commence à envisager une éventuelle amnistie pour les rescapés.

C'est que les États-Unis entrent en guerre contre l'allié allemand et que, peu après, la révolution des Soviets modifie la situation militaire et politique sur les fronts du Caucase et d'Anatolie orientale. Sur le front abandonné par les Russes en proie à la guerre civile, les troupes de volontaires arméniens, assoiffés de vengeance, passent des dizaines de villages turcs au fil de l'épée et celles qui livrent combat, à la mi-janvier 1918, autour d'Erzindjan, ne font aucun quartier, y compris contre la population civile. Ces représailles déplorables n'ont pourtant aucune commune mesure avec le programme d'extermination mis en œuvre depuis trois ans par les responsables turcs contre le peuple arménien au sein de l'Empire ottoman...

Les dernières victoires turques en Transcaucasie, où des conditions humiliantes sont imposées, le 4 juin, à la minuscule République d'Arménie, proclamée sept jours plus tôt à Erivan et déjà encombrée de 300 000 réfugiés sans ressources, ne peuvent compenser les défaites subies par les Empires centraux et ottoman sur tous les autres fronts. C'est la chute irrémédiable de la clique « unioniste » de Constantinople.

Le 1er novembre, l'ex-Premier ministre Talaat Pacha prononce un dernier discours devant le Congrès de son parti, avant de s'embarquer clandestinement à bord du *Lorelei*. Désireux de « faire table rase » des exagérations propagées à l'étranger sur la question de l'« émigration » arménienne, il reconnaît toutefois que « beaucoup de tragédies sont effectivement survenues lors du transfert des Arméniens ». « Mais, ajoute-t-il, aucune d'elles ne s'est produite sur un ordre donné par la Sublime Porte. La responsabilité de ces atrocités incombe avant tout à des éléments qui ont agi de manière inadmissible. Sans aucun doute, tous les Arméniens ne sont pas responsables de ce qui s'est passé. Mais, pendant une guerre qui devait décider de la vie ou de la mort d'un pays, il était nécessaire de ne faire montre d'aucune indulgence... Certains fonctionnaires ont manifesté une violence et une cruauté excessives. J'avoue également que, dans de nombreux endroits, beaucoup d'innocents ont été injustement sacrifiés... »

En regardant s'éloigner les dernières lumières du Bosphore, Talaat et ses six compagnons d'exil volontaire songent déjà aux témoignages en forme de plaidoyers qu'ils laisseront un jour au tribunal de l'Histoire.

Ainsi Djemal Pacha, ancien ministre de la Marine, qui, spécialiste des problèmes arabes, était parti au début de la guerre prendre le commandement de la IVe armée en Syrie et combattre les Anglais dans le Sinaï, déclinera-t-il toute responsabilité dans les mesures de déportation prises par ses amis du triumvirat et appliquées par les autorités civiles :

> « Il faut attribuer les bavures constatées lors de ces transferts, écrira-t-il, aux haines accumulées depuis soixante-dix ans entre les Turcs, les Kurdes et les Arméniens. La faute en incombe au premier chef à la politique moscovite qui en a fait des ennemis mortels. Ces crimes font justement horreur. Mais les crimes commis par les Arméniens en révolte contre les Kurdes et les Turcs ne furent pas moins cruels. La hâte qu'on a mise à séparer ces populations pour cause de guerre a conduit en chemin à des massacres qu'on aurait dû prévenir par tous les moyens. Mais il n'y avait pas de missionnaires allemands ou américains pour faire des rapports sur l'affligeant spectacle des populations musulmanes fuyant éperdument l'avance russe dans les provinces orientales et décimées par les bandes arméniennes. Les millions de Kurdes et de Turcs assassinés ont-ils moins de valeur aux yeux des humanistes que le million et demi d'Arméniens déportés, dont 600 000 auraient trouvé la mort ? »

Talaat ne sera pas en reste sur les justifications de ses compagnons d'armes :

> « Je ne cherche pas à nier les faits, écrira-t-il dans ses

mémoires. Nous avons déporté beaucoup d'Arméniens de nos provinces de l'Est, mais non selon un plan qui aurait été préétabli. La responsabilité en incombe avant tout au comportement des déportés eux-mêmes. Équipés et armés par les Russes, les Arméniens de ces districts ont assailli nos armées sur leurs arrières dans le Caucase, terrorisé toutes nos provinces orientales pour couper notre retraite, tué en masse des musulmans innocents, sans égard pour l'âge et le sexe.

« J'admets toutefois que les déportations préventives n'ont pas toujours été effectuées légalement. Je confesse qu'il a pu y avoir des atrocités et des victimes innocentes. Autant que faire se pouvait, nous avons puni les responsables de ces violations de la loi. Je confesse que nous aurions dû sévir davantage, rechercher les inspirateurs des pillages et des crimes, mais c'étaient les malheurs de la guerre et l'attitude des Arméniens n'a fait qu'envenimer la haine qui existait déjà avec les Turcs... »

Cette thèse de la responsabilité des Arméniens dans leur propre martyre et de l'incommensurable hécatombe des populations turques et kurdes deviendra parole de Coran pour tous les gouvernements républicains, de droite et de gauche, qui se succéderont après la courte parenthèse libérale du dernier règne de la dynastie des Osmanlis (1919-1923).

Derrière le sillage du torpilleur allemand *Lorelei*, les sept fuyards de l'Ittihad laissent à leurs futurs successeurs kémalistes le soin d'effacer toute trace de ce « tapis ambulant, tissé de fils sanglants et dont la trame est le destin », selon la pathétique image du romancier Franz Werfel :

« C'est toujours le même destin. Après quelques heures de marche, tous les hommes dans la force de l'âge sont séparés du reste du troupeau. Ils ont pourtant payé le *bedel* [la taxe permettant d'échapper à la conscription]. A proximité d'une ville importante, les "tchettés", francs-tireurs armés, se livrent à une joyeuse chasse aux femmes.... Tapis ambulant, tissé de destins dont nul ne peut défaire la trame... Partout on retrouve le même motif : la mère qui, des jours durant, porte son enfant mort de faim dans son dos jusqu'au moment où ses propres parents, incapables d'en supporter plus longtemps l'odeur, la dénoncent aux gendarmes.

« Au-delà du Taurus, encore avant Alep, tous ces cortèges réunissaient leurs trames pour devenir un tapis humain infini et rampant... »

Combien de morts ? Un million et demi, disant les auteurs arméniens. Pas plus de 600 000, selon les Turcs. Plus d'un million, admettent les Européens. A quoi bon ergoter sur les chiffres ? Les évaluations n'ont qu'un intérêt historique. Le résultat est là : il n'y a pratiquement plus d'Arméniens en Anatolie. Massacres et déportations ont exaucé le souhait de ceux qui rêvaient d'une Arménie sans Arméniens. Cela a reçu un nom après le martyre juif de la Seconde Guerre mondiale. Cela s'appelle un génocide. L'horreur du génocide de 1915-1916 ne peut pas se mesurer au nombre des victimes.

Simplement, les chiffres sont les veilleuses de la vérité.

II

La Saison des juges

Justice sera faite à l'égard du peuple martyr, ont répété à plusieurs reprises le Premier britannique, Lloyd George, et les dirigeants français Georges Clemenceau et Aristide Briand, en juillet et en novembre 1916, comme en écho à l'avertissement adressé le 24 mai 1915 à la Sublime Porte par les trois puissances de l'Entente. Au lendemain de l'armistice de Moudros et de l'occupation par les armées alliées de Constantinople et des Détroits, il leur faut bien songer à tenir ses engagements. Mais le nouveau pouvoir ottoman va tenter de prendre les devants dans la chasse aux coupables, le sultan Mehmed VI permettant à l'ancien parti Liberté et Entente de reprendre ses activités et de régler ainsi ses comptes avec son vieil adversaire politique, le Comité Union et Progrès.

Accusé d'avoir facilité la fuite des dignitaires du précédent régime, le cabinet d'Izzet Pacha, dont font effectivement encore partie certains députés unionistes, tel le ministre de l'Intérieur Fethi bey, est contraint à la démission dès le 8 novembre 1918. Chargé de constituer le nouveau gouvernement, Tevfik Pacha obtient la confiance de l'Assemblée le 18 novembre. Un groupe parlementaire profite du changement pour demander la traduction devant la Cour suprême des membres des deux cabinets de guerre de Saïd Halim et de Talaat Pacha. Leur motion accuse les Unionistes de « promulgation de lois, ordres et règlements provisoires totalement contraires aux principes du droit et de l'humanité, et surtout à l'esprit et à la lettre de notre Constitution, lois, ordres et règlements qui ont transformé le pays en une scène de tragédie ». Le 16 décembre, un décret impérial institue une Cour martiale pour juger les criminels de guerre et désigne trois généraux à la retraite, dont le fils d'un prince kurde, Mustafa Pacha, pour la présider.

Trois jours auparavant, un quotidien de Constantinople en langue française a publié un article de l'ancien gouverneur d'Alep et de Konya, Djelal bey, qui avait été destitué par les gouvernements Jeunes-Turcs pour refus d'obtempérer aux ordres de déportation des Arméniens. Cet article rappelle opportunément ce que fut, trois ans plus tôt, cette « lugubre tragédie » :

> « Au début, écrit notamment l'auteur, nous dirigions sur Konya ceux qui arrivaient de différents points. Mais, ensuite, nous reçûmes l'ordre de les envoyer à Deir Zor.
>
> « J'avoue que je ne croyais pas que ces ordres et ces opérations visaient à l'anéantissement des Arméniens. Je ne pouvais guère supposer qu'un gouvernement serait jamais capable d'exterminer de la sorte ses sujets, son capital humain qui doit être considéré comme la principale richesse du pays. Je croyais que ces mesures tendaient à éloigner provisoirement les Arméniens du champ des opérations par suite des nécessités militaires. Aussi me suis-je adressé télégraphiquement au ministre de l'Intérieur pour lui réclamer des allocations en vue de la construction de baraquements pour abriter les déportés.
>
> « En guise d'allocations, on m'envoya un individu ayant le titre d'"agent pour l'installation des émigrés", et, en réalité, chargé de la déportation en bloc des Arméniens. Par télégrammes et par lettres, je n'ai eu de cesse de répéter à la Sublime Porte que les mesures prises contre les Arméniens étaient, de tous les points de vue, contraires aux intérêts supérieurs de la patrie... Personne n'a pris mes avertissements en considération. »

Remplacé à Alep par le beau-frère d'Enver, muté à Konya,

Djelal bey avait fait savoir aux députés de ce vilayet qu'il n'admettait pas les atrocités commises sous ses yeux dans les régions qu'il venait de traverser : il s'opposerait pour sa part à cette « tentative funeste » contre les populations arméniennes placées sous son autorité. L'un des députés lui rapporta de Constantinople la réponse du Comité central de l'Ittihad :

> « La mesure décidée, après avoir été l'objet de mûres réflexions par le Comité central, ne pouvait être modifiée. La déportation ainsi pratiquée des Arméniens faisant partie de l'idéal national, je devais sacrifier à cet idéal mes convictions personnelles.
>
> « Il ajouta que, si je m'opposais à cette manière de voir, je serais destitué. Bien entendu, toutes ces menaces n'ont pu me faire changer d'attitude...
>
> « Les Arméniens dont on nous annonce le rapatriement dans les journaux font donc partie de ceux que j'ai pu maintenir à Konya et de ceux que [mon collègue] Faïk Ali bey a réussi à garder à Kutahia. Et je crois que si ces malheureux n'avaient pu être ainsi préservés, il ne se trouverait plus un seul Arménien à rapatrier. »

Le 21 décembre 1918, un rescrit du sultan prononce la dissolution de l'Assemblée pour permettre au cabinet de Tevfik Pacha de faire procéder à l'arrestation des députés unionistes, des anciens ministres et de deux milliers de fonctionnaires d'autorité, selon une liste de criminels de guerre fournie par l'occupant britannique. Le parti au pouvoir entend mener lui-même la traque des coupables et livrer ceux-ci à la juridiction d'exception mise en place. Mais les choses ne vont pas si vite que le souhaitent les Anglais.

Le 3 janvier, le haut-commissaire britannique à Constantinople, l'amiral Calthrope, s'en plaint dans un télégramme au Foreign Office :

> « Il me semble inutile de continuer à protester auprès du gouvernement turc, alors que le cabinet actuel mani-

feste à chaque occasion ses bonnes intentions. Ses ordres ne sont pas obéis... La situation nécessite donc que l'on adopte de nouvelles formes d'action et je pense que rien ne serait plus efficace que de m'autoriser à demander l'arrestation immédiate et la remise aux autorités militaires alliées de certaines personnes contre lesquelles on détient des preuves réelles. »

A la fin de ce premier mois de 1919, l'amiral estime enfin satisfaisante l'action entreprise par le Grand Vizir pour procéder à près de 200 arrestations : « J'ai l'intention de fournir au ministère de l'Intérieur de nouveaux noms, bien que je n'aie pas encore formellement demandé qu'on livre ceux qui ont exercé des sévices sur les prisonniers, car la liste n'est pas encore complète. » Repris après une évasion spectaculaire, l'ex-vali (gouverneur) de Diarbékir, Rechid, a préféré se soustraire à la justice en se suicidant.

Devant le tribunal militaire exceptionnel réuni à Constantinople, le général Mustafa Pacha s'impatiente des lenteurs mises par les autorités à lui déférer les coupables :

> « Nos compatriotes ont commis des crimes inouïs en ayant recours à toutes les formes concevables de despotisme, organisé la déportation et le massacre, brûlé vifs des nourrissons arrosés de pétrole, violé des femmes et des jeunes filles... Ils ont mis les Arméniens dans des conditions insupportables, comme aucun peuple n'en a connu dans toute l'Histoire. »

Au même moment s'ouvre à Paris la Conférence de la Paix dont l'une des premières décisions vise à remédier aux « défaillances passées du gouvernement turc à l'égard des populations sujettes et des terribles massacres des Arméniens et d'autres sujets au cours des années récentes », en séparant notamment de l'Empire turc « l'Arménie, la Syrie, la Mésopotamie, la Palestine et l'Arabie ». La délégation arménienne, qui comprend en fait une représentation de l'ensemble des communautés dirigée par Boghos Noubar Pacha et une représentation de la petite et toute jeune République arménienne de Transcaucasie conduite par Avedis Aharonian, remet le 12 février un mémorandum demandant à la fois le mandat de l'une des puissances alliées sur une « grande Arménie », et le châtiment de tous ceux qui ont une part de responsabilité dans les massacres. Elle renouvelle sa démarche le 26, tandis que le gouvernement turc tente en vain de soumettre la question du « transfert » des Arméniens à une commission de juristes de pays neutres. Par mesure conservatoire, les Anglais décident de déporter et d'interner à Malte les suspects en attente de jugement.

Mécontent du cabinet Tevfik Pacha, le sultan charge, le 4 mars, un nouveau Grand Vizir, Damat Ferit Pacha, de former un gouvernement homogène de membres du parti Liberté et Entente. Le 8, une ordonnance impériale confie la présidence de la Cour martiale au général Mustafa Pacha. Le 10, soixante unionistes sont arrêtés et incarcérés à la prison de Bekiraga. Le lendemain, le haut-commissaire britannique se félicite, dans un télégramme, des nouvelles arrestations entreprises « avec une admirable énergie » par le gouvernement de Constantinople : « Hier, il y a eu vingt arrestations. Parmi les personnes arrêtées figurent notamment l'ex-Grand Vizir Saïd Halim et certains anciens ministres. La plupart des individus figurant sur la liste des Français ont été arrêtés. » Tel est le cas de l'éphémère ministre de l'Intérieur Fethi bey.

Entre le 23 janvier et le 7 avril, six listes auront ainsi été fournies aux autorités turques par le haut-commissaire. Tandis que se déroulent les procès devant la Cour martiale qui siège sans désemparer à partir de la fin mars, les Anglais commencent à déporter à Malte les responsables les plus importants qu'ils se font livrer en vue soit de les juger eux-mêmes, soit de veiller à l'exécution de leurs peines en cas de condamnation prononcée par les Cours martiales turques.

Le 8 avril, une sentence initiale frappe deux des responsables des déportations et massacres commis dans le sandjak de Yozgat, le préfet Kemal bey, sous-préfet de Bogazlian, et le commandant de gendarmerie Tevfik bey. Seuls à comparaître lors de ce premier procès, tous deux sont accusés d'avoir, dans l'exercice de leurs fonctions, dépcuillé les enfants mineurs et les femmes arméniennes sans défense qui composaient les convois de déportation, sans même tenir compte des exemptions ou des protections officiellement accordées en haut lieu. A l'incitation d'agents secrets illégaux, ils n'ont pris aucune disposition de nature à acheminer les déportés en toute sécurité vers une autre localité. Ils ont ainsi « rendu possibles les calamités dont la perpétration avait été décidée au préalable ». Pour procéder à ces « meurtres, pillages et rapines », ils ont, selon les attendus du jugement, « engagé des hommes de main auxquels ils ont donné, illégalement, le pouvoir de commander à des fonctionnaires officiels qualifiés ».

> « Kemal bey a, pour sa défense, fait état des oppressions que les Arméniens se sont permis d'infliger aux musulmans du côté d'Erzeroum, Van et Bitlis. Mais la responsabilité de ces actes ne peut, ni légalement ni moralement, être endossée par les Arméniens habitant Yozgat, qui n'ont point participé aux mouvements révolutionnaires. Non seulement Kemal bey a exprimé son désir de vengeance et sa haine personnelle, mais il a cru devoir communiquer ses idées erronées de vengeance et de meurtre aux habitants de son district et aussi à tous les musulmans en général.
>
> « Un des documents présentés, écrit de sa main, concerne la nomination de trois individus non qualifiés à un rang supérieur à celui des fonctionnaires locaux, rang leur permettant de donner des ordres et d'obliger les gardes du convoi à obéir à toutes leurs instructions. Le contenu de ce document lève toute hésitation ou doute quant aux instructions données de massacrer les personnes faisant partie du convoi... »

La culpabilité des accusés est attestée par des « évidences détaillées et des preuves irréfutables » :

« Attendu toutefois que Kemal bey, en sa qualité de fonctionnaire de grade le plus élevé du district, a fourni les subsides et préparé ainsi l'exécution des actes criminels (retenus)..., il est reconnu comme l'auteur principal des crimes.

« La Cour reconnaît Tevfik bey comme complice et auteur secondaire des actes cités plus haut...

« Kemal est condamné à mort à l'unanimité, conformément à l'article 171 du Code pénal militaire et en vertu de l'article 170 du Code pénal civil. Tevfik est condamné, à l'unanimité, à quinze ans de travaux forcés, à titre provisoire. »

Quatre jours après ce verdict tombé de manière assez inattendue après tant d'atermoiements, la Cour martiale, dans la foulée, publie au *Journal officiel* un avis de comparution des principaux dignitaires du Comité Union et Progrès et des cabinets de guerre, dont la plupart sont en fuite. A l'ouverture du procès, le 27 avril, seuls sont présents au banc des accusés l'ex-Grand Vizir Saïd Halim, l'ex-Président du Parlement Halil bey, l'ex-ministre des Affaires étrangères Ahmet Nesimi, l'ex-secrétaire général des Unionistes Midhat Choukri, l'ex-commandant de la place de Constantinople le colonel Djevad bey, ainsi que cinq délégués du Comité central de l'Ittihad à la direction de l'organisation spéciale (les Tchettés). La Cour, formée de quatre généraux et d'un colonel de l'armée impériale ottomane, fait donner lecture de l'acte d'accusation dressé le 12 avril.

De la procédure d'enquête, il résulte, selon ce document dont un unique exemplaire sera préservé miraculeusement à la bibliothèque du Congrès à Washington, que

« le Comité Union et Progrès était doté simultanément de deux organisations spéciales : l'une publiquement avouée et, partant, officielle ; l'autre secrète, basée sur des instructions verbales et ayant le caractère d'un comité clandestin.

« Des preuves existent attestant que la personne morale

de ce Comité s'est rendue coupable d'une série de massacres, de pillages et d'abus, et qu'ainsi la responsabilité des chefs influents précités de ce Comité est établie. »

L'acte d'accusation, qui incrimine le triumvirat Talaat-Enver-Djemal, responsable d'une entrée en guerre à la faveur de laquelle « ils tentèrent de trancher par la force brutale des questions en suspens », cherche à rejeter sur les seuls membres du Comité une culpabilité malheureusement beaucoup trop partagée, et à les impliquer dans un vaste complot contre l'ensemble des sujets ottomans pour assouvir leur soif de puissance :

> « Le point essentiel qui ressort de l'enquête ouverte est que les crimes commis lors de la déportation des Arméniens en différents endroits ou époques ne sont pas des faits isolés et locaux. Une force centrale organisée, composée des personnes susmentionnées, les a prémédités et fait exécuter soit par des ordres secrets, soit par des instructions verbales. »

Cette force occulte, c'est le trop fameux Techkilati-Mahsoussé, composé de repris de justice. Le Dr Behaeddine Chakir en a établi le quartier général à Erzeroum, pour terroriser les vilayets orientaux ; Atif Riza bey a rayonné autour de Trébizonde, tandis qu'Aziz bey, l'ex-directeur de la Sûreté, et le Dr Nazim, agissaient à Constantinople où le commandant de la place, Djevad bey, exécutait leurs décisions :

> « Ce qui démontre que les meurtres ont été commis sur ordre et au su de Talaat, Djemal et Enver, comme en témoigne le télégramme chiffré, en date du 11 juillet 1915, adressé par Talaat aux valis et mutessarifs de Diarbékir, Kharpout, Ourfa et Zor, et concernant l'ordre de faire enterrer les morts restés sur les routes, au lieu de jeter les cadavres dans les ravins, lacs et fleuves, et de brûler les effets abandonnés par eux en chemin.

« Un autre télégramme, avec la mention *urgent et personnel*, adressé le 1er juillet 1915 par le commandant du 4e corps d'armée, Djemal Pacha, au vali de Diarbékir, fait remarquer que les cadavres charriés par l'Euphrate vers le sud sont probablement ceux des Arméniens tombés lors des mouvements de révolte... Dans le télégramme chiffré en date du 3 juillet et portant la mention *personnel*, lancé en réponse à Djemal Pacha, il est dit : "L'Euphrate a très peu de rapport avec notre vilayet. Les cadavres charriés proviennent probablement des vilayets d'Erzeroum et de Kharpout. Ceux qui tombent ici sont ou jetés au fond de cavernes abandonnées, ou, comme cela se fait le plus souvent, brûlés..."

« A une question posée par un familier au gouverneur de Zor : "On a dit de toi que tu as exterminé 10 000 Arméniens", celui-ci a répondu à l'époque : "J'ai de l'honneur. Je ne me contente pas de 10 000. Monte encore un peu, voyons..."

« Dans l'ordre adressé par le vali de Kharpout, par télégramme chiffré, au kaïmakam de Malatya, il est écrit : "En dépit des injonctions réitérées, on annonce qu'il y a sur les routes un très grand nombre de cadavres. Les inconvénients qui peuvent en résulter n'ont pas besoin d'être expliqués et le ministère de l'Intérieur a fait savoir que les fonctionnaires négligents devront être sévèrement punis..."

« Un télégramme signé par le commandant du 3e corps d'armée, Mahmoud Kamil, avertissait que tout musulman qui chercherait à protéger un Arménien serait pendu devant son logement et sa maison brûlée, "ce qui explique pourquoi les musulmans de ces lieux n'ont pu empêcher les atrocités".

« La déposition de l'ex-député de Trébizonde, Hafiz Mehmed bey, concernant les détails de l'embarquement dans des chaloupes et la noyade des Arméniens du littoral de la mer Noire, et relatant qu'ayant porté ces tragédies à la connaissance de Talaat, aucune mesure ne fut prise à l'égard du vali Djemal Azmi, est de nature à renforcer la culpabilité de Talaat...

« La déposition écrite de Djemal Assaf au sujet de la façon dont une partie des déportés fut mise à mort par la bande du Kurde Alo, formée par l'ancien délégué responsable du Comité [de l'Ittihad] à Tchanguiri, Oghouz bey, constitue une tranche des faits et agissements des délégués en liaison avec les représentants du Comité central...

« Lorsque Djelal bey, ex-gouverneur général du vilayet de Konya, fit entendre à Constantinople les inconvénients de la déportation, Talaat et Nazim lui déclarèrent qu'ils étaient convaincus de la nécessité et de l'utilité des affaires en question. Le Dr Nazim est allé jusqu'à dire que cette entreprise réglerait la question d'Orient... »

Après cette lecture, le Procureur général prend la parole pour demander à la Cour la mise en jugement des accusés sur la base de ce dossier. Il ajoute que c'est là aussi le souhait de Sa Majesté le Sultan, qui veut la punition des assassins, sans distinction de race ou de religion, et ainsi favoriser le rétablissement de l'entente entre les divers éléments de l'Empire.

Le défenseur de l'ex-Grand Vizir Saïd Halim soulève alors la question de la compétence de la Cour martiale qui, selon lui, n'a pas pouvoir de juger les hauts dignitaires du régime, leur éventuelle mise en jugement relevant de la Haute Cour.

Après renvoi de l'audience, le Tribunal estimera que, les accusés étant inculpés de crimes de droit commun perpétrés en temps de guerre, il est habilité à connaître de ce procès et à juger les absents par contumace. Les débats s'étendront sur plus de deux mois, avec des incidents de procédure qui donneront lieu à six interventions du ministère public, du 2 mai au 25 juin. Le 30 avril, l'Allemagne fait savoir qu'elle refusera l'extradition des contumax réclamés par les autorités ottomanes. Le 26 mai est publié au *Journal officiel* la décision de la Cour martiale de mettre en jugement Talaat et consorts.

Le cas de l'ex-Grand Vizir Saïd Halim et d'autres accusés présents dans le box a été disjoint, les Anglais ayant décidé de transférer à Malte les personnalités les plus importantes à leurs yeux, sous prétexte de veiller à l'application rigoureuse de leurs peines. C'est ainsi que, le 8 mai, l'éphémère ministre Fethi bey s'est retrouvé interné à Malte.

Le 29, le haut-commissaire Calthrope télégraphie au Foreign Office :

> « Les autorités turques ont livré aujourd'hui aux autorités militaires britanniques 67 prisonniers, conformément à votre télégramme n° 233. Ces personnes seront envoyées à Malte, sauf 12 d'entre elles qui seront détenues à Moudros. »

Entre-temps, la Cour martiale a, le 22, rendu son jugement dans un autre procès, celui des responsables des déportations-massacres du vilayet de Trébizonde. Le vali Djemal Azmi bey — l'un des passagers en fuite du *Lorelei* — et le secrétaire du Comité régional de l'Ittihad, Naïl bey, sont condamnés à mort par contumace pour avoir livré les convois de déportés à des gardiens corrompus et criminels.

> « Une fois les convois suffisamment éloignés de la ville, dit l'exposé des motifs, les hommes et les femmes ont été séparés les uns des autres. Ensuite, des groupes de bandits composés de ces mêmes catégories d'individus les ont attaqués, pillant et dérobant leurs biens personnels, torturant et tuant certains d'entre eux. Ils ont conduit les femmes à un autre endroit et, là, après les avoir dépouillées de leurs bijoux, argent et vêtements, ils les ont violentées. Ensuite, ils ont obligé les convois à marcher durant des mois sur un parcours tel que les déportés furent totalement et définitivement épuisés...
>
> « Quelques femmes et enfants avaient été gardés à Trébizonde, placés dans des hôpitaux ou des logements de derviches en vue d'une prétendue protection ; en

plusieurs lieux, ces femmes et ces fillettes ont été regroupées puis embarquées sur des barges, sous le prétexte de les transporter ailleurs par mer. Une fois au large et hors de vue, elles ont été jetées à l'eau et ont péri noyées. »

L'ex-directeur des contributions de la ville, Mehmed Ali, présent, lui, dans le box des accusés, est pour sa part condamné à dix ans de prison pour avoir revendu, au profit du gouverneur, les biens abandonnés par les déportés, et transformé en marché d'esclaves l'hôpital du Croissant-Rouge où avaient été rassemblées les Arméniennes « les plus désirables ». Enfin, l'ex-directeur de la police, Nouri Effendi, et l'agent du port, Mustafa, se voient infliger un an de prison et deux ans de suspension pour avoir fermé les yeux sur les exactions de leurs supérieurs comme de leurs subordonnés.

Le mois suivant, le premier condamné à mort, celui du procès de Yozgat, Kemal bey, est pendu en public, place du Sultan Bayazid. Mais la foule de Constantinople lui fait des funérailles grandioses. Cette réaction populaire à l'exécution du bourreau des Arméniens de Yozgat traduit déjà un sentiment de révolte contre des juges et des gouvernants considérés par les nationalistes turcs comme inféodés aux occupants alliés, et augure mal de la suite des procès des criminels de guerre. Se croyant menacés du même sort que l'ex-préfet Kemal bey, les députés unionistes de Dikranaguerd, au sud de Mouch, préfèrent attenter eux-mêmes à leurs jours. Ils n'ont pas compris l'évolution qui est en train de se dessiner à l'intérieur et à l'extérieur de la Turquie. Ils vont être honorés à leur tour comme des héros et des martyrs.

Cependant, en venant plaider la cause de l'Empire vaincu à la Conférence de la Paix où, depuis cinq mois de palabres, se joue son avenir, le Grand Vizir Damat Ferit Pacha révèle le sens du procès des dirigeants Jeunes-Turcs qui se poursuit devant la Cour martiale de Constantinople. Invitée à faire connaître son point de vue aux Alliés, après bien des démarches, la délégation qu'il préside est arrivée le 11 juin à

Paris. Introduit au Quai d'Orsay, le Premier ministre du Sultan commence ainsi sa déclaration :

> « Je n'aurais pas l'audace de me présenter devant votre Haute Assemblée si je croyais que le peuple ottoman ait encouru, dans une guerre qui a mis à feu et à sang l'Europe et l'Asie, une part quelconque de responsabilité... Au cours de la guerre, presque tout le monde civilisé s'est ému au récit des crimes que les Turcs auraient commis. Loin de moi la pensée de travestir ces forfaits qui sont de nature à faire pour toujours tressaillir d'horreur la conscience humaine. Je chercherai encore moins à atténuer le degré de culpabilité des auteurs de ce grand drame. Le but que je me propose est de montrer au monde, avec preuves à l'appui, quels sont les véritables auteurs de ces crimes épouvantables. »

Après avoir rappelé la responsabilité du Comité Union et Progrès dans l'entrée en guerre de l'Empire, il ajoute :

> « La Turquie déplore le meurtre d'un grand nombre de ses citoyens chrétiens, autant que le meurtre de ses musulmans... La vérité commence, depuis quelque temps, à pénétrer dans l'opinion publique européenne. Le grand procès des Unionistes à Constantinople montre la responsabilité des chefs du Comité qui, tous, ont occupé les plus hautes fonctions de l'État, en ce qui concerne la guerre et les événements tragiques de l'Orient : c'est la réhabilitation de la nation ottomane. »

En clouant au pilori les membres du gouvernement Jeune-Turc et les dirigeants du Comité central de l'Ittihad et de l'Organisation spéciale (des Tchettés) qui ont à répondre à la fois de l'engagement de la Turquie dans la guerre et des crimes commis contre les Arméniens, Damat Ferit joue la carte légale, juridique. Cet habile plaidoyer mécontente les milieux nationalistes musulmans qui tolèrent mal toute nouvelle immixtion étrangère dans les affaires intérieures de l'Empire, mais il satisfait les libéraux et les conservateurs qui n'hésitent pas à s'appuyer sur les occupants alliés pour se débarrasser des Jeunes-Turcs, rendus seuls responsables de tous les fléaux. Il permet surtout au Grand Vizir de soutenir les revendications de son gouvernement sur les territoires perdus, dans un second mémorandum remis le 17 juin à la Conférence de la Paix. Le Conseil suprême interallié lui répond alors assez sèchement par la voix du chef du gouvernement français, Georges Clemenceau :

> « Votre Excellence ne cherche en aucune façon à excuser ni à atténuer des crimes dont le gouvernement turc s'était alors rendu coupable ; cet exposé admet formellement ou implicitement... que la guerre, dont le début fut sans excuse, fut accompagnée de massacres dont l'atrocité calculée égale, ou dépasse, tout ce qu'a jamais enregistré l'Histoire. Mais il prétend que ces crimes ont été commis par un gouvernement dont les méfaits ne sauraient être imputés au peuple turc ; que ces crimes ne comportaient aucun élément de fanatisme religieux, qu'ils n'étaient en rien conformes à la tradition ottomane..., que le maintien de l'Empire ottoman est nécessaire à l'équilibre religieux du monde ; que la politique, non moins que la justice, recommande donc de rétablir intégralement ces territoires dans leur état d'avant-guerre.
>
> « Le Conseil ne peut accepter ni cette conclusion ni les arguments sur lesquels elle se fonde. Il ne met pas en doute un seul instant que le gouvernement actuel de la Turquie ne réprouve profondément la politique suivie par ses prédécesseurs... Mais, d'une façon générale, une nation doit être jugée d'après le gouvernement qui dirige sa politique étrangère et dispose de ses armées. La Turquie ne peut pas non plus prétendre être dispensée des justes conséquences de cette doctrine, simplement parce que ses affaires, au moment le plus critique de son histoire, sont tombées aux mains d'hommes qui, entière-

ment dénués de principes et de pitié, ne pouvaient même pas commander au succès... »

Clemenceau termine son réquisitoire en déniant à la Turquie « l'aptitude à gouverner des races étrangères ». Quarante-huit heures plus tard, Damat Ferit est poliment invité à quitter Paris.

Tandis que le Premier ministre s'efforce de masquer le semi-échec de sa tentative de préserver l'Empire ottoman de la désintégration face aux impérialismes franco-anglais qui se disputent déjà ses dépouilles, sur le terrain, les événements se précipitent. Le 15 mai, encouragées par les Alliés, les forces grecques ont occupé Smyrne. Quatre jours plus tard, le général Mustafa Kemal, envoyé en avril par le gouvernement de la Sublime Porte inspecter la 3e armée stationnée en Anatolie et autorisée, par le traité de Moudros, à conserver ses armes, débarque à Samsun et lève l'étendard de la révolte contre la politique de concessions du sultan, contre le débarquement de contingents grecs, contre les revendications arméniennes, kurdes, syriennes, contre l'occupation alliée. Son rejet de tout arrangement de type colonialiste attire comme un aimant les Unionistes de l'armée et de l'administration, ainsi que d'autres éléments nationalistes. Le 23 juillet, il réunit à Erzeroum — la principale des villes revendiquées à Paris par la délégation arménienne à la Conférence de la Paix — un congrès qui proclame un pacte national : il veut la Turquie aux Turcs, se déclare résolu à ne pas céder un pouce de territoire ottoman aux Grecs et aux Arméniens, et exige l'évacuation immédiate des troupes d'occupation de Turquie d'Europe, de Cilicie et d'Anatolie occidentale. Un second pouvoir vient de naître en Turquie, révolutionnaire et nationaliste.

C'est dans ce climat d'instabilité politique que vient aussi de s'achever, dix jours plus tôt, le procès des Unionistes devant la Cour martiale de Constantinople. En l'absence des principaux accusés, dont Damat Ferit a redemandé en vain l'extradition, le 30 juin, par télégramme à la présidence de la

Conférence de la Paix à Paris, le tribunal a surtout fait le procès des deux formations de l'Organisation spéciale créée par l'Ittihad : l'une placée sous l'autorité d'Enver Pacha, financée par les fonds secrets du ministère de la Guerre pour opérer des actions de sabotage derrière les lignes ennemies ; l'autre, dépendant du Comité central Union et Progrès, contrôlée par les ministères de l'Intérieur et de la Justice, financée par les biens volés aux Arméniens et chargée de la liquidation des convois de déportés.

Un premier jugement a été rendu, qui retient les griefs majeurs suivants à l'encontre des dirigeants du « soi-disant parti Union et Progrès », qualifié de « comité criminel » :

> « Dans le cadre de la loi sur les déportations, il a commis de nombreux crimes, perpétrés sur la plus grande partie du territoire ottoman... Il est par ailleurs évident que c'est le Comité qui programma et exécuta tous les crimes qui eurent lieu... Durant les déportations, l'ordre de commettre ces crimes fut donné aux gouverneurs de provinces. Les membres des gouvernements de province qui refusèrent de servir leurs desseins criminels furent immédiatement déchus de leurs fonctions, notamment Djemal bey, mutessarif de Yozgat, Rechid Pacha, gouverneur général de Kastamouni, et Mazhar bey, gouverneur général d'Ankara... Le Comité organisa et encouragea des pogroms et les déportations de musulmans et de non-musulmans des provinces d'Anatolie, où ceux-ci vivaient ensemble. Il s'avère donc que le Parti adopta les mesures les plus extrêmes pour réaliser ses objectifs et réussit à usurper le pouvoir. »

A l'appui de son jugement, la Cour a fait état, entre autres, de deux documents accablants. Le premier est un télégramme codé envoyé par le Dr Behaeddine Chakir, président de l'Organisation spéciale, au vali de Kharpout, Sabit bey. Il porte la date du 21 avril 1915 :

> « Les Arméniens déportés ont-ils été liquidés ? Donne-

moi des informations sur les exterminations. Les gens dangereux ont-ils été massacrés ou seulement chassés des villes et déportés ? Fais-le-moi savoir clairement, mon frère. »

La seconde preuve est la copie certifiée conforme à l'original des ordres donnés aux valis et à leurs subordonnés relevant de son autorité par le commandant de la 3e armée, le général Mahmoud Kamil, en date du 10 juillet 1915 :

« Nous avons appris que certains musulmans protègent les Arméniens dans les régions où les habitants ont été déportés vers l'intérieur. Agissant ainsi à l'encontre des décisions gouvernementales, les musulmans qui osent accueillir chez eux les Arméniens doivent être pendus devant leur maison qui sera incendiée. Ordre à transmettre sous forme appropriée à l'attention des intéressés, en veillant à ce qu'aucun Arménien ne soit sauvé de l'exil. Les Arméniens qui changent de religion ne seront pas épargnés. Les militaires qui essaieront de les protéger seront dégradés et jugés sur-le-champ, et le commandement informé. Les fonctionnaires seront immédiatement renvoyés et traduits devant un conseil de guerre. »

Le 5 juillet 1919, les cinq juges de la Cour martiale militaire spéciale de Constantinople déclarent à l'unanimité coupables des crimes retenus les accusés en fuite : Talaat Pacha, ancien Grand Vizir, Enver, ancien ministre de la Guerre, rayé des cadres de l'armée impériale, Djemal, ancien ministre de la Marine, également radié, le Dr Nazim, ancien ministre de l'Éducation, Djavit bey, ancien ministre des Finances, et Mustafa Cherif bey, ancien ministre du Commerce et de l'Agriculture. Conformément aux dispositions de la loi, ils condamnent les quatre premiers contumax à la peine capitale, et les deux autres à quinze ans de travaux forcés, cette dernière peine étant également infligée à l'un des accusés présents, l'ancien cheikh-ul-islam Mousa Kazim. Deux autres accusés, l'ancien ministre des Postes et l'ancien président du

Sénat, sont renvoyés devant la Haute Cour. Ils seront en fait transférés à Malte par les Anglais qui semblent se désintéresser désormais des décisions de la justice militaire ottomane.

Le procès des Unionistes n'a déjà plus l'audience que le Premier ministre turc, Damat Ferit, souhaitait lui voir recueillir. Le climat politique ne s'y prête guère, et l'opinion a cessé de se passionner pour une cérémonie judiciaire ordonnée aux fins de réhabilitation morale de la nation turque plus que de réparation à l'égard des survivants du grand massacre.

Tandis que le major général James G. Harbord, envoyé de Paris en cet été de 1919 à la tête d'une commission d'enquête militaire américaine en Anatolie et au Caucase, continue de réunir des preuves et constate *de visu* la désolation causée par le génocide des Arméniens (« Qui voyage dans cette région n'échappe que rarement, écrira-t-il dans son rapport, à la vue des traces du crime le plus monstrueux de tous les temps »), les considérations géopolitiques l'emportent bientôt sur les considérations morales : les Alliés sont avant tout soucieux d'empêcher l'alliance qui se dessine entre la montée du mouvement national-révolutionnaire turc, conduit par le général rebelle Mustafa Kemal, et l'extension de la révolution bolchévique aux Républiques transcaucasiennes.

Le 11 septembre, le général Kemal proclame au Congrès de Sivas les objectifs de sa « lutte nationale ». Sa proclamation est adoptée sous le nom de « Pacte national », le 28 janvier suivant, par le parlement d'Istanbul. En vain, le Grand Vizir Damat Ferit, dont le cabinet menacé perd le contrôle de l'armée et bientôt du pays, suggère-t-il au haut-commissaire britannique de procéder à l'arrestation de Kemal et du général Kazim Karabékir dont les troupes, initialement cantonnées dans le Caucase et entrées les premières en dissidence, attaquent les garnisons françaises en Cilicie.

Avant de s'effacer, le gouvernement dissout les cours martiales présidées par le « Turc de la montagne » Mustafa Pacha, ce Kurde à qui l'on reproche d'avoir pris sa tâche trop à cœur, pour les remplacer par des juridictions impuissantes. L'un des derniers verdicts de Cour martiale a été rendu le

13 janvier contre le Dr Behaeddine Chakir et les responsables des massacres du vilayet de Kharpout. Au procès a été produit un télégramme du chef de l'Organisation spéciale au vali de Kastamouni, Rechid Pacha, identique à celui reçu par le vali de Kharpout : « Vous m'avez fait savoir qu'on torturait les Arméniens déportés de là-bas, mais a-t-on éliminé les plus nuisibles ou se contente-t-on de les déporter au loin ? » Un autre télégramme du vali d'Erzeroum, Munir bey, incrimine directement le principal accusé : « Le convoi composé de gens riches déportés d'Erzeroum a été attaqué par les Tchettés de Behaeddine Chakir et a été exterminé. »

Attendu que « l'homme qui a employé, préparé et conduit ces bouchers d'êtres humains dans la région de la 3e armée, est bien Behaeddine Chakir en personne », la Cour l'a condamné à mort par contumace, et à quinze ans de travaux forcés son complice Resneli Nazim, secrétaire du Comité Union et Progrès de Kharpout, également en fuite. Mais elle a acquitté les inculpés présents, dont l'ancien député unioniste Mehmed Nouri bey, accusé par des rescapés du village de Holevank, proche de sa propriété, d'avoir déclaré, devant les gendarmes chargés de la déportation de ses habitants : « Je vais envoyer des ossements au village et j'y ferai semer de l'orge. »

Le 9 février, la Cour martiale d'Istanbul ne condamne qu'à cinq ans de prison l'Ittihadiste de Tchanguiri, Oghouz bey, qui avait fait exécuter cinq intellectuels déportés de la capitale, dont le poète arménien Daniel Varoujan et le Dr Roupen Sevag. Son complice, le chef des gendarmes Noureddine bey, dit « le casseur d'os », jugé par contumace, s'en tire avec six ans et huit mois de prison.

Un procès des responsables des déportations de Baïbourt aura encore lieu le 20 juillet, mais le général Mustafa Pacha croupira alors depuis un mois dans les geôles de l'ancienne Cour martiale qu'il avait présidée ! C'est que, depuis le printemps, le vent a définitivement tourné, après un ultime coup de force allié pour endiguer la montée nationaliste. Le 16 mars, les Anglais ont en effet investi les ministères et occupé tous les bâtiments publics d'Istanbul ; le Parlement ottoman se saborde, mais 22 députés félons sont arrêtés et déportés à Malte où, à la fin de l'année 1920, le nombre des détenus atteindra 118 personnes, dont 55 accusées d'avoir trempé dans les massacres d'Arméniens. Les autres députés ont rallié Ankara où, le 23 avril, Kemal réunit une nouvelle Assemblée nationale et se fait élire président d'un contre-gouvernement. Celui-ci, peu après, signe un traité d'alliance avec la nouvelle Russie des Soviets, qui entérine la création d'un axe Ankara-Moscou : les bolchéviks, qui ont repris Bakou au début de l'année 1920, soutiennent les Kémalistes en armes et en argent contre les impérialistes de l'Entente. Ceux-ci sont en train d'imposer aux représentants du gouvernement du sultan d'Istanbul les termes d'un traité de paix qui sera signé le 10 août à Sèvres, près de Paris. Ce traité stipule la reconnaissance d'une « Arménie intégrale » par l'annexion des provinces orientales de l'Empire ottoman à la jeune République transcaucasienne dans des frontières dont le président américain Wilson a la charge de dessiner le tracé. L'une des clauses prévoit en outre la livraison par le gouvernement de la Sublime Porte, aux Alliés qui en feront la demande, de « toutes les personnes reconnues comme responsables des massacres qui ont eu lieu pendant la guerre, en quelque partie que ce soit du territoire ottoman, dans les limites de celui-ci à la date du 1er août 1914. »

Le gouvernement kémaliste d'Ankara manifestera son rejet du traité de Sèvres en ordonnant au général Kazim Karabekir de lancer, le 22 septembre, quatre divisions à l'assaut de la fragile République arménienne du Caucase. C'est ce qu'avait prévu le Kurde Mustafa Pacha quand, démis de ses fonctions de juge à la Cour martiale, il s'était rendu, en juin, au siège de l'organe du Parti arménien Dachnak à Istanbul, *Djagadamard*, pour alerter les dirigeants révolutionnaires arméniens des préparatifs de cette nouvelle guerre. Craignant de voir ses compatriotes kurdes entraînés dans l'aventure, il venait dévoiler le plan des Kémalistes qui noyautaient déjà l'appareil d'État ottoman : dès l'évacuation des positions britanniques du Caucase, prévue pour la fin de l'été, l'armée de Kazim Karabékir marcherait sur Erivan avec l'accord de Moscou. Il lui fallait obtenir un passeport du haut-commissariat britannique pour pouvoir gagner lui-même la République transcaucasienne d'Arménie, afin de tenter de prévenir le nouvel affrontement. Mais au lendemain de sa visite à *Djagadamard*, qui avait aussitôt saisi de sa requête les autorités d'occupation britanniques, le général Mustafa Pacha était arrêté par la police ottomane et incarcéré dans la prison attenant à la Cour martiale, pour « activité criminelle ». Les Anglais ne pourront l'en libérer qu'en le faisant passer pour sujet irakien et en l'embarquant pour Beyrouth, à destination de Bagdad. Mustafa Pacha ne devait jamais revoir son palais d'Istanbul, dont sa femme se fera expulser à son tour par les Kémalistes victorieux...

Le 17 octobre, l'armée turque du général Karabékir fait sa jonction avec l'armée tatare de l'Azerbaïdjan soviétisé, toujours en guerre contre l'Arménie exsangue et isolée. Aucune résistance ne peut plus contenir l'avance turque vers le cœur du petit État arménien dont la situation est aussi dramatique qu'en mai 1918, quand les troupes ottomanes livraient leur ultime assaut contre le réduit d'Erivan. Mais, cette fois, les puissances alliées refusent d'intervenir en faveur du pays martyr qui, le 14 novembre, doit se résigner aux termes draconiens de l'armistice proposé par les Kémalistes et renoncer bientôt aux dispositions du traité de Sèvres, déjà déclaré nul et non avenu par Ankara.

A la fin de cette année 1920, les sentences prononcées par les cours martiales depuis le printemps 1919 font l'objet d'une procédure de révision devant une cour d'appel militaire qui, le 9 janvier 1921, finit par les annuler et par obtenir des Anglais la libération des prisonniers de Malte. Parmi ceux-ci, l'ancien ministre Fethi bey retournera au pays pour reprendre le portefeuille des Affaires intérieures dans le gouvernement kémaliste d'Ankara. L'ancien Grand Vizir Saïd Halim, lui, s'installera à Rome, d'où il s'emploiera à financer ce gouvernement dissident. Celui d'Istanbul renonce de son côté à réclamer l'extradition des contumax qui vivent désormais en sécurité à Berlin où ils forment une organisation panislamique, l'Union des révolutionnaires de l'Islam, et jouent les messieurs Bons-Offices entre Bolcheviks et Kémalistes.

Il ne reste plus à ceux-ci qu'à obtenir diplomatiquement l'évacuation des occupants français de la Cilicie et à chasser militairement les troupes grecques pour triompher dans toute l'Anatolie. Mais, dès l'hiver 1920-1921, la révolution turque a mis fin à l'éphémère saison des juges, première étape de la négation du génocide des Arméniens.

Ultime sursaut avant l'oubli universel de cette dette de sang, voici venue la non moins éphémère saison des justiciers...

III

Le service de la « dette »

Faut-il abroger ou maintenir l'article relatif à l'usage des méthodes terroristes dans les statuts du parti ? La question fait l'objet d'un débat à huis clos qui ne figurera pas dans les actes officiels du IXe Congrès du parti Dachnak, devenu parti de gouvernement de la jeune République d'Arménie au lendemain de la guerre mondiale. Elle ne s'en pose pas moins avec acuité pour une organisation politique de type social-démocrate, qui tient ses premières assises dans un État indépendant dont elle se trouve seul à assumer, depuis plus d'un an, les responsabilités du pouvoir. D'où la question corollaire placée, elle, publiquement au centre des débats du Congrès d'Erivan, en cet automne 1919 encore plein de périls et d'incertitudes : les rapports entre le Parti et l'État.

D'un côté il y a, menés par le vétéran Rouben Ter-Minassian, savant chimiste mué en révolutionnaire professionnel, les partisans d'une soumission sans réserve des ministres dachnaks au contrôle direct de l'instance suprême du parti. De l'autre, ceux qui, avec le Premier ministre Alexandre Khatissian, un médecin, ancien maire de Tiflis et président de l'union des villes du Caucase, et le juriste Simon Vratsian, défendent une tradition anti-autoritaire, opposée à tout diktat du bureau exécutif du parti sur les membres du gouvernement. Pour les tenants de l'indépendance de l'administration et des services gouvernementaux, il s'agit précisément d'éviter la voie bolchévique qui tend à maintenir au pouvoir une élite inamovible et à mettre la gestion de l'État sous la coupe d'une bureaucratie d'appareil. Pour sauvegarder ces principes de non-interférence et de non-ingérence tout en assurant la primauté d'un parti porté au pouvoir pour avoir incarné le mouvement de résistance et d'autodéfense des communautés arméniennes, ils vont faire adopter un compromis par le Congrès d'Erivan : le groupe parlementaire dachnak devra se concerter avec le Bureau du parti pour désigner le chef du gouvernement, mais se prononcera en toute souveraineté sur le choix des ministres. Ainsi le contrôle du parti s'exercera-t-il sur sa fraction parlementaire, non sur l'action de ses représentants au pouvoir exécutif.

Mais, en fait, quatre des sept membres du Bureau élu par le Congrès occupent eux-mêmes des fonctions ministérielles ou gouvernementales. C'est que le destin du parti s'identifie inévitablement avec celui de la nation. Et le conflit entre le désir ardent d'institutions démocratiques et la nécessité de prendre des mesures autoritaires pour faire face à la situation ne sera jamais résolu durant l'existence éphémère de cet État-malgré-lui. Car seules les circonstances ont conduit les révolutionnaires dachnaks à proclamer, dans cette enclave inviable, une mini-République héritière d'une des plus vieilles nations du monde, et à revendiquer une Arménie indépendante et unifiée de part et d'autre du Caucase, au détriment de deux empires...

Intervenue dans les pires conditions, cette indépendance nationale a été, selon les termes de l'historienne Anahide Ter Minassian, « vécue comme une catastrophe tant par les Arméniens du Caucase que par le Parti dachnak... Jamais résurrection d'un État ne fut plus dramatique[1] ».

Le 26 mai 1918, la Fédération démocratique des trois provinces transcaucasiennes, créée à la faveur des révolutions russes de février et d'octobre 1917, éclate sous les coups de boutoir de l'armée ottomane auxquels seules les forces arméniennes levées à Tiflis tentent d'opposer une résistance

1. Anahide Ter Minassian, *La Question arménienne*, Éditions Parenthèses, 1983.

désespérée. Assurée de la protection allemande, la Géorgie fait sécession, et l'Azerbaïdjan, sensible aux pressions turques, s'apprête à se retourner contre son ancien associé arménien, dont il conteste la souveraineté sur les confins montagneux du Karabagh et du Zanguézour. Du coup, le Conseil national arménien, constitué en octobre 1917 par le Bureau permanent représentant à Tiflis l'ensemble des forces vives arméniennes, mais où dominent les éléments dachnaks, se trouve acculé à une révision déchirante de ses objectifs émancipateurs mais fédéralistes. Le 28 mai, il publie une déclaration historique qui proclame, comme à contre-cœur, l'indépendance des « provinces » arméniennes :

> « Devant la nouvelle situation créée par la dissolution de l'unité politique de la Transcaucasie et par la proclamation de l'indépendance de la Géorgie et de l'Azerbaïdjan, le Conseil national arménien se déclare unique et suprême autorité politique des provinces arméniennes. La gravité des circonstances l'oblige à différer de quelques jours la constitution d'un gouvernement ; il se charge de toutes les fonctions gouvernementales pour diriger, en attendant, les affaires politiques et administratives de ces provinces. »

Les Dachnaks, dont le programme révolutionnaire n'avait ni voulu ni projeté l'indépendance, acceptent malgré tout de gouverner. C'est que la République, dès sa naissance, doit affronter des tâches urgentes où l'idéologie n'a guère sa place.

Tandis qu'à Tiflis le Conseil national tente péniblement de former un cabinet de coalition pour administrer cette enclave provinciale laissée longtemps à l'abandon sous le joug tsariste, rendue exsangue par la guerre et son cortège de réfugiés affamés, et avec laquelle il n'a que peu de liens organiques, la situation sur le terrain reste rien moins qu'enviable : poursuivant leur offensive depuis la rupture de la trêve en février, les troupes turques sont pratiquement aux portes de la capitale, Erivan, bourgade de 30 000 habitants envahie par une population de 40 000 sinistrés qui campent dans ses rues et ses ruines.

Pourtant, ce 28 mai 1918, la menace d'une occupation totale du territoire, dont l'indépendance vient d'être proclamée, a provoqué un ultime sursaut de patriotisme. L'armée de volontaires, galvanisée par les généraux et les chefs dachnaks qui l'encadrent, met l'ennemi en déroute à Sardarabad. Ce Valmy arménien va sauver Erivan dont la défense est assurée par un « dur » du Bureau dachnak, Aram Manoukian. La brigade du héros populaire, le général DroKanayan, retarde également la progression des Turcs vers Bakou. Mais les forces arméniennes ne peuvent à elles seules contenir longtemps quatre des meilleures divisions ottomanes, bien qu'elles s'apprêtent à poursuivre les troupes défaites dans la vallée de l'Araxe.

Cependant, mal informés de cette évolution de la situation militaire sur le terrain, les délégués arméniens envoyés parlementer avec les représentants turcs à Batoum ne sauront utiliser les atouts obtenus *in extremis* sur le champ de bataille. Ils se résignent à accepter leurs conditions draconiennes, qui réduisent le nouvel État à une portion de territoire de 9 000 km^2 autour d'Erivan et du lac Sevan, peuplée de 750 000 habitants, dont la moitié de réfugiés ! Du moins, par le traité de paix et d'amitié, signé le 4 juin à Batoum, l'empire ottoman reconnaît-il pour la première fois le droit des Arméniens à un État hors de ses frontières, consacrant par là même l'existence de leur République. Une République qui va mettre du temps à s'installer, tant les difficultés sont immenses.

Ainsi, les moments de grandes espérances sont-ils souvent suivis de désillusions plus grandes encore... A la fin du mois, une délégation conduite par le premier président du Conseil national arménien de Tiflis, Avedis Aharonian, est fraîchement reçue à Constantinople par Enver et Talaat pour la ratification du traité de Batoum.

Seul le général-major Andranik, chef prestigieux des partisans, a refusé de s'incliner devant un traité déshonorant à ses yeux. Avec une partie de sa division – formée des anciennes légions de volontaires —, il gagne les montagnes du Karabagh et du Zanguézour, d'où il ne cessera de harceler les Turcs, constituant ainsi, dans l'espoir de faire jonction avec les Anglais en Perse, le dernier noyau de résistance alliée dans le Caucase jusqu'après l'armistice de Moudros...

Pour le Conseil national arménien qui siège sans désemparer à Tiflis, capitale des anciens rois de Géorgie et de toute la Transcaucasie, le plus dur reste à faire : « Structurer un informe chaos », selon l'expression de son président Hovannès Katchaznouni, l'ancien dirigeant de la section dachnak de Van, envoyé en octobre 1914 auprès du Bureau national de Tiflis avec mission de freiner le recrutement de volontaires pour le Caucase, et qui s'était lui-même engagé dans la première légion arménienne. La mise sur pied d'un gouvernement de coalition se heurte à la rivalité des partis minoritaires, populiste, social-révolutionnaire et social-démocrate, tandis que le chef dachnak délégué à Erivan exerce une sorte de dictature militaire dans cette capitale symbolique dont il a victorieusement organisé la défense. Katchaznouni finit par assumer la présidence d'un cabinet dachnak homogène, dont seul le portefeuille de la Guerre est confié à un sans-parti. Ce gouvernement n'arrive à Erivan que le 20 juillet, en compagnie d'autres membres du Conseil de Tiflis. Avec un Parlement provisoire également issu des membres du Conseil, il doit aussitôt faire face à une situation en effet chaotique, ainsi qu'à l'hostilité des populations musulmanes de la région.

La famine, le choléra, le typhus, bientôt le froid font des ravages effroyables parmi cette mosaïque de hautes terres accidentées, étagées de 400 à 4 000 mètres et qui, privée d'accès à la mer, amputée de la riche plaine de l'Ararat et isolée au milieu de voisins hostiles, regorge de réfugiés et d'orphelins dépourvus de toutes ressources : 180 000 morts dans les six premiers mois de la République, que sont venus assombrir, dès le 16 septembre, la prise de Bakou par les Turcs et le massacre, qui s'en est suivi, de sa forte population arménienne par les Azeris (Tatars).

Certes, la victoire des Alliés, en novembre, semble devoir

mettre un terme aux malheurs de l'Arménie, dont les combattants récupèrent dans la foulée le district de Kars et reprennent celui de Lori aux Géorgiens. Mais, quand elles évacuent enfin la partie méridionale de la République d'Erivan, en décembre, les troupes d'occupation turques se livrent à un pillage systématique des villages et pratiquent une politique de la terre brûlée, qui voue à la mort les milliers de paysans revenus dans la vallée de l'Araxe réclamer leurs biens : 200 villages rasés, la moitié du vignoble saccagée, 200 000 bêtes à cornes enlevées. Les 4/5 des familles arméniennes se retrouvent sans chevaux, la moitié n'ont plus ni taureaux ni bœufs. Au printemps 1919, le quart seulement des terres cultivables pourront être ensemencées.

Ce n'est vraiment qu'à partir de décembre 1918 que le gouvernement, renforcé par l'entrée de quatre ministres populistes (bourgeois), mais dont les postes-clefs restent sous contrôle du Bureau politique dachnak, parvient à mettre en marche la machine de l'État. Il donne la priorité aux transports et au rétablissement de voies de communication pour désenclaver le pays, dont l'étendue est passée de moins de 12 000 à 42 000 km^2 depuis la récupération du district de Kars et du sud de la province d'Erivan, qui devrait du moins faciliter le rapatriement de la plupart des réfugiés arméniens de Russie. Le parc ferroviaire, qui était réduit à 2 locomotives et à 20 wagons de frêt pour un réseau de 8 kilomètres en 1918, compte maintenant 32 locomotives, 500 wagons de marchandises et 2 trains de voyageurs pour 600 kilomètres de voies ferrées. D'importants stocks de blé, envoyés par les États-Unis, et l'aide généreuse de la diaspora arménienne, permettent de juguler la famine et d'éviter la faillite. Mais les nouvelles autorités font preuve de plus de bonne volonté que de compétence. Ayant à gérer une préfecture, elles recrutent l'administration d'un empire ! Elles multiplient fonctionnaires, consuls et ambassadeurs aux quatre coins du monde. Des chefs de bande héroïques ne font pas nécessairement des administrateurs avisés... Et ils jouent aussi de malchance dans le choix de leurs diplomates !

A la conférence de la Paix, ouverte à Paris, la République arménienne délègue, au début de février 1919, Avedis Aharonian, qui fut le premier président du Conseil national de Tiflis, alors que s'y trouve déjà le représentant que le chef suprême de l'Église grégorienne, le catholicos d'Etchmiadzine, Kevork V, avait placé en 1912 à la tête d'une « délégation nationale » auprès des puissances européennes : le noble et riche Boghos Noubar Pacha, fils d'un illustre notable égyptien d'origine arménienne. Investi par la majorité des communautés arméniennes de la diaspora, il a installé un autre Conseil national à Paris dès septembre 1918, et, depuis l'armistice du 31 octobre (Moudros), il milite en faveur d'un protectorat allié sur une grande Arménie s'étendant de la mer Noire à la Méditerranée, y compris la Cilicie occupée par les forces françaises. Ce porte-parole de la grande bourgeoisie cléricale arménienne, bien connu des milieux européens par l'action qu'il menait depuis sept ans pour obtenir les réformes et les garanties promises aux Arméniens de Turquie, conteste aussitôt la légitimité et l'autorité d'Aharonian : cet intellectuel dachnak ne représente à ses yeux que « la petite République d'Erivan ».

Les deux délégations ne finissent par s'entendre que pour surenchérir sur les demandes les plus irrédentistes, position maximaliste alors désavouée par le gouvernement d'Erivan qui, dans son isolement, ignore qu'elle a la faveur des États-Unis. Mais le Sénat américain restant hostile au mandat également réclamé sur leur lancée par les délégués arméniens, ce cafouillage diplomatique va priver la République d'Arménie du soutien des Alliés. Ceux-ci ne reconnaîtront sa souveraineté *de facto* qu'en janvier 1920, et *de jure* que lorsqu'il ne sera plus temps de la sauver...

Révisant sa position initiale, le gouvernement de la République profite du premier anniversaire de l'indépendance pour proclamer, le 28 mai 1919, l'unité des deux Arménies — celle du Caucase, dite orientale, et celle de Turquie, dite occidentale. Proclamation unilatérale fort mal accueillie à Paris par le Conseil national de Noubar Pacha, qui prétend représenter l'Arménie intégrale. Du coup, à Erivan, les ministres populistes quittent le cabinet de coalition et refusent de participer aux premières élections législatives, les 21 et 23 juin. Le Dachnak recueille 90 % des voix et 12 députés pro-dachnaks représentent désormais les Arméniens occidentaux réfugiés sur le territoire de la République. Le nouveau Parlement se réunit le 1er août, et le successeur de Katchaznouni, le Dr Alexandre Khatissian, forme le 10 un ministère dachnak homogène. Mais le Parti, qui détient désormais le monopole du pouvoir, est loin d'être monolithique : le courant ultra-nationaliste et traditionaliste a la faveur des réfugiés et des combattants venus de Turquie, le courant radical et internationaliste, celui des Arméniens de Russie.

Pour maintenir l'équilibre entre ces deux ailes, le presidium du IXe Congrès dachnak, qui s'ouvre le 27 septembre dans une salle du Parlement d'Erivan, est assuré par trois intellectuels socialistes modérés. C'est la première fois que l'instance suprême de la Fédération révolutionnaire arménienne (appellation d'origine du Dachnak) se réunit au cœur d'une Arménie libre et souveraine. D'où l'exaltation des 67 délégués, auxquels s'ajoutent 13 intervenants sans droit de vote, qui ovationnent les 7 membres du Bureau de Tiflis, le Premier ministre en exercice, le président de la section et le maire d'Erivan. Tous s'accordent sur la nécessité de réviser les buts et de réformer les structures du parti dont la vieille phraséologie révolutionnaire, d'inspiration philosophiquement socialiste, devenue fonctionnellement nationaliste, s'incarne dans les deux slogans des calicots qui décorent la tribune : « Vers le socialisme international ! », « Longue vie à l'Arménie unifiée et indépendante ! ». Encadrés de draperies horizontales rouges, bleues et orange — les couleurs nationales —, les trois portraits du triumvirat fondateur du parti semblent veiller à l'orthodoxie de la ligne. Une ligne politique qui a subi bien des avatars, au gré de tragiques épreuves, depuis qu'en 1890 trois intellectuels révolutionnaires du Caucase tsariste, un disciple de Bakounine, Christapor Mikaelian, un soi-disant marxiste, Stepan Rostom (Zorian), et un militant populiste, Simon Zaravian, ont réuni à Tiflis des groupuscules clandestins d'activistes arméniens au sein d'une fédération à laquelle ils devaient donner le nom de Dachnaktsoutioun. Il appartenait à Christapor, dont le prénom à lui seul allait passer à la postérité, de jouer un rôle majeur dans la création de ce nouveau parti arménien — le troisième en date après le parti armenakan, constitué à Van en 1885 par des bourgeois libéraux pour l'application des réformes promises et l'émancipation des Arméniens de l'Empire ottoman, et le parti social-démocrate Hentchak, fondé à Genève deux ans plus tard par six étudiants venus de Russie et se réclamant du marxisme. Les Dachnaks vont se porter rapidement à la pointe de tous les combats.

Issu d'une famille de paysans du Caucase où il est né en 1859, Christapor a été marqué par l'effervescence intellectuelle qui régnait à Tiflis quand il y faisait ses études pour devenir instituteur. L'ancienne capitale des rois de Géorgie est alors la métropole économique, financière et culturelle des Arméniens de Russie qui représentent, grâce à leurs industries, leurs banques, leurs écoles, leurs théâtres, leurs églises et leur presse, la moitié la plus développée de ses 300 000 habitants. Après être rentré enseigner une année dans son village, Christapor y retourne militer dans les groupes populistes qui multiplient coups de main et complots pour tenter de renverser le régime autocratique des tsars. Il propose au comité arméno-géorgien de la ville de créer des sections au sein de chaque nationalité allogène peuplant la Transcaucasie. Sa dérive du populisme russe vers un nationalisme révolutionnaire s'accentue quand, en 1884, il forme un collectif ouvrier d'Arméniens ottomans réfugiés de la région de Mouch, qu'il entraîne à l'autodéfense tout en les alphabétisant et en faisant leur éducation politique. C'est de cette initiative que naît et se développe un mouvement de partisans baptisés *fedaï*, d'un nom emprunté au persan pour désigner les « dévoués », ceux qui vouent leur vie au peuple jusqu'au sacrifice suprême. Il s'agit pour eux d'éveiller à la fois sa résistance à l'oppression et sa conscience nationale, par l'exemple de leurs exploits ou de leur mort les armes à la main. Des siècles de servitude et l'interdiction de se doter des moyens de répondre à la violence par la violence avaient engendré une résignation passive dans les masses arméniennes arriérées, en Anatolie surtout. Le rôle de la première génération de *fedaï* sera de leur inculquer le culte de l'homme nouveau, dans la tradition héroïque du banditisme rural : une poignée de paysans braves mais frustes, véritables « cangaceiros » de légende, se sont érigés, depuis une douzaine d'années, en chefs de bande, précisément dans les régions de Mouch et de Van où ils disputent aux tribus kurdes le contrôle des villages arméniens auxquels ils imposent en quelque sorte leur protection. Ce sont ces guerilleros qui vont fournir aux partis révolutionnaires en gestation leur première génération de *fedaï* : constitués en groupes mobiles de dix à quinze hommes armés, avec des traits empruntés aux populistes russes et aux garibaldistes italiens, pratiquant à la fois la propagande et le terrorisme, ils vont apprendre aux masses rurales de l'Arménie ottomane, écrasées par un fatalisme séculaire, à se défendre contre leurs oppresseurs (pillards kurdes, fonctionnaires turcs, grands propriétaires ou usuriers arméniens), puis à arracher des capitaux à la bourgeoisie arménienne, conservatrice ou libérale mais soucieuse avant tout de ménager les autorités ottomanes.

En 1889, Christapor fonde une société secrète, « Jeune Arménie ». L'année suivante, il tente de réunir à Tiflis, en une seule organisation, les petits cercles d'étudiants et d'intellectuels révolutionnaires arméniens de Moscou, de Saint-Petersbourg et même ceux de Genève, affiliés au Parti hentchak, afin d'ouvrir leurs rangs à tous les Arméniens, nationalistes ou socialistes, modérés ou radicaux, qui souhaitent la libération économique et politique de l'Arménie turque. La majorité d'entre eux n'a en vue qu'une révolution libérale et démocratique, mais qu'importe ! Cette absence de références au socialisme provoque bientôt le départ des Hentchaks de la Fédération révolutionnaire arménienne. Bien qu'à la tête de l'aile gauche minoritaire avec Zorian et Zavarian, Christapor est élu au Bureau exécutif qui le charge de publier le premier journal du parti, *Le Drapeau (Drochak).* Il appelle tous les Arméniens à soutenir la « sainte » lutte du peuple contre l'oppresseur turc, car il fait passer cette lutte pour l'existence avant la lutte des classes, « la plus-vécue avant la plus-value ». L'idéologie socialiste européenne lui paraît inadaptée à la réalité ottomane. Elle inspire pourtant encore le préambule visionnaire du programme qu'il fait adopter, deux ans plus tard, par le premier vrai Congrès du parti dachnak réuni clandestinement à Tiflis. Un programme en onze points qui limite ses ambitions à l'instauration des libertés démocratiques en Arménie turque par la violence révolutionnaire. Il n'envisage ni l'autonomie ni la réunification des trois territoires du « Yerkir », l'Arménie historique à cheval sur les trois empires : ottoman, russe et perse. La participation sans précédent, à ce Congrès, de délégués de l'Arménie turque, plus sensibles à l'action des *fedaï* qu'aux concepts du socialisme, contribue d'ailleurs à sacrifier les questions idéologiques aux problèmes d'organisation et de tactique. Priorité, donc, à la guérilla et au terrorisme ! Dès lors, le parti sera dominé par une obsession sans cesse croissante pour les problèmes militaires : entraînement des *fedaï* recrutés au Caucase et en Turquie, constitution de bases et d'arsenaux. La praxis l'emportant sur la théorie, le parti se définit plutôt comme une armée de partisans très décentralisée, à travers une hiérarchie de comités régionaux disposant d'une grande autonomie, coiffée de deux bureaux exécutifs et directeurs : un bureau oriental, siégeant à Tiflis, pour les militants des provinces de l'Est de l'Anatolie, de Perse et de Russie ; un bureau occidental, siégeant à Genève, pour ceux de l'Ouest de l'Anatolie, des Balkans, d'Europe et d'Amérique. Ces bureaux permanents sont eux-mêmes l'émanation de Congrès mondiaux réunis en principe tous les quatre ans pour prendre des décisions souveraines. Les événements vont se charger de précipiter cette cristallisation.

Cette radicalisation accompagne les révoltes provoquées par le regain de terreur que font alors régner, dans les provinces arméniennes de Turquie, les cavaliers kurdes enrégimentés par le « sultan rouge » Abdul Hamid. L'ambassadeur de France à Constantinople, Paul Cambon, expédie le 20 février 1894 à Paris une dépêche prémonitoire :

> « A force de dire aux Arméniens qu'ils complotent, ils ont fini par comploter ; à force de dire que l'Arménie n'existait pas, ils ont fini par croire à la réalité de son existence, et ainsi, en quelques années, des sociétés secrètes se sont organisées, qui ont exploité, en faveur de leur propagande, les vices et les fautes de l'administration turque et qui ont répandu, à travers toute l'Arménie, l'idée de réveil national et d'indépendance. »

La vérité est que la plupart des militants révolutionnaires issus de ces mouvements de résistance avaient pour ambition moins l'autonomie que l'application des réformes et des garanties prévues au traité de Berlin, signé en 1878 entre l'Empire ottoman et les grandes Puissances. Mais le sultan va prendre prétexte des révoltes suscitées par les excès de l'oppression pour tenter d'anéantir tout un peuple. La première est celle des montagnards de Sassoun qui, refusant de payer l'impôt prélevé par les tribus kurdes, écrasent leurs assaillants au cours de l'été de 1894. L'armée turque intervient, s'empare de la ville et se livre à un horrible massacre. Devant l'absence de réactions des puissances européennes, Abdul Hamid en appelle aux mosquées, l'année suivante, pour déchaîner des bandes fanatisées, les « bachibouzouks », contre la « conjuration » des communautés arméniennes d'Anatolie orientale. Les tueries succèdent aux tueries, ne se heurtant à la résistance héroïque des partisans qu'à Van et à Zeïtoun. En 1896, le sultan pousse les Arméniens à bout en exilant leur patriarche à Jérusalem, après avoir rayé de la carte 2 500 villages et réduit leur population de 400 000 habitants en moins de deux ans.

Le 25 août, le comité central du parti Dachnak, qui a transporté clandestinement son centre opérationnel à Constantinople, fait savoir aux ambassades européennes que « la patience des nations écrasées a des limites et que la colère arménienne va éclater ». Pour secouer l'opinion internationale, un groupe de 26 hommes armés occupe spectaculairement, le lendemain, un établissement symbolisant les intérêts financiers de l'Europe, ces fameux intérêts qui tempèrent si bien son indignation face aux massacres d'Arméniens : la Banque Ottomane où les grandes puissances placent leurs avoirs, dans le quartier de Galata. Après avoir abattu les sentinelles, les assaillants se barricadent avec les 140 membres du personnel pris en otages. Le directeur-adjoint de la banque, Auboyneau, s'entretient en français avec le chef du commando, Kevork Pasdermadjian, dit Armen Garo, un ingénieur de 23 ans diplômé de l'université de Nancy. Celui-ci explique que son groupe n'en veut ni à la banque, ni à ses caisses, il entend seulement attirer l'attention des puissances sur le sort tragique des Arméniens d'Anatolie et leur rappeler leurs engagements du traité de Berlin. Pendant ce temps, un émissaire, averti par signal, fait remettre aux ambassades la proclamation suivante :

> « Nous ne sortirons pas d'ici avant deux jours. Voici nos exigences : 1) L'intervention internationale pour assurer la paix partout dans le pays. 2) Accepter les demandes présentées par le Comité central de Constantinople de la Fédération révolutionnaire arménienne, dite Dachnaktsoutioun. 3) Ne pas recourir à la force contre nous. 4) Garantir la vie sauve à tous ceux qui se trouvent dans la banque, ainsi qu'à ceux qui ont pris part aux roubles de la ville. Le numéraire et le mobilier de la banque resteront intacts jusqu'à la satisfaction de nos revendications ; dans le cas contraire, le numéraire et tous les papiers seront détruits et nous autres trouverons la mort, avec le personnel, dans les ruines de la banque. Nous en sommes réduits à prendre ces mesures extrêmes. C'est l'indifférence criminelle de l'humanité qui nous a poussés à bout. »

Les soldats tentent en vain de reprendre l'établissement.

Quelques explosions de bombes dispersent la foule des mollahs et des bachibouzouks prêts à lyncher les occupants. Les ambassadeurs occidentaux font cette fois l'union pour empêcher l'irréparable et promettre aux « terroristes » l'octroi de réformes en faveur des Arméniens. Auboyneau propose à Armen Garo de parlementer avec la Sublime Porte et obtient des troupes turques un cessez-le-feu pour la durée des négociations. Il se rend au palais de Yildiz Kiosk et y rencontre le grand chambellan Izzet bey. Avec l'appui du directeur général de la Banque Ottomane, Sir Edgar Vincent, et du premier interprète *(drogman)* de l'ambassade russe, Maximov, il obtient d'Izzet, qui fait la navette entre le sultan et ses ministres, l'amnistie pour les insurgés s'ils évacuent l'établissement sans délai. Après treize heures de palabres, Maximov convainc les occupants de quitter les lieux sous protection diplomatique : des voitures réquisitionnées évacuent trois morts et six blessés ; les dix-sept insurgés indemnes remettent leurs 45 bombes et leurs 11 kilos de dynamite, mais conservent leurs revolvers, avant d'embarquer à bord du yacht personnel que Sir Edgar Vincent a mis à leur disposition. « Après nous d'autres viendront, et le prochain coup de main sera plus spectaculaire encore », annoncent-ils aux interprètes accourus des ambassades de France et d'Angleterre. Ils sont transférés, le lendemain, à bord du vapeur français le *Gironde*, en partance pour Marseille. L'équipage ne réussit qu'à grand'-peine à les empêcher de retourner à terre pour se porter au secours de leurs frères contre lesquels se déchaîne la populace de Constantinople : le massacre de 7 000 Arméniens sous les yeux des représentants des Puissances européennes démontre en tout cas à celles-ci l'anarchie du pays et l'impuissance du pouvoir central à maîtriser les démons de la haine qu'il a réveillés.

Le 4 septembre 1896, les 17 « terroristes » débarquent à Marseille où ils sont internés à la prison Saint-Pierre, dans l'attente de leur expulsion. Tandis que leurs 15 compagnons embarquent, le 20 septembre, à destination de l'Argentine, Armen Garo et son adjoint, Hratch Haig Kirakian, qui a été son condisciple à l'École des Mines de Nancy, sont, à leur demande, reconduits à la frontière suisse. Ils vont poursuivre à Genève leurs études de minéralogie, l'année même où le Parti dachnak se fait représenter pour la première fois au Congrès de la IIe Internationale. Deux ans plus tard, le chef du commando de la Banque Ottomane, qui est rien moins que socialiste, se rend, comme délégué de l'Égypte, au IIIe Congrès mondial dachnak à Tiflis, qui l'élit membre du Bureau occidental au côté de Christapor Mikaelian.

La prise de l'établissement financier de Galata a été, en effet, plus qu'un coup de main héroïque. Elle a inauguré le chantage aux gouvernements à travers les otages. C'est à partir de ce moment que s'intensifie, sur le terrain, l'action des *fedaï* depuis les pays limitrophes : raid contre les Kurdes responsables du massacre de 800 Arméniens, en 1897, à travers la frontière perse ; expéditions organisées, à travers le Caucase, par le prestigieux Andranik, les années suivantes ; jusqu'au soulèvement de Sassoun, en 1904, où l'élite arménienne tiendra en échec, pendant deux mois, sous son commandement, treize bataillons turcs épaulés par des milliers de cavaliers hamidés.

Parallèlement, en Transcaucasie russe, le groupe Potorik (Tempête), créée par Christapor en 1901, inaugure le terrorisme économique interne : il s'agit de prélever, sous menace de mort, l'impôt révolutionnaire sur la bourgeoisie arménienne détentrice d'importants capitaux, afin de remplir les caisses du parti et de préparer la libération du peuple. En octobre 1903, le premier attentat hentchak contre un notable de Tiflis donne le signal d'une longue série d'actions « tyrannicides » contre les fonctionnaires tsaristes et leurs collaborateurs arméniens. L'année suivante, les Dachnaks reprennent le flambeau en appliquant cette « justice révolutionnaire » aux traîtres et aux bureaucrates les plus répressifs. Il s'agit de saper les autorités tsaristes qui viennent de confisquer les biens de l'Église arménienne, et de décourager la délation, non par des représailles collectives ou des actions aveugles, mais par des actes dûment motivés, soumis à la décision unanime du Comité central. « Le chef *fedaï* ne touche jamais aux femmes et aux enfants », précise Rouben Ter-Minassian, responsable de la section de Kars. Les charges retenues, preuves à l'appui, à l'encontre des officiels et des officiers condamnés à mort pour des crimes précis par la justice révolutionnaire, doivent être épinglées sur la poitrine des suppliciés dont les corps restent exposés dans la rue après leur exécution publique. C'est ainsi, selon Ter-Minassian, que, de 1900 à 1904, huit sentences capitales ont été rendues par cette justice révolutionnaire dans le district de Kars, dont une seule a donné lieu à une erreur dommageable résultant d'une confusion d'identité. Aucun justicier n'a été arrêté, aucune exécution n'a échoué. Les bavards ont appris à tenir leur langue, les gendarmes n'osent plus enquêter et le réflexe anti-Judas fait déguerpir espions, indicateurs et traîtres. Les « vengeurs », dûment choisis par un émissaire du Comité central, apparaissent comme des sortes d'archanges Gabriel invulnérables, au service d'une volonté supérieure. À partir de 1905, les terroristes dachnaks ont supplanté les hentchaks. Mais cette année-là, celle de l'échec de la première révolution russe, disparaît le père fondateur de la F.R.A., Christapor Mikaelian, tué en Bulgarie en manipulant ses explosifs. Il ne verra donc pas son parti, qui revendique 166 000 militants — sur trois millions d'Arméniens — adhérer en 1907 à l'Internationale socialiste (pour disposer d'une tribune mondiale, tout en continuant à privilégier les problèmes nationaux) et prendre, à la fin de l'année, l'initiative d'un ressemblement, à Paris, de tous les partis d'opposition ottomans en vue de renverser le régime d'Abdul Hamid. Les Dachnaks s'allient donc avec les réformistes et les révolutionnaires turcs, dont le Comité « Union et Progrès » (Ittihad) fomente, à partir des casernes de Salonique, le coup d'État qui, en juillet 1908, oblige le sultan à rétablir la Constitution. Après avoir montré, à leur quatrième congrès à Vienne, qu'ils n'envisagent ni l'indépendance ni la réunification de l'Arménie, ils s'affichent au grand jour comme les soutiens les plus loyaux des Jeunes-Turcs, dont les mots d'ordre de modernisation et de démocratisation de la commune patrie soulèvent espoirs et enthousiasmes. Les Arméniens de la capitale cèdent au vertige de la liberté. L'Empire connaît des semaines de liesse générale où toutes les communautés se donnent l'accolade dans les rues, aux accents de la *Marseillaise* !

La grande fête de la fraternité sera de courte durée, la tentation panturquiste l'emportant bientôt sur l'ottomanisme, la théorie de la nation dominante se substituant à l'illusion lyrique de l'égalité. Fidèle, néanmoins, à ses engagements, le Parti dachnak donne l'ordre aux *fedaï* de déposer les armes. Ordre souvent exécuté à regret, car, dans les vilayets orientaux, les aghas kurdes poursuivent leurs méfaits, l'imposition demeure aussi arbitraire, la Constitution reste ignorée de la plupart des fonctionnaires, exactions et violences ne cessent pas. Aux élections, les partis arméniens n'obtiennent que dix sièges de députés, en dépit des promesses formelles qu'ils ont reçues.

Malgré la profonde fêlure provoquée par les massacres d'Adana en Cilicie au printemps 1909 — que leur coïncidence avec une tentative avortée de contre-révolution peut faire apparaître soit comme un dernier sursaut de la tradition hamidienne, soit comme le prélude à un véritable génocide —, malgré la politique de « turquification » à outrance et l'absence de réformes dans les provinces reculées, les Dachnaks s'en tiennent à leur ligne de loyalisme ottoman jusqu'en 1912. Mais, au lendemain de la désastreuse guerre balkanique, ils perdent toute confiance dans le régime Jeune-Turc et, à l'initiative de la diplomatie russe, se tournent vers les puissances européennes en faisant agir, cette fois, le chef spirituel de la communauté arménienne, le catholicos d'Etchmiadzine qui, depuis le Caucase, a gardé sa prééminence sur l'Église apostolique grégorienne. A l'automne 1912, le catholicos présente au tsar Nicolas II une demande de protection et de réformes en faveur des Arméniens de Turquie. Et il délègue Boghos Noubar Pacha à Paris. La voie diplomatique prend le pas sur la voie révolutionnaire.

C'est à ce patient effort que contribue, de son côté, l'ancien héros de la Banque Ottomane, Armen Garo, élu député d'Erzeroum — sa ville natale — au parlement de Constantinople après la Révolution Jeune-Turque de 1908 et le rétablissement de la Constitution. Titulaire d'un doctorat de physique et chimie de l'université de Genève, et ayant séjourné aux États-Unis, il était retourné à Tiflis diriger un laboratoire de recherches minières. Durant la guerre civile entre Arméniens et Tatars, en 1905, il avait organisé l'auto-défense des quartiers arméniens à la tête d'un détachement de 500 partisans.

Dès son élection, il s'attache à développer le chemin de fer de Constantinople à Erzeroum et Van, avec le concours de capitaux américains, mais le projet, baptisé *Chester*, auquel il s'associe, se heurte à des résistances tant au Parlement qu'au gouvernement, ainsi que dans les milieux financiers européens. Ce projet favoriserait en effet les provinces arméniennes traversées par la voie ferrée. Bien que partisan de la collaboration avec les Jeunes-Turcs pour moderniser le pays dans la paix et la sécurité, il n'ignore rien de l'orientation panturquiste adoptée en réunion secrète par les dirigeants du parti Union et Progrès à son congrès de Salonique, en 1910. Ce courant souterrain, qui mine les relations intercommunautaires, lui paraît gros de périls pour l'avenir de l'ottomanisme et pour le destin de son peuple. Armen Garo compte de plus en plus, lui aussi, sur l'entente des puissances européennes pour imposer au gouvernement Jeune-Turc, arrivé au pouvoir en 1913, la mise en œuvre d'un plan de réformes sous le contrôle de représentants de pays neutres. Ce qui sera rendu effectif, on l'a vu, par l'accord du 8 février 1914 aux termes duquel deux inspecteurs généraux, un Norvégien et un Hollandais, seront appelés à surveiller l'application des mesures prévues en faveur des minorités dans les sept provinces (vilayets) orientales regroupées en deux régions.

Peu avant la signature de cet accord arraché au Grand Vizir Saïd Halim, l'un des membres du triumvirat ittihadiste, Djemal Pacha, a tombé le masque devant le député dachnak Vartkès qui entretenait jusque-là de bons rapports avec l'homme fort du nouveau régime, le ministre de l'Intérieur Talaat Pacha :

> « Le contrôle européen que vous nous avez forcé à accepter va révolter la population musulmane des vilayets en question. Le résultat en sera le massacre de 300 000 à 400 000 Arméniens et l'occupation de ces provinces par les Russes. Je te dis cela pour amener ton peuple et ton parti à réfléchir aux conséquences de votre action. »

Informé de ces menaces, Garo se rend à Pera demander des explications à deux membres du Comité central ittihadiste, en leur faisant savoir qu'au moindre incident dans ces provinces, les Dachnaks reprendront leurs activités révolutionnaires dans la capitale et châtieront les responsables. Ses deux interlocuteurs expriment leurs regrets en disant que Djemal a parlé inconsidérément et sans l'aval de son gouvernement.

Garo part alors rencontrer en Europe, avec la recommandation du patriarcat de Constantinople, les deux inspecteurs désignés par les Puissances. Son absence, au début de la campagne électorale des législatives de février, est mise à profit par les Ittihadistes pour bloquer sa candidature à Erzeroum et permettre à un Arménien antidachnak, Madatian, de lui ravir son siège de député. Pour l'empêcher de s'atteler aux préparatifs de la mission des deux inspecteurs européens, Talaat est maintenant prêt à offrir à Garo un portefeuille ministériel dans son cabinet. De tous les dirigeants dachnaks de Turquie. Garo est celui qui a le plus l'envergure d'un homme d'État. Avec son élégante moustache et son col cassé, il a même l'allure d'un diplomate occidental. Mais il préfère se consacrer à son futur rôle d'assistant de l'inspecteur norvégien Hoff qu'il accueille, en juin, à l'hôtel Tokatlian. Hoff propose en effet son nom pour l'aider à mettre en œuvre les réformes dans le vilayet de Bitlis. Talaat s'y oppose pour des raisons d'opportunité politique. Il fait d'ailleurs traîner les autres nominations.

Au même moment, le journal du parti Dachnak, *Djagada-*

mard (Front de combat), est fermé sur ordre du gouverneur militaire de Constantinople. Après une vaine démarche du député Vartkès, Garo est chargé par la rédaction d'aller à son tour trouver Talaat, qu'il n'a pas revu depuis six mois. Le 13 juin, le tout-puissant ministre le reçoit avec chaleur, en présence de députés. Il lui dit regretter sincèrement que ses amis d'Erzeroum se soient opposés à sa réélection. Mais Garo ne veut l'entretenir que de l'incident du journal. Talaat éclate de rire : « Vous et vos gens, vous manquez de mesure, vous allez trop loin ! » Il accepte toutefois, après avoir congédié d'un geste ses autres visiteurs, de donner un contre-ordre au gouverneur militaire. Puis il entame un « dialogue sur le fond » :

« Il me semble, Garo, que plus nous travaillons ensemble et plus nous nous éloignons les uns des autres. Il arrivera un jour où nous risquons de ne plus nous comprendre du tout. »

Il lui propose une entrevue le soir même à la résidence de Halil bey. Armen Garo s'y fait accompagner de Vramian, un responsable de *Djagadamard*. Talaat et Halil leur reprochent d'abord de faire appel à l'étranger pour appliquer les réformes que le gouvernement est prêt à accorder. Si Talaat ne veut pas que Garo devienne l'assistant de l'inspecteur Hoff, c'est qu'il craint une rapide inversion des rôles. Il s'oppose également à une représentation paritaire entre musulmans et Arméniens. Garo lui répond sèchement :

« Avec votre panturquisme, vous allez conduire l'Empire ottoman à sa perte. Le pouvoir vous tourne la tête et vous rend mégalomane. Vous vous prenez pour Napoléon ou pour Bismarck !

— Bismarck ? Pourquoi pas ? répond Talaat en grimaçant.

— Vous ne savez rien de l'Histoire. Vous êtes venus dans ce pays il y a cinq cents ans. D'autres étaient venus avant vous : les Perses, les Arabes, les Byzantins. Aucun n'a jamais absorbé les Kurdes. Comment comptez-vous donc les turquifier ? Sur les trois seuls ponts construits dans le pays, deux l'ont été par les Arméniens et l'autre par Tamerlan. Il n'y a aucun vestige de votre civilisation. Vous voulez une Arménie sans Arméniens ? Eh bien, nous sortirons des ruines de votre empire, sanglants mais libres. »

Talaat rougit sous l'outrage, regarde sa montre et interrompt l'entretien : « Désolé, à la prochaine fois. » Il n'y aura pas de prochaine fois...

Au début du mois d'août, Garo envoie au VIIIe Congrès dachnak d'Erzeroum, auquel il ne peut assister, un télégramme annonçant l'éclatement de la guerre en Europe. Le président de ces premières assises du parti à se tenir au cœur même de l'Arménie n'arrive pas à croire à la terrible nouvelle qui va balayer tous les espoirs au moment où le parti décide de transférer à Erzeroum, l'antique Garine, son Bureau occidental de Genève. Garo y est élu, bien que retenu à Constantinople par le départ des deux inspecteurs européens, empêchés de prendre leurs fonctions. Le 16 septembre, il se rend en Transcaucasie russe pour informer le Bureau national de Tiflis — à majorité dachnak — de la démarche insolite tentée par les émissaires Jeunes-Turcs au congrès d'Erzeroum. Le Bureau national organise la riposte en recrutant aussitôt une légion de volontaires du Caucase pour combattre aux côtés de l'armée russe. Garo entre au Comité créé à cet effet, et s'engage dans la 2e brigade avec l'espoir d'être l'un des premiers à libérer Erzeroum, où il n'a pu occuper son poste de dirigeant au bureau du Parti. Vratsian n'a pas réussi à l'en dissuader, en s'efforçant de lui faire valoir ce que son enrôlement aurait de nuisible à la fois pour son image de dirigeant politique respecté de l'Empire et pour le sort des Arméniens de Turquie. « A bientôt à Garine », lui répond Garo avec optimisme. En décembre, il remplace le légendaire Dro, blessé à la tête de sa brigade sur le front du Caucase, jusqu'à la retraite de janvier 1915. Il est l'un des premiers leaders du Parti à entrer à Van dès la libération de la ville par les Russes.

Mais son enthousiasme s'effondre lorsqu'il prend connaissance des massacres perpétrés à Mouch durant l'été. Et quand, le 16 janvier 1916, les Russes ne retrouvent que 22 des 25 000 Arméniens qui habitaient Erzeroum, quand, trois mois plus tard, ils découvrent seulement 2 familles intactes et 14 femmes cachées chez des Grecs sur les 14 000 Arméniens de Trébizonde, Garo reste en état de choc. Il perd le sommeil, devient l'ombre de lui-même, sombre dans une sorte d'hébétude. « Les hommes sont devenus des monstres », répéte-t-il. Toute sa famille a péri, à l'exception d'un frère, réfugié à Genève. Atteint de vertiges et de moments de cécité, il abandonne toute responsabilité et tout intérêt pour le monde extérieur. Il se retire dans le moulin de son beau-frère, à Gandzak, dans le Caucase, où il se dépense physiquement du matin au soir afin de récupérer peu à peu son équilibre. Il revient alors à Tiflis. La direction du Parti et le Conseil national se mettent d'accord avec le Catholicos d'Etchmiadzine pour l'envoyer, en 1917, aux États-Unis, plaider, sous cette triple « casquette », la cause arménienne et collecter des fonds en faveur des volontaires du Caucase dont les Russes, en proie aux convulsions révolutionnaires, viennent de dissoudre les bataillons.

Lors de l'indépendance, en mai 1918, il devient naturellement le ministre plénipotentiaire de la République d'Arménie, puis son ambassadeur dès sa reconnaissance officielle par Washington. Le 13 janvier 1919, il appuie une demande de l'organe du Comité central dachnak de Boston, *Hairenik* (Patrie), auprès du Département d'État à Washington, pour permettre à son rédacteur en chef, Chahan Natali, de se rendre à Constantinople comme correspondant au Moyen-Orient. Il va lui confier en fait une tâche occulte, beaucoup plus spécifique, dans le plan qu'il va lui-même mûrir à Paris où, de février à avril, se réunit, en marge de la Conférence de la Paix, une assemblée des représentants de toutes les communautés arméniennes dispersées dans le monde. Armen Garo y représente à la fois le catholicos d'Etchmiadzine et la communauté arménienne des États-Unis. Il entre en conflit avec le chef de la délégation nationale, Boghos Noubar Pacha, connu pour ses positions hostiles aux Dachnaks et qui prétend toujours représenter les Arméniens de l'Ouest. Noubar aurait souhaité négocier avec les Anglais la libération d'Erzeroum, devenir le Premier ministre de l'Arménie indépendante sans aller à Erivan, et il est en train de passer un accord avec le représentant kurde Cherif Pacha. Garo est néanmoins élu par l'assemblée membre de la délégation arménienne à la Conférence de la Paix.

C'est donc de Paris qu'il adresse, le 4 juin 1919, au Comité central dachnak des États-Unis à Boston, une longue lettre manuscrite dans laquelle il évoque la part secrète de ses activités :

> « Quelques mots maintenant sur une question qui vous tient à cœur et sur laquelle je n'ai encore rien écrit jusqu'ici. Je veux parler du projet concernant "la dette"[2]. Nous avons eu, ici, de longues consultations à ce sujet. Il a été décidé de me faire passer en Suisse pour mettre en route ce projet avec un camarade. Vous n'ignorez pas les difficultés que nous avons à transiter à travers l'Europe. C'est seulement en Suisse qu'il est relativement aisé de nous rendre pour organiser la chose. C'est là qu'on va faire les achats. Je n'ai pas encore eu l'occasion de quitter Paris, mais j'espère que, d'ici à la fin du mois, ou au début de juillet, j'aurai la possibilité de m'occuper de cette affaire. En prévision, je demande donc au Comité central de nous faire parvenir un chèque de 50 000 francs sur le budget déjà établi au nom d'Anton Boyadjian, à la rédaction du *Drochak*, l'organe du Bureau du Parti à Genève, afin que je puisse en disposer à mon arrivée. »

Le 16 juin, Garo réitère sa demande à la fin d'un autre courrier au Comité central de Boston :

> « Au sujet de notre projet sur la question de la Dette, prière d'envoyer sans délai le chèque de 50 000 francs. Si ce n'est pas fait d'ici juillet, je vous communiquerai

2. Allusion à peine codée à la *dette de sang* à faire payer aux criminels de guerre responsables du génocide.

de Genève une autre adresse par télégramme. Maintenant que nous avons à Paris de nombreux camarades, il m'est possible de partir me consacrer à cette tâche capitale. »

La tâche capitale qui, à partir de l'été 1919, va requérir toute l'énergie d'Armen Garo, ne figure pas à l'ordre du jour public du IXe Congrès du parti Dachnak au pouvoir à Erivan. L'objectif principal de cette assemblée souveraine des délégués, élus par toutes les instances régionales du parti à travers le monde, est d'adapter les statuts de l'organisation à la situation nouvelle, née de l'indépendance et liée aux perspectives ouvertes par la Conférence de la Paix à Paris, ainsi qu'à l'évolution du régime ottoman à Constantinople. L'une des premières décisions prises à cet égard par le Congrès est de mettre fin à la dualité des bureaux, l'occidental et l'oriental, en les remplaçant par un bureau unique de sept membres titulaires et de trois suppléants, renouvelable à chaque congrès. Siégeant dans la capitale de l'Arménie, aujourd'hui à Erivan, mais l'an prochain peut-être à Garine (Erzeroum), le Bureau centralisera non seulement les communications entre les différents comités centraux régionaux, mais aussi les opérations, sans risque d'empiètement d'autorités ou de compétences territoriales.

Pour l'entreprise d'Armen Garo, cette centralisation des décisions est plus indispensable que son élection au Bureau, qui lui est acquise en dépit de ses positions politiques conservatrices et de ses fonctions diplomatiques quasi gouvernementales. Il a d'ailleurs directement repris le bateau pour rejoindre son poste aux États-Unis, après sa mission parisienne, sans faire le détour par Erivan où, à sa demande, les congressistes élisent un suppléant au nouveau Bureau. Il peut aussi compter sur les quatre délégués du comité central dachnak de Boston — dont son bras droit Chahan Natali — pour exposer son point de vue sur la double question débattue à huis clos et exclue des minutes du Congrès : les mesures à prendre contre les responsables du massacre des Arméniens durant la guerre, et l'éventualité de maintenir la référence au terrorisme révolutionnaire dans les statuts d'un parti de gouvernement.

C'est l'un des quatre représentants des Arméniens d'Amérique à l'assemblée de Paris, l'avocat Manoug Hampartzoumian, également délégué au IXe Congrès du Parti, qui a élaboré la liste des organisateurs de l'extermination des Arméniens de Turquie. Ou plutôt *les* listes, car il en a été fourni vingt-trois depuis la première, établie en décembre 1918 et comportant cent noms. Des copies en langues européennes ont été communiquées aux autorités britanniques, françaises et italiennes qui envisageaient alors de constituer des tribunaux pour juger les responsables de crimes de « lèse-humanité », puis aux autorités ottomanes qui venaient d'instituer des cours martiales pour punir elles-mêmes ces criminels. Finalement, deux listes sont retenues par un comité spécial chargé de soumettre au Congrès d'Erivan, en session secrète, un programme de représailles : l'une, d'une cinquantaine de dirigeants condamnés par contumace, à l'usage des Alliés, l'autre de 650 noms d'exécutants ou de collaborateurs, à usage « interne ». Le rapport présenté à huis clos par le comité spécial sélectionne 41 noms de responsables majeurs. Il est décidé que leur châtiment fera l'objet d'une mission spéciale *(Hadoug Kordz)* créée à cet effet et confiée à un organisme *ad hoc* (*Hadoug Marmin*, c'est-à-dire « corps spécial ») dont Armen Garo sera le « guide ». Cette décision non publique implique le maintien de la référence au terrorisme dans les statuts du Parti. D'où l'âpre discussion à laquelle elle a donné lieu. La question de l'éventuel abandon de cette référence est tout simplement renvoyée au prochain Congrès mondial qui doit se tenir dans quatre ans. Une mention, sous forme de *nota bene*, sera ajoutée à cette résolution, passée sous silence lors des votes : chaque comité central régional sera comptable devant le Congrès des exécutions individuelles décidées dans son ressort. Cette responsabilité des instances régionales ne figurait pas jusqu'alors dans les statuts du Parti. Elle fait désormais partie intégrante de l'organisation.

Trois articles prévoient la mise en place d'une « force physique », le vivier où seront recrutés les « vengeurs » chargés de ces exécutions : l'article 138, sur la formation de groupes armés révolutionnaires ; l'article 139, subordonnant cette sorte de milice aux instances dirigeantes locales et également au Bureau du Parti ; l'article 140, prescrivant à chaque volontaire de conserver ses armes et de rester disponible pour tout acte de justice révolutionnaire.

L'existence de la résolution secrète sur la création d'une mission spéciale, en vue de l'opération baptisée Némésis, se trouvera confirmée par l'adoption de la résolution suivante au 27e Congrès régional de Boston, le 8 juillet 1920 :

> « Considérant que les conditions qui ont rendu les actions révolutionnaires indispensables dans le passé prévalent encore aujourd'hui, le Congrès donne mandat au Comité central d'assumer pleinement les responsabilités particulières attribuées à notre région par les décisions du Congrès d'Erivan et de collecter les fonds nécessaires à cette fin. »

Il s'agit du Fonds spécial *(Hadoug Koumar)*, destiné à financer la mission spéciale *(Hadoug Kordz)* confiée au corps spécial *(Hadoug Marmin)* mis sur pied par le nouveau Bureau au lendemain du Congrès mondial d'Erivan.

L'un des premiers comités centraux à appliquer la résolution du IXe Congrès et à passer aux actes aura été celui de Tiflis, en Géorgie, pour venger le dernier massacre collectif d'Arméniens perpétré par les dirigeants tatars (Azeris) alliés aux Turcs lors de la chute de Bakou en septembre 1918. C'est en effet dans cette capitale qu'ont trouvé refuge la plupart des dignitaires du parti Moussavat, force principale du mouvement nationaliste musulman en Transcaucasie, qui avait pris le pouvoir et proclamé l'indépendance de l'Azerbaïdjan avant d'en être chassé par l'Armée Rouge. C'est là que va opérer, dès la fin de 1919, l'un des premiers justiciers affectés au projet Némésis : Aram Yerkanian.

A l'âge de 15 ans, Yerkanian a fait partie des 200 Arméniens rescapés d'Erzeroum, recueillis par les volontaires du Caucase lors de la première libération de la ville par les Russes en janvier 1916. Il s'est engagé lui-même dans la seconde vague de volontaires levée par le Conseil national arménien de Tiflis pour tenir le front turc, dégarni par les déserteurs de l'armée tsariste à la fin de 1917. Au début de 1918, il a commandé un poste avancé sur la route d'Erzeroum à Erzindjan, puis monté la garde d'un dépôt de munitions abandonné par les Russes. Lors de la retraite dans le Caucase, il a rejoint l'armée du général Dro pour participer à la défense du réduit d'Erivan. C'est ce combattant aguerri que le Parti envoie comme vengeur à Tiflis, où il exécute tour à tour un criminel azeri, Ghassim Begov, et un espion bulgare infiltré dans les rangs dachnaks de Géorgie, nommé Sarafov. Il se voit alors désigné pour abattre deux gros gibiers de choix : l'ex-Premier ministre d'Azerbaïdjan, Fathali Khan Khoiski, et l'ex-chef du groupe moussavat au Parlement de Bakou, Khan Mahmadov, tous deux réfugiés à Tiflis à la fin de 1919. Le commando chargé de cette mission comprend deux guetteurs qui ont découvert les adresses et repéré les itinéraires de deux fugitifs, et deux « tueurs », Aram Yerkanian et Missak Guiragossian. Le 19 juin 1920, ceux-ci attendent dans un café de la place Erevanian le signal de leurs complices. Quand leurs objectifs ne sont plus éloignés que de 100 à 150 mètres, ils courent au devant d'eux et ouvrent le feu. Khan Khoiski est tué sur le coup, mais Khan Mahmadov n'est que blessé et, dans la fusillade qui s'ensuit, Guiragossian est également blessé.

L'exécution du responsable n° 1 des massacres de Bakou constitue le prélude à l'« Opération Némésis ». Quelques mois plus tard, Yerkanian gagne Constantinople où il rejoint le comité de recrutement des vengeurs, installé dans les locaux mêmes du journal *Djagadamard*.

Pour le service de la « dette » ainsi mis en place, les volontaires motivés ne vont pas manquer.

IV

La maison du retour écœurant

Sa maison ? Il n'avait plus de maison. Sa famille ? Il n'avait plus de famille. Sa patrie ? En a-t-il jamais eu une ? C'est en entendant les récits des rescapés, dont le cortège affolé suit le reflux de l'armée russe, que le volontaire arménien Soghomon Tehlirian va connaître ses premiers vertiges et ses migraines, qui ne le quitteront plus et effaceront à jamais tout sourire de ses lèvres. Il a perdu tout espoir de retrouver sa mère, ses deux frères et ses deux belles-sœurs, leurs enfants et leurs parents et les 80 membres de sa famille restés à Erzindjan.

Erzindjan. C'est là que les ancêtres d'avant Grégoire l'Illuminateur vénérèrent la déesse Anahit dans le temple d'Eriza. Fils d'une dynastie, Grégoire avait refusé de participer aux sacrifices et fait proclamer le christianisme, dès l'an 302, religion d'État. A l'entrée en guerre de l'Empire ottoman, en 1914, la ville, située dans l'ouest de la province d'Erzeroum, comptait 20 000 Arméniens, dont plusieurs familles, comme celle de Tehlirian, converties au protestantisme. Une nuit, les autorités turques en arrêtèrent 2 000, en représailles de la révolte qui avait éclaté à Van, à proximité du front oriental. Ceux-là furent emprisonnés et massacrés dans les environs. Puis, pour les autres, ce fut la déportation.

Extraits du récit de deux infirmières de la Croix-Rouge de nationalité danoise, précédemment employées à la mission militaire allemande d'Erzeroum :

« Toutes relations avec les Arméniens furent interdites au personnel de la Croix-Rouge et il fut interdit de faire des promenades à pied ou à cheval, sous prétexte qu'"un coup de fusil pourrait bien s'égarer". On donna alors aux Arméniens d'Erzindjan un délai de quelques jours pour vendre leurs affaires qui, naturellement, furent soldées à vil prix. Le premier transport partit le 11 juin [1915] : on dit que c'étaient des gens fortunés qui pouvaient louer des voitures et qu'ils étaient arrivés à Kharpout. D'autres déportations eurent lieu pendant les trois jours suivants. Ensuite, le bruit courut qu'on déportait aussi les enfants.

« Même les familles des Arméniens en service à notre hôpital durent partir, ainsi qu'une femme atteinte de typhoïde... Un soldat arménien, qui était affecté chez nous comme savetier, dit à la sœur B : "J'ai maintenant 46 ans... Je n'ai jamais rien fait contre le gouvernement et voilà qu'on m'enlève ma famille : ma mère, qui a 70 ans, ma femme et mes cinq enfants, et je ne sais même pas où ils vont." Il s'apitoyait surtout sur sa fillette de 18 mois. Il pleura comme un enfant. Le lendemain, il vint tranquillement nous dire : "Maintenant, je le sais, ils sont tous morts." Malheureusement, il ne disait que trop vrai. Notre cuisinière turque nous raconta, avec des larmes dans les yeux, comment les Kurdes étaient tombés sur ces gens sans défense dans les gorges de l'Euphrate à Kemakh, avaient tout pris et en avaient tué beaucoup. Ceci a dû se passer le jeudi 14 juin. Deux jeunes institutrices arméniennes, qui se trouvaient parmi les déportés, racontèrent comment, ce soir-là, elles avaient été prises entre deux feux : en avant les Kurdes, par derrière les troupes mi-régulières. Elles se jetèrent immédiatement par terre en faisant le mort et réussirent ensuite, après bien des détours, à regagner Erzindjan... Elles ne savaient rien du sort des autres, la frayeur les avait totalement paralysées...

« [Des] soldats nous ont raconté comment tous ces malheureux Arméniens furent massacrés. [Les Kurdes] prirent quatre heures pour égorger tout le monde. Les femmes se seraient mises à genoux, auraient jeté leurs enfants dans l'Euphrate, etc. On raconte aussi que des chariots, traînés par des bœufs, transportèrent les cadavres vers le fleuve... Les jours suivants, on organisa dans les champs une chasse à l'homme ; beaucoup de fuyards s'étaient cachés dans les blés.

« A partir de ce jour, des bandes de déportés arrivèrent en un flot continu pour être tués, ainsi que de nombreux témoins étaient unanimes à le déclarer. Plus tard, notre cocher nous raconta qu'on liait les mains aux victimes et qu'on les poussait ensuite dans le fleuve, du haut des rochers. Ce mode de tuerie fut probablement inauguré seulement quand les masses étaient trop considérables pour être massacrées, et, de plus, cela occasionnait moins de travail aux bourreaux[1]. »

C'est ce genre de témoignages qui ne cesse de hanter Tehlirian, occupé à organiser l'accueil des orphelins dans le Caucase durant la retraite russe. La reprise d'Erzeroum en 1916 va permettre le retour sur place des volontaires arméniens. Affaibli par ses vertiges, Tehlirian est parmi eux. C'est ainsi qu'il retrouve la ville de son enfance : le quartier arménien est un désert de ruines. Aucune trace des siens. La maison vide est transformée en une sorte de caserne. C'est là, dans ce jardin dévasté, qu'il a pour la première fois la vision du cadavre de sa mère décapitée, de ses frères et belles-sœurs démembrés. Il s'évanouit pour de bon. Ses nuits vont souvent se peupler de ce cauchemar, qu'il finira par croire avoir lui-même vécu, alors qu'il avait quitté son foyer avant la guerre pour aller faire des études en Europe...

Dernier né, le 2 avril 1896, de quatre fils d'une famille protestante du village de Pakaridj, aux confins des vilayets d'Erzeroum et de Trébizonde, Soghomon avait à peine eu le temps de connaître son père. Celui-ci s'était rendu en Serbie,

1. Extrait du *Livre Bleu* britannique d'août 1916, reproduit par Gérard Chaliand et Yves Ternon dans *Le Génocide des Arméniens*, Éditions Complexe, 1984.

l'année de sa naissance, à bord d'un bateau russe, afin de préparer leur émigration. Il avait été arrêté à son retour en 1905, condamné à 6 mois de prison et interdit de séjour. Il avait juste eu le temps de déménager sa famille de Pakaridj à Erzindjan avant d'être réexpédié en Serbie, comme émigrant dont la présence avait été jugée indésirable sur tout le territoire d'Anatolie.

A la fin de sa scolarité au collège protestant d'Erzindjan, Soghomon rejoignit son père à Belgrade où se trouvait déjà l'un de ses frères, et s'inscrivit en 1913 dans une université allemande pour suivre des cours de mécanique. La guerre de 1914, provoquée par l'attentat de Sarajevo, vient interrompre ses études et sceller la séparation familiale. Soghomon décide de quitter la Serbie dans le but de rallier les volontaires du Caucase à l'insu des siens. Il traverse clandestinement la Bulgarie et la Roumanie et réussit à gagner Tiflis au début de l'automne. La capitale géorgienne est en effervescence. Le jeune homme, qui a adhéré au Dachnak, bout d'impatience quand le comité des volontaires arméniens refuse son engagement sans l'autorisation paternelle. Il finit par obtenir la bénédiction télégraphique de son père et, en octobre, il est inscrit comme auxiliaire médical dans la Légion levée par le général Sebouh. Peu après, il a la joie d'y retrouver son frère Missak qui, à son tour, a répondu à l'appel du bureau de recrutement de Tiflis. Le départ vers le front se fait encore attendre. Enfin, le 28 mars 1915, le bataillon du légendaire Andranik, dont Tehlirian fait partie, se met en marche : Erivan, Alexandropol, Erzeroum. Mais, au début de juin, le repli de l'armée russe oblige les volontaires à évacuer les territoires libérés, laissant derrière eux leur peuple aux mains d'un ennemi enragé par ses défaites initiales.

C'est durant cette pénible retraite que Soghomon recueille les premiers récits des réfugiés. Lorsque la nouvelle offensive russe lui permet d'en mesurer la réalité, le spectacle de désolation et d'anéantissement des régions traversées provoque en lui l'état de choc qui va transformer son destin. Il se jette dans le tumulte des batailles, prend part à toutes les opérations militaires d'une région à l'autre de l'Arménie ravagee par le fer et le feu, jusqu'au jour où le vilayet d'Erzeroum retombe aux mains des Turcs. La légion des volontaires a été dissoute, bientôt l'armée russe, en proie à la double révolution de 1917, cesse le combat. Tehlirian rejoint les troupes d'irréguliers, revient en vain à Erzindjan où il n'y a plus d'Arméniens à libérer, erre à travers le Caucase, ruminant de noirs desseins de vengeance. La proclamation de la République indépendante d'Arménie, en mai 1918, puis la capitulation ottomane de Moudros, à la fin d'octobre, ne mettent un terme ni à son errance ni à ses souffrances. Il se rend à Tiflis dans l'espoir d'être utile au Parti autant que d'utiliser son potentiel révolutionnaire pour assouvir sa propre haine. Mais il ne trouve que des intellectuels discutant politique dans les cafés, comme chez Anadoria où les réfugiés ont pris la place des anciens volontaires du Caucase.

Il rencontre toutefois, au café Aramiants, un Arménien qui a bien connu sa famille. Cet homme, nommé Tatiguian, s'inquiète de son état : « Qu'est-il arrivé à ton âme ? » Il propose de l'héberger. Sa fille, Anahit, prendra soin de sa santé, avec l'aide d'un médecin russe. Les crises dont souffre Soghomon s'apparentent à l'épilepsie, ce « haut mal » dont les causes et le traitement échappent encore à la science. Mais lui-même avance un diagnostic en explorant la faille qui l'a brutalement coupé de ses rêves d'adolescent et le prive de tout projet. Il pensait aller s'établir dans une ancienne ville arménienne de la Russie méridionale, travailler pour le comité d'aide aux réfugiés, mais, depuis qu'il a été précipité dans un monde de sang et de ruines, il ne peut redonner un sens à sa vie avec ses parents et ses amis sans tombe, et son errance de guerillero perdu le rend inapte à un retour à la vie civile. Comment songer à bâtir un foyer, à entreprendre une carrière, à mener une existence paisible quand on est entouré de tels abîmes, poursuivi par de tels fantômes ?

Soghomon n'est certes pas insensible au dévouement et à l'attachement d'Anahit, dont il s'éprendrait volontiers s'il ne ressentait d'abord le besoin impérieux de partir pour Constantinople, en quête de nouvelles sur le sort de la plus grande cité arménienne de naguère, forte de ses 250 000 habitants concentrés dans les quartiers de Koum Kapou, d'Uskudar, de Galata et dans ses banlieues rurales de Khass, de Gaté, de Makri. En quête aussi du devenir de ses bourreaux que le traité de Moudros a promis au châtiment...

Anahit l'accompagne à Odessa où il s'engage à la retrouver dès qu'il sera en état de donner un sens à sa vie. Après un mois de formalités pour faire valoir son droit au retour, il embarque le 15 décembre 1918 à bord d'un vapeur à destination du Bosphore, avec escale au port roumain de Constanza. Trois jours plus tard, il se rend directement au siège du journal dachnak *Djagadamard*, à Pera, sur la rive européenne de la capitale ottomane. Il sollicite l'insertion, dans les petites annonces réservées aux rapatriés, d'un avis de recherche dans l'espoir de retrouver un rescapé parmi les siens. Un rédacteur profite de sa présence pour l'interviewer sur les conditions de vie des anciens volontaires dans la tourmente de la révolution russe. Une jeune fille, qui vient aussi faire paraître une annonce, pâlit en entendant la conversation. Elle demande à Tehlirian si, par hasard, il n'a pas rencontré, parmi ces volontaires, son cousin Levon Madatian. Oui, il l'a connu. Il était vivant. Peut-être même est-il déjà revenu dans sa famille, mais il n'a pas son adresse. La jeune fille, qui a retrouvé ses couleurs, lui propose de l'emmener tout de suite chez les parents Madatian. Elle se présente : Yeranouhi Danielan. Elle est institutrice et milite au parti Hentchak. Mais elle a beaucoup d'amis dachnaks et le *Djagadamard* est ouvert à tous les patriotes arméniens. Soghomon a beau être membre du Dachnak, il ne fait pas non plus la différence. Elle vit seule chez sa mère, dans le quartier Pangalti, mais elle connaît l'adresse d'une chambre à louer en ville, où elle le conduit avant de l'emmener chez la mère de Levon qui attend sa visite.

Chemin faisant, elle lui apprend que les principaux dirigeants Jeunes-Turcs ont réussi à prendre la fuite à la fin de la guerre et, en premier lieu, le sinistre Talaat, le responsable nº 1 du grand massacre. Comme Tehlirian s'étonne qu'aucun groupe révolutionnaire n'ait réussi à en capturer quelques-uns, elle répond :

— Si vous saviez tout ce que le camarade Mourad a tenté ! C'était notre chef au Hentchak. Malheureusement, c'est Talaat qui l'a tué, car il a été trahi et livré comme tant d'autres militants arméniens. Les traîtres, eux, se portent bien.

Justement, sur la route du retour, en sortant de chez les Madatian, la jeune institutrice désigne les fenêtres éclairées d'une maison, en face d'un café du quartier Bechiktach :

— Tenez, c'est là que vit tranquillement le moukhtar du quartier, Haroutioun Meguerditchian, qui était l'un des principaux agnts arméniens de Talaat au ministère de l'Intérieur. C'est lui qui a dressé la liste des 300 premiers intellectuels à liquider en priorité, le 23 avril 1915.

Tehlirian n'en croit pas ses oreilles, son sang ne fait qu'un tour :

— Comment ? On n'a encore rien fait contre ce traître qui s'est enrichi du sang des meilleurs fils de notre nation ? Voulez-vous qu'on essaie ?

La jeune fille dévisage son compagnon avec effroi :

— Il est tard, venez vite, ma mère nous attend pour le dîner. Qu'est-ce qui vous prend ?

Une lueur intense traverse le regard halluciné de Soghomon qui ne quitte pas la maison des yeux. Mme Danielan mère l'accueille à bras ouverts et s'empresse de lui présenter un livre d'or signé par de nombreux dirigeants hentchaks et dachnaks. Il y inscrit une citation, empruntée à la mythologie arménienne par le grand poète Varoujan, dont il remplace un mot par celui de *vengeance*.

— Varoujan était sur la liste des intellectuels livrés par le traître, lui apprend Mme Danielan. Sur la route d'Ankara où on les emmenait en déportation, il a été l'un des seuls à vouloir se rebeller. Ses gardiens l'ont éventré et lui ont arraché les tripes...

Les jours suivants, Tehlirian est retourné dans le quartier

du moukhtar et s'est mis à rôder autour de la maison. Mais le traître ne semble jamais mettre le nez dehors. En face, il n'y a pas de logement qui puisse servir de « tour de guet » ; seulement le café, quelques boutiques à la terrasse desquelles des vieux fument le narguilé. Des semaines, des mois passent. Vers la fin de mars 1919, Tehlirian tente d'apitoyer le tenancier du café sur sa condition de réfugié pour se faire embaucher, mais son cas n'intéresse pas le bonhomme. Or, ce jour-là, un garçonnet sort enfin de la maison d'en face pour venir acheter une bouteille de cognac au patron du café. Le soir même, Soghomon fait part de l'événement à Yeranouhi Danielan qui a justement une photo du moukhtar à lui procurer. Le garçon qu'il a vu est son seul enfant, est-elle même en mesure de lui préciser.

Le lendemain dimanche, il assiste avec elle à une messe de requiem à la mémoire des intellectuels martyrs de 1915, en présence du patriarche, Mgr Zaven, dont il fait ainsi la connaissance. A la fin de la journée, stimulé par l'évocation de la tragédie de 1915, Tehlirian retourne à sa « faction » en allant boire une bière au café d'en face. La maison du traître est illuminée comme pour une fête. Derrière les fenêtres du rez-de-chaussée, on aperçoit une femme en train de dresser le couvert sur une grande table. L'enfant revient au café chercher cinq bouteilles de cognac.

— C'est l'enfant du chien, marmonne à voix basse l'un des consommateurs. Il a des invités, ce soir.

— On a trop de blessures à panser pour s'en occuper, répondent les autres clients arméniens qui discutaient des problèmes des provinces de l'Est et de la Cilicie.

— On sait bien comment a fini Judas, tranche l'autre.

Tehlirian se lève de sa chaise pour voir arriver les invités du moukhtar. Par la fenêtre éclairée, il dénombre une dizaine de convives debout autour de la vaste table où brillent le cristal et l'argenterie. Il sort dans la rue, qu'il traverse en zigzag pour s'approcher de la fenêtre sans se faire remarquer. Il sort un pistolet du pan de sa veste, juste au moment où Haroutioun, reconnaissable au milieu de ses hôtes, lève son verre pour porter un toast. Il a une seconde d'hésitation : faut-il viser la tête ou la poitrine ? Sa conscience lui dicte d'opter pour le cœur. Une seule détonation. La vitre s'étoile, le verre se brise, le traître s'effondre dans une coulée de sang. Le tireur a disparu dans la nuit.

Mais les journaux du lendemain annoncent que la victime de l'attentat n'est pas morte. Soghomon, atterré, s'en veut de ne pas lui avoir tiré dans la tête la balle unique dont il disposait. Il se morfond toute la journée dans sa chambre jusqu'à l'arrivée de l'institutrice Danielan qui se jette, toute heureuse, dans ses bras : « Bravo, mon frère ! » lance-t-elle dans un souffle. Par une heureuse coïncidence, elle est passée à l'hôpital où un médecin grec lui a appris que le « mouchard » avait succombé dans la matinée. Le poète Varoujan est vengé !

Cet attentat spectaculaire provoque un sursaut de fierté dans les quartiers et les faubourgs arméniens de Constantinople et fouette les énergies dans les milieux dachnaks. Certains militants parlent ouvertement de la nécessité de s'organiser pour rechercher les responsables des massacres en fuite à l'étranger, mais les questions politiques et diplomatiques restent les préoccupations prioritaires des cercles dirigeants. D'autant que la délégation de la République arménienne à la Conférence de la paix, en route pour Paris, vient d'arriver d'Erivan. De passage à Constantinople, elle fait état d'un mémorandum parlant d'un mandat de la Société des Nations sur les vilayets orientaux et de réparations turques aux familles des victimes des déportations et des massacres. Le nouveau gouvernement de la Sublime Porte s'est engagé à démilitariser les provinces arméniennes, à restituer les propriétés au patriarcat et à rendre à l'église arménienne les femmes et enfants vendus aux musulmans et convertis de force. Mais, déjà, le géneral Mustafa Kemal mobilise ses partisans en Anatolie...

Vers la fin du mois de mai, le Palais annonce qu'il donne dix jours aux dirigeants ittihadistes en fuite pour se présenter devant la Cour martiale, sous peine de déchéance de leurs droits civiques et de confiscation de leurs biens. Talaat, qui a emporté 10 000 livres-or du Trésor public, Enver, Djemal, Chakir, Nazim, sont voués à la vindicte populaire par la presse turque pour avoir entraîné le pays dans un conflit catastrophique, sans le consentement du cabinet gouvernemental. Après leur condamnation à mort par contumace, le patriarche Zaven qui, de son exil à Mossoul, avait gardé le sentiment de n'être plus qu'un pasteur sans troupeau, demande à voir Tehlirian pour le bénir d'avoir puni le traître qui avait décimé la classe intellectuelle arménienne.

— Mais c'est la nation tout entière que je veux maintenant venger, monseigneur !

Peut-il l'aider à retrouver la trace de Talaat ?

Le patriarche hoche la tête, lève les bras au ciel. Comment un prêtre chrétien pourrait-il participer à une chasse à l'homme ? Tehlirian tente en vain une démarche analogue auprès des partis turcs opposés aux Unionistes et de retour au pouvoir. Il faudrait de l'argent, beaucoup d'argent pour organiser une telle traque. L'institutrice Danielan ne peut en trouver auprès du Hentchak. Elle envisage d'émigrer aux États-Unis pour poursuivre sa carrière d'enseignante. Et si elle trouvait là-bas une source de financement pour ce projet qui obsède Soghomon ? Elle doit passer par Paris où elle espère rencontrer, dans la délégation arménienne, des gens susceptibles de l'aider.

Elle part à la fin du mois d'août, alors que l'influence du mouvement national d'Anatolie commence à se faire sentir à Constantinople où les Turcs retrouvent confiance dans leur double jeu vis-à-vis de l'Europe et des États musulmans d'Asie, et reprennent leurs distances vis-à-vis de la minorité arménienne à mesure que se relâche aussi la pression des Alliés. Pour Tehlirian commence une longue attente qu'il cherche à combler en visitant les sites historiques. Il est bientôt à bout de ressources. Il n'a plus d'assistance financière à espérer de son père ou de son frère aîné resté en Serbie mais dont le commerce a été ruiné par la guerre. Il lui faut vendre les trois livres-or qu'il avait réussi à conserver depuis son départ d'Erzindjan pour l'Europe, en 1913, et c'est encore un peu du souvenir de sa mère qui disparaît, cette mère dont le cadavre décapité continue à hanter ses nuits ou ses rêves éveillés. Il traîne dans les locaux du Parti comme un illuminé, dans l'espoir d'un signal qui tarde à se manifester, sans connaître les résolutions secrètes adoptées au même moment par le IXe Congrès dachnak à Erivan. Il est sans nouvelles de Paris.

A la fin d'octobre, il éprouve une joie de courte durée en recevant une carte de Yeranouhi Danielan. Elle ne mentionne aucune adresse d'expédition et ne contient qu'un message sibyllin :

> « Chantez toujours. Les jours passent. Il y aura un nouveau printemps rose. Oublions la peine du passé. Tu seras capable de chanter l'amour des roses. Avec mon sincère amour de sœur. »

Alors l'idée de la rejoindre peut-être à Paris commence à trotter dans sa tête, d'autant qu'il apprend le départ pour la France du patriarche Zaven et qu'il réalise la vanité de ses efforts pour trouver une trace de Talaat à partir de Constantinople. En novembre, il prend place à son tour dans l'Orient-Express à destination de la Ville-Lumière. Un véritabler choc que de débarquer à la gare de l'Est, les poches vides et le ventre creux. Il manque une nouvelle fois de défaillir. Une seule adresse à chercher : celle de l'église arménienne.

Première déception : l'archevêque Zaven est bien là, par hasard, et il reconnaît aussitôt celui auquel il avait accordé sa bénédiction à son retour d'exil, mais il s'offusque des nouvelles sollicitations de son visiteur famélique :

« Inutile d'insister, mon fils. Je comprends le sentiment qui vous anime, mais ni mon rang ni ma vocation ne sont compatibles avec le type d'assistance que vous me demandez. Je ne puis en aucun cas participer aux préparatifs d'une action violente. Je peux seulement vous aider à trouver du travail et à vous installer ici. »

Tehlirian sent ses joues s'empourprer : « Je n'ai pas besoin de charité, mais de justice. »

Sous la pluie, il dirige ses pas vers la place de l'Étoile, à la recherche de la délégation arménienne à la Conférence de la paix, dont les travaux se terminent. La circulation l'effraie et il demande à un agent de le guider jusqu'à l'avenue du Bois. Il se présente, trempé, à l'hôtel Vouillemont qui sert de quartier général au Comité national arménien, et demande à voir Avedis Aharonian, le représentant de la République d'Arménie. Impossible d'obtenir tout de go un rendez-vous avec le diplomate dachnak, même pour un camarade du Parti. Tout aussi impossible de trouver sur place un emploi. Le réceptionniste lui conseille de s'adresser plutôt à la Croix-Rouge. Mais il prend pitié de lui dès qu'il apprend son origine : lui aussi est d'Erzindjan. Du coup, il lui donne la carte de visite d'un cordonnier arménien de Belleville, qui peut lui apprendre le métier de la chaussure et l'embaucher dans son atelier. Il lui donne aussi l'adresse d'un hôtel à 12 francs la nuit. Tehlirian s'abat sur le lit comme une bûche. Le cordonnier Hagop Gotcharian l'accepte. Soghomon partage désormais le sort des émigrés au milieu desquels il apprend également à ne pas mourir de faim. Il va passer des mois sans espoir de sortir de ce degré zéro de l'aliénation, tout en ne cessant de penser au moyen de faire payer au monstre Talaat la souffrance sans nom de son peuple dispersé.

C'est seulement le 11 septembre de l'année suivante qu'une demoiselle Danielan se manifeste auprès du patron du bistrot où il a l'habitude de prendre ses repas avec les trois autres employés de la cordonnerie. Elle est la sœur de l'institutrice et a un message urgent à lui transmettre. Le lendemain soir, elle revient effectivement au restaurant avec une lettre que sa mère a renvoyée de Constantinople où elle lui avait été adressée, lettre dans laquelle l'institutrice lui demande de venir vite la rejoindre aux États-Unis « pour la raison qu'il connaît ».

— Il y a aussi une autre lettre qui vous attend à la Délégation arménienne où un monsieur Hanemian vous fait chercher partout dans Paris, ajoute la sœur Danielan.

C'est une lettre du secrétaire du comité central dachnak de

Boston, Hamo Paraghamian, membre de la rédaction de *Haïrenik*, l'organe du Parti en Amérique : « Votre billet pour New York sera pris par M. Hanemian qui a reçu des instructions d'Armen Garo pour le financement de votre voyage. » Paraghamian avait été mis au courant par la jeune fille de l'obsédante détermination de Tehlerian et fait admettre sa candidature de « vengeur » à la direction de la Mission spéciale *(Hadoug Kordz)* assumée par l'instance régionale dachnak la mieux dotée du monde en moyens financiers : le comité central des États-Unis.

Le 1er octobre 1920, Soghomon Tehlirian joue à l'émigrant en embarquant au Havre pour sa première traversée transatlantique. Huit jours plus tard, il découvre New York, une mégapole encore plus étourdissante que Paris. Il saute dans un taxi qui le conduit au siège local de la Fédération révolutionnaire arménienne. Il gravit les étages pour monter au Club dachnak où il est assailli de questions, et où il retrouve la nostalgie des jeux de tric-trac et des ambiances de cafés orientaux. Mais il doit rapidement gagner Boston : il est attendu avec impatience par l'état-major « américain » du Parti au siège du quotidien *Haïrenik*. C'est l'institutrice Danielan qui a poussé les membres du Comité central à le faire venir. Mais elle-même n'est pas là pour l'accueillir : elle enseigne en Californie.

Ici, l'atmosphère est électrique. Les Arméniens d'Amérique paraissent plus indignés et révoltés que ceux d'Europe de l'impunité, voire de la protection dont bénéficient les organisateurs des massacres. Chez eux, l'idée professée par Armen Garo que, devant la carence des Alliés incapables de tenir leurs engagements, il appartient aux Arméniens eux-mêmes de pourchasser les massacreurs de leur peuple, cette idée est déjà bien mûre. Un fonds spécial a même déjà été ouvert afin d'entreprendre cette œuvre de justice délaissée par les vainqueurs de la guerre. C'est naturellement au Parti dachnak, déjà au pouvoir dans la petite République d'Arménie, et dont l'hégémonie s'étend sur la diaspora arménienne, que revient l'honneur de relever le flambeau du respect des promesses.

Non seulement le IXᵉ Congrès mondial, réuni l'an passé à Erivan, a fait sienne cette idée dans ses résolutions secrètes, mais le travail de recherches est déjà avancé à l'initiative de l'ambassadeur Armen Garo, seul membre de l'instance suprême du Parti resté en poste à l'étranger.

C'est ainsi que Tehlirian apprend que les dirigeants ittihadistes (Jeunes-Turcs) en fuite ont repris des activités politiques auprès de certains cercles européens influents, dans le dessein d'infléchir la diplomatie alliée sur l'avenir de la Turquie et de contrecarrer les projets américains en faveur de l'Arménie. Dans leur exil clandestin, ils se sont même réparti les tâches : Enver est passé en Russie soviétique, où il a constitué une Union pour la libération des peuples islamiques, avec des antennes en Allemagne et en Anatolie. Une conférence secrète s'est tenue à Berlin voici à peine deux mois, dont l'objectif était d'obtenir un retournement complet de la politique britannique au Moyen-Orient. Mais les activités unionistes se sont surtout intensifiées au Caucase, en vue de resserrer les liens avec les nationalistes de Kemal à Ankara. Aux dernières nouvelles, quelques anciens responsables du Comité Union et Progrès se sont retrouvés à un Congrès des peuples d'Orient organisé à Bakou sous l'égide des autorités bolchéviques. C'est peu après que la Turquie n'a pas hésité à entrer en guerre contre la République d'Arménie. Quant à Talaat, il poursuit ses activités entre Genève et Berlin.

Tel est le tableau de la situation que brosse Armen Garo à Tehlirian au cours d'une séance de « *briefing* » dans l'arrière-salle du restaurant « Koko », près du siège de *Haïrenik*. Il y a accueilli avec une chaleur toute paternelle le jeune Arménien venu de Paris pour retrouver la piste de Talaat. Soghomon a du mal à reconnaître ce grand révolutionnaire, qui a beaucoup changé depuis qu'il l'a rencontré, voilà cinq ans, dans l'effervescente Tiflis. Des rides barrent son front et ses yeux se sont assombris.

Garo fait le point sur l'état des recherches entreprises dans le cadre de l'« Opération Némésis ». Des agents sont à pied d'œuvre, tant à Constantinople qu'à Berlin, et commencent à serrer de près les premiers objectifs dûment sélectionnés. La priorité a été donnée à la traque de Talaat. Toutes les informations sont concentrées à Genève où se trouve le responsable des renseignements envoyé des États-Unis. Tehlirian devra attendre patiemment ses directives, avant de s'y rendre lui-même dès que la trace de Talaat aura été repérée. La liquidation de ce criminel ne peut être le fait d'un homme seul. Elle ne peut être réalisée que par un groupe opérant dans le cadre d'une structure quasi militaire, quitte à donner le change par la suite, en la présentant comme un acte de vengeance individuel et isolé. Il faut savoir s'armer de patience et faire preuve de discipline.

La traque et l'exécution nécessitent un minimum d'entraînement. Et un important déblocage de fonds, déjà assuré. La logistique financière a été confiée à un autre émissaire du Comité central de Boston, le camarade Chahan Natali, qui, de Paris, fera le lien entre la Mission spéciale *(Hadoug Kordz)* et le corps spécial *(Hadoug Marmin)* dont la responsabilité sera assumée par le comité central de Constantinople. Bref, le réseau se met en place, tissant sa toile à travers l'Europe.

En attendant, Garo a fait tirer à trois exemplaires les photos des sept principaux criminels à abattre, portraits officiels ou photos de famille où on les voit en compagnie de leurs femmes, afin que Tehlirian et ses camarades s'imprègnent de leur physionomie pour le jour « J » où leur commando pourra enfin entrer en action. Le soir même, Garo quitte Boston pour rejoindre son état-major en Europe.

Tehlirian passe la nuit à étudier attentivement le jeu de photos. Il est frappé par le visage gracieux et angélique des épouses d'Enver et de Talaat. Elles le mèneront peut-être involontairement sur la piste de leurs maris. Ce sont les images de Talaat qui retiennent le plus l'attention : elles représentent un type turc massif, aux épaules trapues, aux gros bras noueux, aux cheveux frisés grisonnants, mais à l'épaisse moustache noire. La silhouette d'Enver fait fluette et efféminée, rehaussée de talons pour se grandir. Djemal

Pacha, le troisième homme du triumvirat, est celui qui porte le plus la cruauté sur son visage. L'ex-Grand Vizir Saïd Halim, dont l'ambition était de devenir Khédive d'Égypte, a quelque chose de diabolique dans ses traits d'aristocrate. Le Dr Behaeddine Chakir ressemble à un placier d'assurances. Djemal Azmi, l'ex-gouverneur de Trébizonde, a l'air d'un monstre. L'ex-préfet de Constantinople, Bedri bey, a en revanche quelque chose de féminin.

Quelques jours plus tard, Tehlirian reçoit le télégramme tant attendu : qu'il reprenne au plus vite le bateau pour la France et qu'il se rende directement à la rédaction du *Drochak* — l'organe de l'ancien Bureau occidental du Parti — à Genève. Il n'y trouve que le gardien de la villa, Anton, qui lui remet une enveloppe scellée laissée à son nom par l'émissaire du *Hadoug Kordz* :

> « Je suis votre contact, mais je n'ai pu vous attendre, car un camarade envoyé du Comité de Constantinople à Berlin m'a demandé de venir d'urgence. Il y a trouvé la trace d'un "parent" et vous devrez également le rencontrer. Il faut venir vous inscrire ici à l'Université, reprendre vos études d'ingénieur-mécanicien. »

Anton ne lui pose aucune question. Il connaît, bien sûr, le « contact » en question qui l'a chargé de réserver une chambre en ville pour Tehlirian, de prendre son billet de train pour Berlin et de s'occuper des formalités pour son visa. Six jours encore à patienter. Enfin, le 3 décembre 1920, le pseudo-étudiant arrive, en fin de soie´e, dans la capitale allemande. Un taxi le dépose, sur le coup de 22 heures, à l'hôtel Tiergarten où réside le représentant du Conseil national arménien. Il trouve son « contact » en train de lire un journal dans un coin du restaurant.

— Le gros gibier est bien ici, lui glisse-t-il à l'oreille en lui montrant un article d'un dissident de l'Ittihad, Mehmed Zeki, qui s'étonne de la présence d'anciens dirigeants Jeunes-Turcs en tant qu'hôtes de la République allemande.

— Ce Zeki a beau être un charlatan qui a retourné sa

veste, nous savons que, parmi les "oiseaux d'une certaine importance" dont il parle dans son article, se trouvent un ancien haut-fonctionnaire, Ismaïl Hakka, qui est un intime de Bedri bey et de Talaat, Bedri bey lui-même, le Dr Chakir et Djemal Azmi. Figure-toi qu'ils se présentent maintenant comme des socialistes. Bien entendu, ils vivent ici *incognito*, mais nous avons appris qu'ils ont un point de rencontre pour leur réunion clandestine : un commerce de tabac et de tapis orientaux ouvert en plein centre ville par le bourreau de Trébizonde, Djemal Azmi. A nous, il peut servir aussi de point de repère pour filer ses visiteurs jusqu'à leur... repaire !

Le lendemain, un autre membre du commando, surnommé Hazor, agissant également sous une couverture étudiante, s'approche de leur table pour leur communiquer les derniers tuyaux qu'il tient de la « taupe » infiltrée par le réseau dans les milieux étudiants turcs de Berlin : Mehmed Ali, alias Hratch « Hrap » Papazian, surnommé « l'Européen » en raison de ses manières policées. Hazor pourrait lui aussi passer pour un Turc, ce qui lui permet de faire la liaison entre les deux groupes. Grâce aux confidences recueillies par le faux Mehmed Ali, Hazor a appris qu'une importante réunion devrait faire sortir sous peu le gros gibier de sa tanière. En effet, Enver va venir de Moscou, afin de tenter de reconstituer l'Ittihad sur de nouvelles bases et de convaincre ses amis d'en transférer le siège en Russie soviétique. Son objectif est d'une part de s'en assurer le contrôle, d'autre part de préparer un retour en force en Anatolie à travers le Caucase. Talaat souhaite au contraire fixer à Berlin le centre de la « diaspora » Jeune-Turque afin de se rapprocher, en l'aidant politiquement et financièrement, du Mouvement national développé par le général rebelle Kemal Pacha à partir d'Ankara. En tout cas, les Ittihadistes sont d'accord pour favoriser les pourparlers entre Kémalistes et Bolchéviks et l'établissement d'un axe Moscou-Ankara.

Trois jours après son arrivée à Berlin, Tehlirian déambule sous la neige en compagnie de son « contact » et de Hazor, de l'autre côté de la porte de Brandebourg. Le trio entre s'attabler dans un café d'où il est possible de surveiller le magasin de Djemal Azmi que Hazor leur désigne du doigt. Ce magasin ne semble guère attirer le chaland, comme s'il ne s'agissait là que d'une activité de couverture. Hazor les quitte pour aller rôder autour de la boutique. Au bout d'un certain laps de temps, Tehlirian voit pourtant une cliente en pousser la porte : une femme élégante, toute de noir vêtue. Il se lève de sa place au moment où cette femme ressort presque aussitôt du magasin, et il se met en devoir de la suivre.

Hazor le rattrape et lui dit avoir surpris les derniers propos échangés entre le commerçant et sa cliente : « J'espère vous voir bientôt », a dit l'homme. « Bien sûr, s'il est d'accord », a répondu la femme qui lui a remis un message. Tehlirian poursuit la filature de cette femme en manteau d'astrakan qui marche, tête basse, sous de légers flocons, jusqu'à la Willanerstrasse, dans le quartier des villas. Elle hâte le pas à l'entrée de la rue pour s'arrêter devant le numéro 165, elle pousse le portail, gravit les marches du perron et s'engouffre dans la maison.

Le lendemain de bonne heure, Tehlirian qui, tout excité par cette filature, n'a pu fermer l'œil de la nuit, reprend sa faction devant cette villa. La neige a cessé de tomber, mais le froid est très vif. Nul mouvement n'anime cette maison à proximité de laquelle il piétine. Au début de l'après-midi, un homme, encore jeune, s'y présente si furtivement que Tehlirian n'a pu voir d'où il est arrivé. Après son coup de sonnette, la porte s'est très vite refermée sur lui et il n'a pas eu le temps de le dévisager. Il a d'ailleurs le sentiment désagréable d'être lui-même filé. Il s'aperçoit alors que c'est Hazor qui surveille également les parages. Hazor, lui, a identifié l'inconnu : il s'agit d'Ismaïl Hakka. Il doit s'éclipser, car s'il ressort, Hakka risque à son tour de le reconnaître. Mais avant d'abandonner le guet et de laisser Soghomon poursuivre seul sa surveillance, il lui apprend aussi l'identité de la femme en noir qu'il a filée la veille depuis le magasin d'Azmi : c'est l'épouse d'Enver.

Au bout d'une heure, Tehlirian voit le visiteur quitter la

villa. Il lui emboîte discrètement le pas. Après avoir parcouru tout un boulevard, la filature le conduit à remonter la Uhlandstrasse, jusqu'au numéro 47 où il voit Hakka pénétrer dans l'immeuble. Tehlirian fait le guet encore une demi-heure, pour rien. Tenaillé par le froid et la faim, il retourne au restaurant de l'hôtel Tiergarten rendre compte de sa surveillance à ses camarades. Hazor est lui-même en train de faire part à deux autres membres du commando, qu'il présente à Soghomon sous le nom de Hago et Vazan, de sa dernière découverte : il a aperçu Behaeddine Chakir sortant du magasin d'Azmi.

— Il faut faire attention, car les Turcs paraissent sur le qui-vive. Ils font preuve en tout cas d'une grande nervosité. D'après Hrap, il se produit en ce moment une agitation extraordinaire au Club des étudiants turcs, qui se réjouissent ouvertement de l'avance des forces kémalistes en direction de Bakou. Il pense que l'arrivée d'Enver à Berlin pourrait être imminente, en fonction de l'évolution de la situation sur le terrain.

Hazor se tourne alors vers Tehlirian :

— Je ne suis plus un homme si Talaat ne se terre pas à cette adresse que tu viens de découvrir en suivant Hakka, au 47 de la Uhlandstrasse. Je suis prêt à en prendre le pari !

V

La statue du Commandeur

La localisation du refuge de Talaat et le repérage de ses itinéraires et habitudes se révélera pourtant un travail de longue, très longue haleine.

Deux semaines de surveillance devant le 47 Uhlandstrasse n'ont donné aucun résultat. Tehlirian n'a pu signaler que l'apparition bi-quotidienne d'un domestique chargé de faire des emplettes, et une seule visite d'Ismaïl Hakka, descendu d'un autobus avec un homme en manteau de fourrure. Renseignements pris, cet homme n'est qu'un médecin allemand, le Dr Wagner. Peu avant Noël, Soghomon tombe malade : séquelle d'une typhoïde contractée à Erivan pendant la guerre. Il lui faut quitter l'hôtel Tiergarden et régulariser sa situation. Le secrétaire de la légation arménienne, Yervant Apélian, s'arrange avec la propriétaire de son appartement, une vieille fille, Élisabeth Stellbaum, pour lui louer une chambre d'étudiant dans le même immeuble, 51 Augsburgerstrasse, où elle héberge déjà un autre étudiant arménien, Levon Eftian, un joyeux drille qui sera chargé de distraire le nouvel arrivant. Tehlirian a obtenu une autorisation de séjour permanente pour ses études, mais il ne pourra faire enregistrer sa nouvelle adresse à la police qu'au début de janvier, ayant passé les fêtes à se soigner. Entre-temps, il a quand même eu la force de participer à une réunion de travail du commando, au domicile du vice-consul de République d'Arménie à Berlin, Libarit Nazariants. Ce diplomate de 48 ans a fait ses humanités au gymnasium d'Erivan, est sorti diplômé en linguistique de l'université de Moscou et a étudié la philosophie en Allemagne, au début du siècle. Il a davantage l'apparence d'un Slave que d'un Arménien. Devenu journaliste, il a été correspondant aux Balkans de publications russes et allemandes, avant d'entrer à la rédaction de *Haratch*, à Tiflis. Durant la guerre, il s'est associé aux efforts du pasteur Lepsius pour tenter de secourir les Arméniens de Turquie. Il dit aux membres du commando : « Je pense qu'Enver ne prendra pas le risque de rentrer à Berlin. En dépit des précautions que vous prenez, les Ittihadistes d'ici flairent un complot. Il vous faut resserrer le cercle de vos investigations autour du seul Talaat. »

A peine rétabli, Tehlirian s'apprête à reprendre le guet, mais il doit donner le change, car ses co-locataires, Apélian et Eftian, ignorent tout de ses activités et ne soupçonnent même pas sa mission. Mieux, ils s'emploient à l'entraîner dans leurs sorties, à tromper son ennui. Ils lui présentent des filles, l'encouragent à prendre une petite amie allemande pour perfectionner sa pratique de la langue du pays. Eftian invite cet étudiant taciturne à fêter le réveillon du Nouvel An chez sa sœur et son beau-frère, et l'inscrit d'autorité à un cours de danse. Le trio s'y rend trois fois par semaine, le mardi, le vendredi et le dimanche. A partir du 18 janvier, Tehlirian suit des leçons d'allemand, également trois soirs par semaine, chez une Berlinoise de 21 ans, Lola Beilinson. Au début, il apprend très bien, mais il va rapidement manquer d'assiduité, au point d'abandonner les cours vers le 20 février. Sa logeuse l'entend souvent gratter sa mandoline et, une fois, elle le surprend à chanter dans l'obscurité, mais ce sont toujours des airs lugubres, emplis de tristesse. La nuit, il parle parfois seul, à voix haute. Et puis, ses crises nerveuses se font de plus en plus fréquentes.

C'est que l'inaction lui pèse cruellement. L'attente commence à devenir insupportable. La surveillance a repris devant la maison de la Uhlandstrasse. Un jour, il voit deux passants déboucher de l'autre côté de la rue, suivis à distance par

Hazor. Tous deux entrent au 47. Sòn camarade le rejoint et lui glisse à l'oreille qu'ils viennent du bureau de tabac de Djemal Azmi, d'où il les a pris en chasse. L'un d'eux est le Dr Behaeddine Chakir, l'autre le Dr Nazim. Un quart d'heure plus tard, le premier réapparaît sur le pas de la porte.

— Tu n'as qu'à le suivre, dit Hazor à Soghomon. Moi, je me charge de l'autre.

Chakir presse le pas et Tehlirian s'essouffle à le filer. Il le perd même de vue à un carrefour, mais le retrouve, heureusement, sur la Wilhelmstrasse où il a juste le temps de le voir pénétrer dans le grand immeuble de l'ambassade britannique. Il craint de défaillir à guetter sa sortie, tant il se sent las et faible. Enfin Chakir se montre, jetant un regard circulaire avant de se remettre en route. Son pas paraît de plus en plus rapide à Tehlirian qui a de plus en plus de mal à le lui emboîter. D'autant que l'ancien chef des Tchettés change de rue à chaque instant, comme s'il voulait semer d'éventuels poursuivants. Il emprunte maintenant la Jerusalemstrasse. Pourquoi ne hèle-t-il pas plutôt un taxi ? se dit Soghomon qui, au bout de la rue, sent ses forces l'abandonner pour de bon. Il s'effondre sur le trottoir, victime d'un évanouissement. A son réveil, il voit la foule agglutinée autour de lui. Un passant lui demande son adresse et le raccompagne chez sa logeuse. Un médecin, appelé à son chevet, lui prescrit une semaine de repos alité.

Tehlirian enrage. Il craint que ses crises et les séquelles de la maladie l'empêchent d'aller au bout de sa mission. Il convoque ses camarades du commando à une réunion pour proposer un changement d'objectif : pourquoi ne pas passer immédiatement à l'action contre les criminels ittihadistes qu'ils ont déjà repérés, Azmi, Chakir et Nazim, au lieu de prendre leur temps à chercher l'introuvable Talaat ? Pourquoi ne pas remettre à plus tard l'exécution de l'ennemi n° 1 ? La réponse du comité, responsable sur place de l'« Opération Némésis », ne se fait pas attendre : c'est un non catégorique. « Le programme doit être respecté. Mais nous sommes sûrs que le camarade Tehlirian tiendra le coup. »

L'hiver n'en finit pas... Les choses bougent pourtant dans la seconde quinzaine de février. La « taupe », Hrap, a du nouveau à communiquer à Hazor, qui est son seul contact avec le commando : les dirigeants ittihadistes s'apprêtent à tenir en douce un congrès de leur mouvement en exil, soit à Berlin, soit à Rome. Or, trois jours plus tard, un journal fasciste d'Italie ébruite la nouvelle. C'est donc dans la capitale italienne que vont se rendre les congressistes. Il serait bien étonnant que leur leader ne s'y manifestât point. Les dirigeants déjà repérés résidant dans le quartier de la gare de Charlottenburg, le commando se met à « planquer » dans cette station en permanence, épiant tous les départs de trains à destination de la péninsule. L'un de ses membres se procure même un visa pour l'Italie, histoire de parer à toute éventualité. Ses compagnons se relaient jour et nuit à l'entrée des quais. Tehlirian téléphone à son professeur d'allemand qu'il doit interrompre ses cours pour cause de déménagement.

Un soir de la fin du mois, la longue veille des militants arméniens est récompensée. Peu avant l'annonce d'un rapide en partance pour Rome, via Berne, le Turc au visage grave, aperçu au 47 Uhlandstrasse, arrive sur le parvis de la gare, suivi de trois étudiants connus de Hrap, puis de Behaeddine Chakir qu'accompagne un barbu inconnu porteur de deux valises toutes neuves. Hazor et Hago s'éclipsent aussitôt, de peur d'être reconnus. Chakir, le barbu et le Turc au visage grave montent dans le wagon. Les étudiants, restés sur le quai à leur faire des signes d'au-revoir avec leurs mouchoirs, semblent attendre quelqu'un d'autre. Cinq minutes avant l'heure du départ, ils se précipitent au devant d'un homme de haute stature, élégamment emmitouflé dans son manteau de fourrure, qui s'avance dignement une canne à la main. Il ne porte ni fez, ni moustache, mais son air arrogant et sûr de lui rappelle l'allure de Talaat sur ses photos. Tehlirian en a le dos couvert d'une sueur froide. La ressemblance lui semble tellement frappante ! Les étudiants se mettent au garde à vous, puis s'empressent autour du nouveau venu. L'un d'eux s'incline pour lui baiser la main et lui dit à voix haute :

« Pacha, ils sont déjà dans le train. » Le personnage devant lequel ils montrent tant de déférence s'approche alors du wagon et frappe à la fenêtre du compartiment avec le bout de sa canne. Chakir se montre et baisse la vitre : « N'oubliez surtout pas la question arménienne », recommande-t-il aux voyageurs.

Le guetteur titulaire du visa italien n'a que le temps de grimper dans le train qui démarre, mais le « Pacha » est resté sur le quai avec le groupe d'étudiants qui le raccompagne vers la sortie. Tehlirian, dont le cœur se met à battre la chamade, leur emboîte le pas en rabattant son chapeau sur son nez. En haut des escaliers, il croise Hago et Hazor :

— C'est sûrement lui, ils l'ont appelé Pacha.

— Dans l'exil, répond Hazor, chaque chien peut être un Pacha. En tout cas, il faut télégraphier à Rome, pour les autres.

— Je crois quand même que, cette fois, nous l'avons trouvé, enchaîne Hugo, tandis que Soghomon prend en filature le petit groupe qui s'éloigne à pied de la gare.

Le grand homme joufflu et bien habillé ouvre la marche. Il se dirige vers le Tiergarden et s'arrête à l'entrée du jardin zoologique. Les étudiants le saluent bien bas, selon le rituel turc, en se touchant la poitrine, la bouche et le front. Le « Pacha » leur rend leur salut et poursuit seul sa route : Tehlirian le suit à distance dans la Hardenbergstrasse, jusqu'à l'hôtel particulier portant le n° 4. Il le voit gravir pesamment les marches du perron et disparaître derrière la porte d'entrée. Est-ce bien Talaat ? Tehlirian demeure une bonne heure sur place à se poser la question. Il n'a jamais éprouvé une aussi forte émotion depuis la retraite d'Erzindjan...

Berlin s'endort à l'heure où il regagne sa chambre, mais lui ne peut trouver le sommeil : la crainte que Talaat puisse prendre la fuite lui fait retrouver les fantômes familiers qui peuplent toujours le même cauchemar. Quand le jour se lève, il rejoint ses camarades pour confronter avec eux ses impressions : la ressemblance avec l'ex-Grand Vizir n'équivaut pas à une certitude. Pour s'en assurer, il est convenu d'intensifier les surveillances : Tehlirian reprend sa veille devant la nouvelle adresse, Hazor monte la garde à la Uhlandstrasse, Hago se poste à proximité du tabac de Djemal Azmi. Quand il voit le « Pacha » ressortir de l'hôtel particulier, le même frisson que la veille vrille l'échine de Soghomon. L'homme se dirige vers le 47 de la Uhlandstrasse, où Hazor se tient en faction.

Tehlirian court alors à l'hôtel Tiergarden pour s'enquérir du retour de Vazan et récupérer l'une des photos de Talaat : il est persuadé qu'en grattant le fez et la moustache, il va retrouver le visage de son gros Turc. Mais il n'y a personne à l'hôtel. Le soir, il tente de convaincre les autres membres du commando, réunis chez Hazor, que cet homme est bien leur cible et qu'il faut en finir. Mais ses camarades préfèrent attendre une preuve plus irréfutable. Le lendemain, à 10 heures, attablé près de la fenêtre du restaurant Tiergarden donnant sur la place où débouche la Hardenbergstrasse, il voit reparaître le « Pacha » qui jette un regard à gauche et à droite avant de traverser pour s'engager à nouveau vers la Uhlandstrasse. Il le suit jusqu'au n° 47, où l'homme s'attarde encore une heure avant de retourner directement chez lui. De sa maison ne sort plus qu'un domestique, un panier sous le bras pour faire les courses.

Nouvelle réunion vespérale chez Hazor pour faire le point. Hazor n'a aperçu que le Dr Nazim, qui a passé une demi-heure au 47. Hago et Soghomon rejettent sa proposition d'aller consulter au département de la police la liste des visas correspondant à ces adresses. Mais Vazan a une idée plus astucieuse : il est volontaire pour contacter la propriétaire de l'immeuble du « Pacha », sous prétexte d'y chercher un appartement à louer. Il ira dès le lendemain.

Le temps est si sombre et si froid, ce jour-là, que Tehlirian doit faire les cent pas sur la Hardenbergstrasse pour ne pas être transi. Le bonhomme effectue le même trajet entre 10 et 11 heures. Pendant ce temps, Vazan, qui s'est habillé de pied en cap et s'est muni d'une canne à pommeau, se présente chez la propriétaire du 4, comme un agent d'assurances suisse intéressé par une éventuelle location : on lui a dit que les actuels locataires devaient bientôt déménager et lui-même est prêt à laisser une caution pour le premier terme du loyer. La vieille dame hoche la tête en signe de dénégation en lui montrant son registre : ces gens-là ont payé d'avance pour les trois prochains mois la location des neuf pièces de l'étage. A la rigueur, elle pourrait s'arranger avec eux pour disposer des deux-trois chambres du rez-de-chaussée dont ils n'ont pas l'usage.

— Ça me paraît difficile, répond poliment Vazan. Comment savoir de quel œil ces gens verraient s'installer, dans leur voisinage immédiat, un étranger comme moi ? On ne saurait prendre trop de précautions en cette époque troublée.

— Non, non, pensez-vous, proteste la bonne dame, vous n'auriez rien à redouter de ces gens-là. Ce sont également de braves étrangers : des Turcs très comme il faut. L'un est un honorable ancien commerçant, un autre gérant de café oriental, le troisième médecin, et le premier, M. Ali Salieh bey, a une femme ravissante. Lui est maintenant dans les affaires. Ils sont d'un raffinement et d'une politesse exquise, de même que le Dr Roussouhi. D'ailleurs, c'est un secrétaire de l'ambassade de Turquie, M. Chiah bey, qui les a recommandés et qui a signé le contrat de location.

— Je vous remercie, Madame, vous êtes trop aimable, répond le faux assureur suisse, mais, voyez-vous, la présence d'une jolie femme risquerait de poser entre nous des problèmes de cohabitation, car les Orientaux sont en général d'une jalousie excessive quand on a le malheur de regarder leur épouse. Or, je ne pourrai pas baisser les yeux chaque fois que je la croiserai dans votre vestibule. Je ne tiens pas à vous attirer des ennuis avec des scènes de ménage... Voilà ce qui me fait décliner votre offre.

Quand il vient rapporter cette conversation, tard dans la soirée, à ses camarades, ceux-ci se récrient qu'un secrétaire de l'ambassade ne serait pas intervenu personnellement pour s'occuper du logement de simples hommes d'affaires de son pays, discuter des arrangements avec une propriétaire et signer le contrat au nom de ce groupe de locataires très particuliers : un couple, un médecin et un cafetier ! C'est donc qu'ils tiennent cette fois la bonne piste. La ravissante Mme Salieh ne serait-elle pas la belle femme de Talaat que l'on a vue sur les photos, et Ali Salieh bey ne serait-il pas alors celui qu'on cherche ? Quant au Dr Roussouhi, ne serait-il pas, de façon encore plus transparente, le fameux Dr Roussouni, qui fut l'un des sept membres du Comité central du Parti Union et Progrès élus en 1912, et l'un des condamnés par contumace du procès des Unionistes en 1919 ?

Le lendemain, de bonne heure, Tehlirian revient à l'hôtel Tiergarten où l'attend le camarade tout juste rentré de Rome après avoir pris, à l'aller, le train du Dr Chakir à la gare de Charlottenburg. C'est lui qui détient justement la photo la plus récente de Talaat. Soghomon lui fait part des dernières péripéties de leur traque. Il empoche le cliché pour aller l'étudier à loisir dans sa chambre. Au même moment, un garçon d'étage leur apporte une lettre codée. Elle date d'une dizaine de jours et émane d'un agent du réseau dachnak implanté à Genève : il signale que Talaat a été vu dans cette ville au début du mois, devant le consulat britannique. Les Anglais, changeant leur fusil d'épaule, sont en train de nouer des relations tous azimuts : ils cherchent à établir une sorte de « cordon sanitaire » dans les pays limitrophes des Républiques soviétiques...

Au comble de l'excitation, Tehlirian s'enferme à double tour et passe la nuit à travailler à la loupe sur cette photo, au lieu d'aller fêter l'anniversaire de son copain Levon Eftian. Il efface la moustache à l'aide d'une lame de rasoir, noircit le fez à l'encre et, au réveil, va montrer le résultat de son montage aux camarades du commando réunis pour un nouveau *briefing* au Tiergarten. Il ne reste plus guère de doutes : l'Européen jouffiu et corpulent qui apparaît à présent sur ce cliché est bien l'homme qu'ils ont suivi depuis le quai de la gare de Charlottenburg et dont ils observent le manège matinal entre la résidence du soi-disant commerçant turc Ali Salieh bey et le repaire du 47 Uhlandstrasse. Talaat a donc dû revenir de Genève avant le départ des autres pour Rome.

Pour en avoir le cœur net et pouvoir passer à l'action le plus tôt possible, Tehlirian demande à Hazor, avec l'accord unanime du groupe et du comité responsable de l'opération, d'accomplir un de ces miracles dont il est coutumier : lui trouver un logement à proximité immédiate du 4 Hardenbergstrasse. Hazor ne met que quelques heures à lui trouver une chambre au 37, à 25 mètres seulement sur le trottoir d'en face. La fenêtre de la chambre donne en diagonale sur la façade de l'hôtel particulier d'Ali Salieh bey. La location en sera libre dans les trois jours qui suivent, c'est-à-dire à partir du 5 mars.

Tehlirian explique à sa logeuse, Élisabeth Stellbaum, dont il avait payé la chambre jusqu'au 1er mai, qu'il doit déménager sur les conseils de son médecin : la lumière du bec de gaz, filtrant à travers le rideau, ne fait que favoriser ses insomnies et ses vertiges qu'elle n'a pu elle-même que constater. Il lui faut une chambre ensoleillée pour calmer ses crises. Tehlirian a été présenté à sa nouvelle logeuse, Mme Vve Dittmann, 37 Hardenbergstrasse, par le président de l'Union des étudiants arméniens.

A partir de cet instant, ses camarades quittent leurs autres postes d'observation pour établir avec lui un système de roulement permettant de surveiller en permanence les allées et venues des résidents de la maison d'en face. De sa fenêtre, il peut épier les moindres faits et gestes du nommé Ali Salieh bey, mais celui-ci n'a pas repris son manège quotidien : il n'apparaît plus de la journée sur les marches de son perron. Tehlirian feint de potasser ses cours de mécanique et la jeune veuve, impressionnée par tant d'acharnement studieux, vient lui servir le thé dans sa chambre. Leur conversation est très limitée, car il n'a eu ni le temps ni le goût de faire des progrès en allemand depuis les premières leçons de Lola Beilenson. Il feint seulement de lire, car il a l'esprit trop absorbé par ses heures de veille à la fenêtre.

Enfin, le lendemain matin vers 9 heures, le gros gibier sort de sa tanière, col remonté, une serviette sous le bras. A son habitude, il regarde à droite et à gauche avant de s'engager dans une direction opposée à la Uhlandstrasse. Soghomon enfile en hâte son manteau, glisse son pistolet allemand dans la poche, se précipite vers la porte cochère. Mais celle-ci est encore fermée à clef. Le temps d'aller chercher la veuve Dittmann, occupée à sa toilette, pour qu'elle lui ouvre, Talaat a déjà tourné le coin de la rue. Quand il peut enfin se retrouver dehors, le « Pacha » n'est plus en vue. Tehlirian traîne alors comme une âme en peine du côté du jardin zoologique. A tout hasard, il se rend au bureau de tabac de Djemal Azmi où, heureusement, Hago a repris sa garde dans les parages. Il lui signale en passant que Talaat lui a filé entre les doigts. Puis il entre pour la première fois dans la boutique, acheter un paquet de cigarettes. Azmi, plongé dans la lecture de son journal, ne lui prête aucune attention. Son arme lui brûle la poche, mais les ordres sont formels : Talaat d'abord. Il revient tristement à sa planque.

Le lendemain, à la même heure, il se poste de nouveau à sa fenêtre, son livre ouvert sur ses genoux pour se donner une contenance. La veuve Dittmann frappe à sa porte. Elle vient lui donner une clef pour le portail d'entrée dont elle a fait réparer le loquet. Mais la matinée passe et aucun mouvement ne se produit dans la maison d'en face. Intrigué, Tehlirian décide de s'absenter un moment pour aller aux nouvelles au Tiergarden, après un crochet par la poste. Il y rencontre Vazan qui est tout excité : il vient de recevoir une lettre du comité de Constantinople adressée au centre parisien de l'organisation. Le service de renseignement mis en place au siège du journal *Djagadamard* confirme qu'Ali Salieh bey est bien la nouvelle identité sous laquelle se cache Talaat au 4 Hardenbergstrasse à Berlin. Tehlirian, conforté dans ses certitudes, retourne reprendre sa veille avec une bouteille de cognac.

Toujours rien à signaler. Le soir, la maison d'en face reste plongée dans l'obscurité. L'inquiétude commence à ronger Soghomon. Difficile de dormir à l'idée que l'oiseau s'est peut-être envolé. Encore une journée de guet infructueux en perspective. Il reçoit heureusement, le lendemain, une visite rassurante de Hazor. Le camarade « Miracle » lui rapporte que le Dr Chakir et ses amis ont été de nouveau aperçus dans les parages de la Uhlandstrasse et qu'ils ne seraient sûrement pas là si Talaat avait quitté Berlin. Tehlirian revient à sa fenêtre avec un peu plus d'espoir. Et, vers 11 heures en effet, une limousine noire se range devant la grille du 4. En descend d'abord le Dr Roussouhi, qui se penche vers la portière du chauffeur pour régler le prix de la course. Une passagère, vêtue de noir, sort à son tour du véhicule, gravit les marches du perron et tourne la clef de la porte d'entrée. Sans doute la belle femme de Talaat. Tehlirian quitte sa chambre en vitesse pour courir retrouver ses camarades au Tiergarden. Ils viennent de recevoir une lettre du comité central dachnak des États-Unis, maître d'œuvre de l'opération. Elle recoupe les renseignements parvenus de Constantinople et donne le feu vert :

> « Le moment est arrivé de passer à l'action. Nous vous donnons l'ordre d'abattre Talaat sans délai et de laisser les autres criminels de côté, même s'ils doivent en réchapper. »

Le matin du 13 mars, Soghomon Tehlirian observe attentivement la femme qui quitte la maison. Il laisserait presque échapper un sifflement d'admiration pour la grâce de sa démarche et l'élégance de sa silhouette. Une belle salope, oui ! Difficile d'imaginer qu'elle a pu épouser un tel monstre si l'on ignore qu'elle-même a été une dirigeante fanatique de l'Ittihad et qu'elle a été l'inspiratrice politique de son rustre de mari... Tehlirian se fait ces réflexions en la suivant dans la rue jusqu'au jardin zoologique. Puis il retrouve Hazor qui lui signale une agitation anormale du côté du 47 Uhlandstrasse, un va-et-vient inhabituel de Turcs, comme s'il y avait « quelque chose dans l'air ». Cette nuit-là, il voit passer le Dr Roussouhi, puis les lumières du 4 s'éteignent.

Il lui faut attendre le surlendemain, 15 mars, pour que

Talaat lui-même réapparaisse dans son champ de vision. Le « Pacha » est sur son balcon en train de se réchauffer aux premiers rayons printaniers du soleil. Lui-même a ouvert sa fenêtre et marche de long en large avec son livre d'allemand. Talaat a l'air pensif. Il rentre dans son appartement. C'est sans doute l'heure pour lui d'aller à la réunion de la Uhlandstrasse. La conjuration des revanchards.

Quinze minutes plus tard, il est sur le pas de sa porte, en lourd manteau noir, scrutant la rue de tous côtés, avant de diriger ses pas vers le lieu habituel, en balançant sa canne. Tehlirian se précipite sur sa valise, prend le pistolet, saute sur son manteau et dévale l'escalier en rabattant son chapeau sur son front. Il jaillit littéralement sur le trottoir, traverse la rue, presse le pas pour rattraper l'homme à la canne, puis ralentit l'allure, comme pris d'un doute : il lui faut encore le dévisager pour être sûr, et il se rappelle aussi qu'un homme traqué peut se retourner d'instinct à l'approche du chasseur.

Tehlirian retraverse donc la rue, avance rapidement pour se retrouver à la hauteur de Talaat sur le trottoir d'en face, le dépasser légèrement, puis il se rabat sur la chaussée, à proximité de l'École de musique : il n'est plus qu'à deux mètres de Talaat. Il sort le pistolet de sa poche. Leurs regards se sont-ils croisés ? Celui de Talaat se fige-t-il quand son suiveur arrive sur lui ? Tehlirian prétendra plus tard qu'il l'a vu pâlir, ses lèvres et sa canne se mettant à trembler. Talaat a-t-il trébuché ou a-t-il voulu se baisser pour esquiver la balle ? Le coup de feu, unique, fait le bruit d'une explosion. Le corps de Talaat sursaute, oscille, s'écroule face au sol, à cheval sur le caniveau où le sang, jailli de sa tête, se coagule.

Une seule balle. Tehlirian n'a même pas à vider son chargeur. Il laisse au contraire tomber son arme, mais, avant de tenter de fuir la foule qui l'entoure, il s'attarde à tremper le bout de ses chaussures dans le sang de sa victime. Il ne se débat même pas quand il est rattrapé dans la rue des Faisans, qui fait l'angle avec la Hardenbergstrasse. Il dit seulement que ce qui vient de se passer ne regarde pas les Allemands. Un règlement de comptes venu d'ailleurs Il échappe de justesse au lynchage, grâce au sang-froid de deux témoins et à l'arrivée d'un policier. Il se laisse presque sereinement tabasser. En son for intérieur, il sait qu'en abattant la statue du Commandeur, il a exorcisé le spectre de sa mère qui hantait ses nuits comme un reproche vivant. Il s'identifie aux *fedaï* qui se dévouaient pour le peuple, aux héros qui incarnaient la justice révolutionnaire. Indifférent à son propre sort, il est même prêt à reconnaître la préméditation de son acte, mais ne dira pas un mot de sa mission, ne trahira ni ses camarades, ni ses chefs, ni son organisation.

Hazor, toujours en planque devant le 47 Uhlandstrasse, voit un étudiant chercher Chakir qui, le visage décomposé, se précipite en direction de la Hardenbergstrasse. Il comprend ce qui vient de se passer. Il accourt lui-même sur place, aperçoit le corps allongé en travers du caniveau, derrière le cordon de policiers qui tient à distance les badauds. Il apprend aussi que la foule a failli lyncher le meurtrier, parce que la victime ressemblait à un héros de guerre allemand, le général von Kappen.

Tehlirian ne va pas rester longtemps seul face aux enquêteurs et aux magistrats qui l'interrogent. L'organisation spéciale du parti dachnak lui fournira comme interprète l'un de ses responsables à Berlin, Vahan Zakariants, qui transmettra ses mots d'ordre au prisonnier et lui fera savoir que toute la communauté est debout pour organiser sa défense.

Le lendemain même de l'exécution de Talaat, un accord « d'amitié et de fraternité » est signé à Moscou entre les Soviets et les Kémalistes. Ce traité annule les dispositions antérieures résultant de ceux de Brest-Litovsk et d'Alexandropol. Les bolcheviks de Russie acceptent les principes du Pacte national d'Ankara :

> « Les deux parties contractantes, constatant la continuité existant entre les mouvements nationaux et libérateurs des peuples d'Orient et la lutte des travailleurs de Russie pour un nouvel ordre social, affirment formellement le droit de ces peuples à la liberté et à l'indépen-

dance, ainsi que leur droit à se gouverner avec la forme gouvernementale qu'ils désirent. »

Moyennant quoi, la Russie cède à la Turquie les sandjaks de Kars, d'Ardahan et une partie de celui de Batoum, abandonnant 25 000 km² de territoires caucasiens, et 272 000 habitants. La région autonome du Nakhitchévan, arrachée à l'Arménie, est placée sous « protectorat » azéri (c'est-à-dire cédée à l'Azerbaïdjan). Les Soviets s'engagent à reconnaître l'entière souveraineté de la Turquie sur les Détroits (Bosphore et Dardanelles) et à fournir au gouvernement d'Ankara l'équipement complet de trois divisions et une aide substantielle en or et en pétrole.

Coïncée entre la faucille et le croissant, la République indépendante d'Arménie vit son chant du cygne au moment où le procès de Tehlirian, transformé par la défense en procès de Talaat, va révéler à l'opinion publique allemande les horreurs perpétrées par l'ancien allié turc contre un peuple chrétien aussi industrieux qu'inassimilable.

VI

Les minutes d'un procès

Le 2 juin 1821, à 9 h 15 du matin, l'accusé Soghomon Tehlirian, toujours aussi sombre et taciturne, comparaît devant la cour criminelle de Berlin présidée par le Dr Lehmberg, président du tribunal de première instance. Il risque la peine de mort pour assassinat si les douze jurés retiennent contre lui le chef d'homicide avec préméditation.

L'état-civil présenté par Tehlirian le rajeunit d'une année, sans doute pour faire croire qu'il n'aurait pu être en âge de s'engager dans les volontaires du Caucase au début de la guerre, car toute sa défense va reposer sur le fait qu'il a vu sa famille massacrée sous ses yeux, à Erzindjan, et qu'il n'a lui-même échappé à cette extermination que par miracle. D'où le caractère personnel de sa vengeance quand le hasard fera croiser son destin avec celui du responsable n° 1 de ces massacres, rencontré sur la route de l'exil.

Répondant aux questions du président, l'accusé donne une version très arrangée de son itinéraire. En voici les principaux extraits[1] :

> « Au début de juin [1915], l'ordre fut donné à la population [arménienne d'Erzindjan] de se tenir prête à quitter la ville. On nous fit également savoir que notre argent et nos objets de valeur pouvaient être remis en

1. *Le Procès de Tehlérian (Justicier du Génocide arménien)*, Editions Diaspora, 1981.

garde aux autorités. Trois jours plus tard, la population dut abandonner ses foyers... Elle fut rassemblée et parquée en dehors de la ville. Puis, divisée en caravanes et en colonnes, le convoi se mit en marche. On n'emportait que ce qu'on pouvait prendre à la main, car nous n'avions pas de chevaux à notre disposition... Lorsque le convoi se fut quelque peu éloigné de la ville, on nous fit arrêter. Les gendarmes [de l'escorte] se mirent à piller le convoi et à nous prendre l'argent et les objets de valeur...

« Au moment du pillage, en tête du convoi éclata une fusillade. Un gendarme saisit ma sœur et l'entraîna avec lui. Voyant cela, ma mère s'écria : “Que je devienne aveugle !” Mais je ne puis plus me souvenir de ce jour, je préfère mourir que de décrire ce jour, le plus noir de tous... Encore une fois, je suis sous la pression des événements... On nous a tout pris, on m'a frappé, puis j'ai vu le crâne de mon frère fendu en deux par un coup de hache.

« Quand les gendarmes et les soldats commencèrent à nous massacrer, la populace s'y joignit. Ce fut à ce moment-là que mon jeune frère eut le crâne fendu et que ma mère tomba à terre... Je n'ai pas vu mon père. Il devait être beaucoup plus en avant, là où se déroulait un combat...

« J'ai senti un coup sur la tête et je suis tombé. Ce qui se passa ensuite, je ne le sais pas... Quand je me suis réveillé, je vis tout autour de moi de nombreux cadavres, car toute la caravane avait été massacrée. J'ai vu d'énormes monceaux de cadavres... J'ai vu le cadavre de ma mère étendu face contre sol et celui de mon frère couché sur moi...

« Je portais une blessure à la jambe et le sang coulait de mon bras... Je suis allé dans un village de montagne. Il y avait là une vieille femme [kurde] qui m'a hébergé. Quand mes blessures furent cicatrisées, on me dit qu'on ne pouvait pas me garder plus longtemps, car le gouvernement l'avait interdit : ceux qui abritaient chez eux des

Arméniens étaient passibles de la peine de mort... C'étaient de très braves gens, ces Kurdes. Ils me conseillèrent d'aller en Perse. Je reçus de vieux habits kurdes et brûlai les vêtements que je portais. Ils étaient tout tachés de sang.

« Je restai pendant deux mois chez les Kurdes, à Dersim. Deux autres compatriotes s'étaient joints à moi et m'avaient appris qu'un massacre général avait eu lieu à Kharpout. Nous partîmes tous trois à travers les montagnes... L'un de mes compagnons mourut en cours de route, après avoir probablement mangé de l'herbe vénéneuse.

« Nous voulions gagner la Perse en dormant le jour et en marchant la nuit. Cela nous a pris environ deux mois, jusqu'au jour où nous arrivâmes en un endroit où campaient des détachements russes... On nous laissa partir... Alors je suis allé en Perse, où il n 'y avait pas de guerre. Une fois en Perse, je tombai malade et suis resté à Salmast. Mon camarade continua sa route vers Tiflis... Je suis allé à l'église arménienne. Un marchand me prit dans son magasin pour l'aider. Je suis resté environ un an...

« Quand la nouvelle se répandit qu'Erzindjan avait été conquis par les Russes, j'ai voulu revenir à la maison pour rechercher mes proches. De plus, je savais de façon précise qu'il y avait une importante somme d'argent cachée dans le jardin.

« En arrivant [fin 1916], je trouvai toutes les portes de la maison détruites et une partie complètement démolie. En franchissant le seuil, je tombai à la renverse : j'ai perdu connaissance... Lorsque je revins à moi, je me suis rendu dans deux familles arméniennes qui avaient embrassé l'islamisme. Elles étaient les seules de la ville qui fussent épargnées...

« A la maison, il y avait encore l'argent enfoui dans la terre : 4 800 livres turques. Je les ai emportées... Après être resté environ un mois et demi [à Erzindjan], je suis allé à Tiflis apprendre le russe à l'école arménienne Nersessian, où l'on avait créé une section spéciale pour les rescapés...

« J'ai quitté Tiflis au début de 1919, peut-être en février, pour aller à Constantinople où je suis resté près de deux mois, puis j'ai erré entre Salonique et la Serbie où j'ai séjourné chez des parents pour pouvoir suivre un traitement médical. Je souffrais de crises d'épilepsie... A Erzindjan, j'avais eu deux attaques, mais je ne sais pas comment elles passaient. Quand des images de massacres me tombaient sous les yeux, la crise commençait...

« Les auteurs de ces atrocités, je les ai découverts dans les journaux, lors de mon passage à Constantinople.

Le Président : Quand avez-vous eu la conviction que l'auteur de ces massacres étai Talaat Pacha ?

L'accusé : Par les journaux de Constantinople... Je croyais que Talaat s'y cachait... Quand Kémal bey [l'ex-vali de Yozgat] y a été pendu, les journaux ont écrit que Talaat et Enver Pacha avaient été condamnés également à mort...

« Je suis allé à Paris au début de 1920...

Le Président : Aviez-vous l'intention de tuer Talaat Pacha ?

L'accusé : Je n'en ai pas eu l'intention.

Le Président : Quand l'idée s'est-elle éveillée en vous ?

L'accusé : Environ deux semaines avant : je me sentais mal et l'image du massacre me revenait devant les yeux. Je vis le cadavre de ma mère. Ce cadavre s'est levé, s'est approché et m'a dit : "Tu as vu, Talaat est ici, et tu restes indifférent ? Tu n'es plus mon fils !"

Le Président : Quand vous étiez à Paris et quand vous êtes venu à Berlin, vous n'en aviez pas l'intention ?

L'accusé : Je n'avais rien décidé à l'époque... J'ignorais que Talaat Pacha résidait à Berlin.

Le Président : Racontez-nous comment vous êtes arrivé à Genève, puis à Berlin.

L'accusé : J'ai rencontré un Suisse d'origine arménienne, qui avait un appartement à Genève... Il me dit que le mieux serait que je l'occupe, car lui-même voulait retourner en Arménie. C'est ce que j'ai fait, et j'obtins une recommandation pour sa logeuse. Le 21 novembre, j'ai quitté Paris pour Genève, puis je suis venu à Berlin où je suis arrivé vers le début de décembre. J'ai fait contrôler mon passeport...

Le Président : Vous avez déménagé le 5 mars. Pourquoi ?

L'accusé : Quand ma mère m'est apparue, j'ai décidé de tuer Talaat. C'est pour cela que j'ai changé d'appartement... Je l'avais aperçu cinq semaines auparavant : il marchait avec deux amis dans la rue du jardin zoologique. J'entendis parler turc, et l'un d'eux se faisait appeler "Pacha". Je me retournai et le reconnus. Je les ai suivis jusqu'à un cinéma. Devant la porte, l'un des trois prit congé en baisant la main de Talaat et en l'appelant "Pacha". Les deux autres rentrèrent dans une maison, sur Hardenbergstrasse...

« J'ai eu des hésitations. A chaque crise, je voulais accomplir le vœu de ma mère. Mais, quand je me sentais mieux, je me disais : "Tu ne peux pas tuer un homme !"

Le Président : Comment en êtes-vous venu au crime ?

L'accusé : Parce que ma mère me l'a ordonné. J'y réfléchissais quand je vis Talaat, le 15 mars... D'abord sur le balcon de sa maison, puis il est sorti. A ce moment, le souvenir de ma mère m'est revenu, je l'ai vue devant moi, puis c'est l'homme qui est responsable du meurtre de mes parents, de mes frères et sœurs, qui s'est dressé devant moi.

Le Président : Depuis quand aviez-vous votre revolver ?

L'accusé : Je l'avais acheté à Tiflis, en 1919. A cette époque, on disait qu'après le départ des Allemands [de Géorgie], les Turcs reviendraient nous massacrer. Je l'ai emporté avec moi.

Le Président : Vous avez tiré par derrière ?

L'acusé : Oui.

Le Président : Avez-vous visé la tête ?

L'accusé : Oui, très très près... J'avais laissé Talaat me dépasser après l'avoir devancé en traversant la rue, et j'ai tiré par derrière... Quand j'ai vu des gens entourer le mort, j'ai compris qu'ils allaient me frapper et je me suis enfui... Après, je ne sais plus ce qui s'est passé... J'éprouvais un profond soulagement. »

Après l'interrogatoire commence le défilé des témoins et des experts. La veuve Dittmann déclare notamment que, le matin du crime, la bonne est venue lui dire que le jeune homme pleurait dans sa chambre :

« Je lui répondis qu'il avait peut-être perdu quelqu'un, qu'elle le laissât tranquille. Il sortit peu après. J'avais été dans sa chambre un instant auparavant. Il buvait du cognac. J'en fus très surprise. Quand j'y retournai après son départ, la bouteille de cognac était toujours sur la table. Il manquait un tiers de son contenu. Je suppose qu'il l'avait bu le matin... Je ne m'en inquiétai pas, jusqu'à ce que la bonne fût revenue m'annoncer : "Ah, Madame Dittmann, notre jeune homme vient d'être tué !" Je répondis : "Vous êtes folle ?" J'appris ensuite qu'au contraire, il avait tué quelqu'un. Je ne voulais d'abord pas le croire... »

Sa première logeuse, son professeur d'allemand, son voisin Apélian, son ami Levon Eftian, la sœur et le beau-frère de ce dernier, qui ont fait sa connaissance le 19 décembre, tous ne tarissent pas de louanges, à la barre des témoins, pour cet étudiant neurasthénique qu'ils s'étaient efforcés en vain de dérider. Aucun n'avait jamais reçu de confidences sur ses intentions, ni n'avait jamais aperçu son arme dans son unique valise ou parmi son linge. Ce jeune homme renfermé, qui faisait si triste mine pour son âge, ne s'est pas ouvert à eux de ses malheurs ou de ses arrière-pensées.

« Une seule fois, dit Lola Beilenson dans sa déposition,

quand je l'ai interrogé sur son pays, il m'a dit qu'il n'avait plus de patrie, que tous les siens avaient été tués. On sentait tant de douleur à travers ses mots que je n'ai pas osé insister. »

« Il avait toujours sa mandoline quand il était seul à la maison, déclare sa première logeuse, Élisabeth Stellbaum. Il prenait sa mandoline et marchait dans le salon. Il chantait des chansons nostalgiques. Une fois, un ami était avec lui dans sa chambre et j'avais quelque chose à lui dire. J'ouvris la porte et je vis les deux hommes dans l'obscurité fumant des cigarettes et faisant de la musique. Ils disaient que cela résonnait mieux dans le noir. »

« Un jour, il est tombé pendant le cours de danse chez M. Friedrich, raconte Apelian. Je l'ai aidé à se relever. Ses crises duraient de 5 à 10 minutes. Puis il reprenait ses esprits et voulait rentrer. Il m'avait seulement confié que, lors de ses crises, il sentait d'abord une odeur avant de tomber sans connaissance. Il n'était guère entreprenant avec les jeunes filles. Il n'avait pas de cavalière attitrée, mais il dansait avec toutes. Il cherchait à leur parler, dans l'espoir de faire des progrès en allemand. Il évitait aussi d'évoquer le passé. Il ne nous a jamais parlé de Talaat, pas plus de sa responsabilité dans les souffrances de nos familles que de son éventuelle présence à Berlin. »

Le président se tourne vers l'accusé :

« Pourquoi n'avez-vous pas parlé à vos compatriotes de votre rencontre fortuite avec Talaat ?

Tehlirian : Je craignais qu'ils ne se moquent de moi. Et je ne voulais pas être assailli de questions.

Le témoin Apélian : Une fois, lors de nos discussions, il m'a arraché des mains le livre du Dr Lepsius sur l'Arménie et m'a dit : "Laisse ça, nous n'allons pas rouvrir ces vieilles plaies. Laissons ce livre de côté et allons plutôt nous amuser." »

Ce livre, publié en 1919 par le théologien de Potsdam

Johannès Lepsius sous le titre *Deutschland und Armenien, 1914-1918*[2], est l'un des documents-clefs produits par les avocats de la défense, accompagné par la déposition personnelle de son auteur, ancien président de la Deutsche Orient-Mission et de la Deutsche Armenische Mission. Il s'agit d'un recueil de documents diplomatiques puisés dans les archives du ministère allemand des Affaires étrangères (la Wilhelmstrasse) auxquelles le Dr Lepsius a pu avoir accès du début au lendemain de la guerre, en dépit des aléas de son voyage de juillet-août 1915 à Constantinople et de ses démêlés avec la censure militaire de son pays en 1916. Il comprend au total 444 pièces, essentiellement des rapports des consuls allemands en poste dans les capitales provinciales de l'Empire ottoman : Adana, Alep, Alexandrette, Beyrouth, Damas, Erzeroum, Jésusalem, Mossoul, Samsun, Sivas et Trébizonde, rapports fondés sur des observations personnelles ou des témoignages oculaires et transmis par l'ambassade impériale d'Allemagne établie à Péra — le quartier des ambassades à Constantinople — soit dans leur intégralité, soit dans des notes de synthèse. S'y ajoutent les instructions adressées en retour par le ministère à ses ambassadeurs successifs auprès de la Sublime Porte.

L'intérêt capital de cette correspondance diplomatique résulte de la situation privilégiée qu'occupaient les fonctionnaires allemands en tant que ressortissants d'un État allié militairement et économiquement à la Turquie. A son retour de Constantinople, le Dr Lepsius avait déjà tenté de faire paraître, dès le début de l'été 1916, un « Rapport sur la situation du peuple arménien en Turquie », mais il s'était alors heurté à la censure allemande qui, après la mise en circulation des vingt mille premiers exemplaires, en avait interdit la réimpression et la diffusion sur l'intervention de l'ambassadeur turc à Berlin. D'où le caractère confidentiel de ce premier recueil, baptisé *« Rapport secret »* : la presse ne

2. Traduit pour l'essentiel sous le titre *Archives du génocide des Arméniens,* Ed. Fayard, 1986.

pouvait mentionner les faits qu'il révélait, des instructions officielles la contraignant à rester muette, tout au long du conflit mondial, sur les atrocités infligées aux Arméniens par l'allié ottoman. Mais après la capitulation de l'Empire ottoman, le 30 octobre 1918, et la révolution allemande de l'hiver 1918-1919 qui mit fin au IIe Reich, rien ne s'opposait plus à la publication de ces témoignages que Lepsius s'empressa de compléter en consultant les archives des Affaires étrangères.

A la fois sympathisant de la cause arménienne et fervent patriote, le pasteur de Potsdam voulait en tout premier lieu disculper l'Allemagne d'une quelconque complicité dans cette entreprise d'extermination et montrer, au contraire, tout ce qu'elle avait tenté pour sauver le peuple arménien, dans la mesure de ses possibilités d'intervention dans les affaires intérieures d'un pays ami. Dans son avant-propos à l'édition de Pâques 1919, il tient à rendre hommage aux consuls allemands d'Anatolie qui « ont rendu compte à l'ambassade d'Allemagne ou au Chancelier de tous les événements importants de leur secteur — pour autant qu'ils aient pu en être informés — et qui l'ont fait régulièrement et consciencieusement, en toute connaissance de cause, et avec un jugement politique et moral parfaitement sain ». Pour lui, d'ailleurs, la responsabilité et la culpabilité politiques n'incombent jamais à un seul pays ou à un seul peuple, mais toujours à la communauté des nations — en l'occurrence européennes — qui ont bien vite fermé les yeux sur ce que les Alliés qualifiaient, au début des massacres arméniens, de « crime de lèse-humanité ». Se refusant toutefois à « jouer le rôle de l'accusateur, de l'avocat ou du juge », il ne pouvait « mieux servir la vérité » qu'en « laissant parler d'eux-mêmes les documents ». Quelques exemples suffisent à étayer l'argumentation des défenseurs de Tehlirian à son procès.

Télégramme du 10 juin 1915, adressé par le consul de Mossoul, Holstein, à son ambassade :

> « 614 Arméniens (hommes, femmes et enfants) expulsés de Diarbekir et acheminés sur Mossoul, ont tous été

abattus pendant le voyage en radeau. Les *keleks* sont arrivés vides hier. Depuis quelques jours, le fleuve charrie des cadavres et des membres humains. D'autres convois de "colons" arméniens sont actuellement en route, et c'est probablement le même sort qui les attend. J'ai fait part à l'administration locale de la profonde horreur que m'inspirent tous ces crimes. Le vali a exprimé ses regrets en faisant remarquer que seul le vali de Diarbekir en est responsable. »

Message du 17 juin 1915 de l'ambassadeur Wangenheim au Chancelier impérial von Bethmann-Hollweg (extraits) :

« Il est évident que l'expulsion des Arméniens n'est pas motivée par le seul intérêt militaire. Le ministre de l'Intérieur, Talaat bey, a récemment déclaré sans détours au Dr Mordtmann, qui est actuellement en poste à l'ambassade impériale, "que la Porte voulait profiter de la guerre mondiale pour en finir radicalement avec ses ennemis intérieurs [les chrétiens autochtones] sans être gênée par l'intervention diplomatique de l'étranger". »

Télégramme du 18 juin du consul d'Erzeroum, Scheubner, à l'ambassade (extraits) :

« Le gouvernement [turc] ne peut ou ne veut rien faire pour protéger les déportés [contre les bandes de pillards]. Que puis-je faire pour mettre un terme à un massacre ? »

Suite, le 30 juin, au télégramme du 18 :

« Nombre des Arméniens assassinés en cours de route : trois mille. »

Message du 7 juillet 1915, de l'ambassadeur Wangenheim au Chancelier von Bethmann-Hollweg (extraits) :

« Les conditions dans lesquelles s'effectue la déportation montrent bien que le gouvernement poursuit très réellement le but d'exterminer la race arménienne dans l'Empire ottoman... »

Télégramme du 10 juillet 1915 du Consul de Mossoul, Holstein, à l'Ambassade (extraits) :

« Le vali de Diarbekir, Rechid bey, se comporte en fauve déchaîné vis-à-vis des chrétiens de son vilayet. Dernièrement, il a fait venir à Mardin les gendarmes de Diarbekir qui, sur son ordre, ont rassemblé dans la nuit 700 chrétiens, dont l'évêque arménien, et les ont égorgés comme des moutons dans les environs de la ville... »

Rapport du 27 juillet 1915 du Consul d'Alep, Rössler, au Chancelier von Bethmann-Hollweg (extraits) :

> « La présence de cadavres dans l'Euphrate avait duré vingt-cinq jours... Les cadavres étaient tous attachés de la même manière, deux par deux et dos à dos. Cette répétition systématique montre qu'il ne s'agit pas de tueries occasionnelles, mais d'un plan général d'extermination conçu par les autorités... Je me permets très respectueusement de demander à votre Excellence d'examiner le problème et de juger si nous ne nous exposons pas à nous laisser compromettre par nos propres alliés. »

Télégramme du même jour de Rössler à l'Ambassade :

> « Les nouvelles qui nous arrivent ici, de source autorisée, sur l'extermination des Arméniens dans l'Est, sont terrifiantes. L'Euphrate recommence à charrier des cadavres de plus en plus nombreux : cette fois, ce sont principalement des femmes et des enfants. N'y a-t-il rien à faire pour mettre un terme à cette horreur ? »

Rapport du 27 avril 1916 de Rössler au Chancelier von Bethmann-Hollweg (extraits) :

> « C'est la mort de tout un peuple qui continue. Quelques-uns des faits relatés ci-après montrent bien, une fois de plus, que son anéantissement est tout à fait

prémédité... Le 20 avril, j'ai appris par un officier turc qui revenait de Deir-ez-Zor que le mutessarif de cette ville a reçu l'ordre de ne garder qu'un nombre d'Arméniens égal à 10 % de la population, et d'envoyer les autres à Mossoul... Il y a peut-être 20 000 habitants à Deir-ez-Zor. On peut évaluer à un minimum de 15 000 le nombre des Arméniens qui y ont été déportés, c'est-à-dire qu'il y en aurait au moins 13 000 qui devraient reprendre la route...

« L'officier en question pensait qu'ils seraient bien peu à atteindre Mossoul... D'après des nouvelles du 19 avril, il meurt chaque jour 50 à 100 personnes — de faim pour la plupart — dans chacun des camps qui jalonnent la route entre Alep et Deir-ez-Zor... Nous avons appris qu'il y avait eu de nouveaux massacres du côté de Ras-ul-Ayn. Suivant une source d'information, les 14 000 personnes qui occupaient le camp de concentration auraient presque toutes été massacrées... Le camp compte encore 2 000 déportés au maximum. Tous les jours ou presque, pendant un mois, 300 à 400 personnes ont été emmenées hors du camp et abattues à une dizaine de kilomètres de Ras-ul-Ayn. Les cadavres ont été jetés dans la rivière qui porte le nom de Djirdjib el Hamar... Un officier turc, qui demandait la raison de ses agissements au kaïmakam de Ras-ul-Ayn, s'est entendu répondre en toute sérénité : "J'ai obéi aux ordres..." Ce sont les Tchetchènes établis dans la région qui ont fait office de bourreaux. »

Rapport du 10 juillet 1916 du nouvel ambassadeur, le Comte Wolff-Metternich, au Chancelier von Bethmann-Hollweg (extraits) :

« La persécution des Arméniens des provinces de l'Est est entrée dans sa phase ultime. Le gouvernement turc ne s'est laissé détourner de l'exécution de son programme — liquidation de la question arménienne par l'extermination de la race arménienne — ni par nos admonestations, ni par celles de l'ambassade américaine et du Nonce apostolique, et encore moins par la crainte de l'opinion publique dans les pays occidentaux. Il est maintenant sur le point de s'attaquer aux derniers groupes d'Arméniens réchappés de la première déportation, et de les disperser... Voici qu'à présent les mesures d'expulsion touchent aussi les habitants de longue date et les Arméniens catholiques et protestants, bien que la Porte ait promis à plusieurs reprises d'épargner ces derniers... Le camp de concentration de Ras-ul-Ayn, qui comptait encore 2 000 occupants à la fin d'avril, est entièrement évacué ; un premier convoi a été attaqué sur la route de Deir-ez-Zor et massacré ; on peut supposer que les autres n'ont pas connu un meilleur sort. »

Le président de la Cour, très au fait de cette publication, demande à Lepsius, appelé par la défense à la barre des témoins, de limiter sa déposition d'expert à la crédibilité des récits répétés à l'audience sous la foi du serment. A 62 ans, le pasteur, qui avait tenté en vain d'infléchir ou d'apitoyer Enver et Talaat, a gardé la même vivacité de regard, mais sa barbiche a blanchi comme se sont creusées les rides qui sillonnent son visage un peu las. Il doit faire effort sur lui-même pour synthétiser son expérience.

« Dans un ordre de Talaat apparaît le mot-clé, déclare-t-il : "Le but de la déportation est le néant." D'après cet ordre, sur l'ensemble de la population déportée, 10 % seulement devaient arriver au terme du voyage. Les 90 % restants devaient être liquidés en cours de route, exception faite des femmes et des jeunes filles qui pourraient plaire aux Turcs et aux Kurdes, et de celles qu'on laisserait mourir de faim et d'épuisement le long des routes. Les Arméniens qui ont été expulsés d'Anatolie occidentale, de Cilicie et de Syrie du nord jusqu'aux abords du désert, se sont trouvés rassemblés dans des camps de concentration par milliers et ont été exterminés, pour la plupart, par une famine systématique et des massacres périodiques. A mesure que les camps de concentration se remplissaient de nouveaux arrivants, la place manquait et l'on conduisait alors les gens par groupes pour les exterminer...

« Tout ce que je vous dis ici est extrait des documents que j'ai consultés dans les dossiers [officiels]...

« Les ordres de ces exterminations ont été révélés par les fonctionnaires chargés de les exécuter. Les fonctionnaires qui hésitaient à les exécuter étaient révoqués. Par exemple, le vali Djelal Pacha d'Alep refusa d'obéir aux ordres de déportation dans sa province. Il fut révoqué par Talaat et muté à Konya. Là-bas, il se comporta comme à Alep, protégea les Arméniens et s'occupa des déportés. En conséquence, il fut révoqué de nouveau et n'obtint pas d'autre poste...

« Du chiffre initial de 1 850 000 Arméniens, 1 400 000 à peu près ont été déportés. Sur les 450 000 autres, 200 000 ont été exemptés de déportation, surtout la population de Constantinople, de Smyrne et d'Alep... A l'encontre de ce que l'on aurait pu penser, ce sont justement les marchands arméniens des villes commerçantes qui ont été chaque fois épargnés, surtout parce qu'ils avaient les moyens d'acheter les fonctionnaires. En revanche, toute la paysannerie d'Anatolie, qui représente les 8/10 de la population arménienne, y compris les manœuvres, a été envoyée dans le désert et exterminée. Le reste de la population arménienne, près de 250 000 âmes des vilayets orientaux, a été épargné grâce à l'occupation russe de ces vilayets, et a fui au Caucase... Toujours est-il que l'avance russe sauva la vie à 250 000 Arméniens ; le recul russe leur laissa la vie, mais leur coûta leur patrie. Aujourd'hui, au Caucase, ils sont encore dans un pays bien trop exigu et souffrent de la famine depuis des années. Malgré soi, on en vient à se demander comment de telles choses sont encore possibles au XXe siècle...

Question du défenseur Niemeyer : N'est-il pas exact

que les Arméniens sont le dernier peuple chrétien opprimé et le dernier territoire sur lequel les Turcs pouvaient étendre leur domination ? Tous les peuples des Balkans et tous ceux qui ont subi la domination turque se sont soulevés les uns après les autres et se sont libérés. Pour éviter que les Arméniens ne se libèrent à leur tour, l'extermination a été décrétée. Ce point de vue est-il exact ?

L'expert Lepsius : Oui. Le Comte Metternich, ambassadeur allemand à Constantinople en 1918, écrivait le 30 juin : "Les Arméniens sont finis. La meute Jeune-Turque attend avec impatience le moment où les Grecs se tourneront contre la Turquie. L'hellénisme est l'élément culturel de la Turquie. Il sera détruit, comme l'a été l'élément arménien. » Voilà ce que prévoyait le Comte Metternich. »

Avant de se retirer, le Dr Lepsius met, entre autres, le document n° 166 de son recueil à la disposition du tribunal. C'est une lettre en français du commissaire militaire Nizami, datée d'Alep, 10 septembre 1915, à l'ingénieur-en-chef du chemin de fer de Bagdad :

> « La IVe Armée ayant été informée que certains employés et ingénieurs du chemin de fer de Bagdad prennent des photographies de vue des transports des Arméniens, S.E. Djemal Pacha, commandant en chef, a donné l'ordre que ces ingénieurs et employés remettent dans un délai de quarante-huit heures au Commissariat militaire tous les clichés qu'ils ont pris. Tous ceux qui ne remettront pas ces photographies seront soumis aux punitions et jugés comme ayant pris des photographies sur le champ de guerre sans autorisation. »

Deuxième témoin à décharge appelé à la barre du tribunal : le général allemand Otto Liman von Sanders, qui a dirigé, du 14 décembre 1913 au 29 janvier 1919, la mission militaire allemande dans l'Empire ottoman, d'abord comme commandant du premier corps d'armée de Constantinople, puis comme chef de la Ve Armée turque, enfin comme inspecteur général des armées turques. Ce militaire de 66 ans, en passe d'obtenir son bâton de maréchal, n'a jamais caché ses sympathies pour les Turcs, en dépit de l'horreur que lui ont inspirée les massacres dont il ne cherche pas à nier ni même à dissimuler la réalité. Bien au contraire :

> « A l'exposé du Dr Lepsius, déclare-t-il à la Cour, j'aimerais ajouter quelques considérations d'ordre militaire... Il faut, à mon avis, distinguer deux éléments. Le premier est un ordre du gouvernement des Jeunes-Turcs concernant les déportations des Arméniens. On peut le retenir pour responsable de ces déportations et aussi, en partie, des conséquences qui en ont découlé. Le second, ce sont les combats qui ont eu lieu en Arménie, d'abord parce que les Arméniens, qui n'admettaient pas le désarmement ordonné par le gouvernement turc, défendaient leur peau, ensuite parce que certains (et ceci a été prouvé) ont combattu les Turcs aux côtés des Russes... Le Gouvernement a décrété la déportation en s'appuyant sur les autorités aussi bien militaires que civiles. Les unes et les autres estimaient, pour des raisons militaires, qu'il était nécessaire d'évacuer les Arméniens de l'Anatolie orientale... L'exécution des ordres qui s'ensuivirent est tombée dans les plus mauvaises mains que l'on puisse imaginer. Il faut souligner le fait que la gendarmerie turque était très bonne avant la guerre : elle comptait 85 000 hommes et était une troupe d'élite. Mais, plus tard, elle fut incorporée et répartie dans l'armée, engagée dans les corps de troupes. C'est alors que fut créée une gendarmerie supplétive qui n'était certes pas composée des meilleurs éléments. C'étaient pour partie des brigands, pour partie des chômeurs. Bien entendu, la discipline parmi ces gens était relâchée. Il faut tenir compte de ces circonstances quand on parle des atrocités commises dans les convois arméniens...

« Par ailleurs, on ne pourra pas non plus négliger le fait que les convoyeurs, en partie influencés par une vague idée de "guerre sainte", voyaient dans les Arméniens des chrétiens et ont cru que les traiter sévèrement était un mérite. Ceci a dû aussi exciter les subalternes...

« A ma connaissance, le gouvernement allemand a fait tout ce qu'il pouvait en ces circonstances, mais il a rencontré de grandes difficultés. Je sais en particulier que l'Ambassadeur, le Comte Metternich, a protesté énergiquement contre les mesures prises à l'encontre des Arméniens. Je pense pouvoir dire qu'aucun officier allemand n'a jamais participé à ces mesures... Au contraire, nous sommes toujours intervenus là où nous pouvions le faire.

« Je peux déclarer n'avoir jamais reçu un ordre signé de la main de Talaat concernant les Arméniens. Les ordres que j'ai reçus étaient signés par Enver Pacha et étaient de nature moins grave. Parfois, ces ordres étaient insensés et ne pouvaient être exécutés. C'est ainsi qu'un jour, nous reçûmes l'ordre d'éloigner tous les Juifs et les Arméniens des états-majors. Bien entendu, cet ordre ne fut pas exécuté, car nous avions besoin des Juifs et des Arméniens comme interprètes. On recevait souvent des ordres absurdes.

« J'ai eu l'occasion d'intervenir, en février 1916, quand le vali d'Andrinople a essayé de chasser les juifs et les Arméniens. C'est le lieutenant-colonel bavarois Willmer qui m'en avisa. Je m'y rendis et instruisis l'affaire. Il était exact que le vali avait ordonné l'expulsion. J'allai à Constantinople et obtins que l'affaire soit suspendue, ceci grâce à l'intervention des Ambassadeurs, le Comte Metternich et le Margrave Pallavicini [Autriche]. Une autre fois, je me rendis à Smyrne. Le vali avait fait tirer en pleine nuit 600 Arméniens de leur lit pour les mettre dans des wagons et les déporter. Je lui ai fait dire que si l'on touchait à un seul Arménien, je faisais abattre ses gendarmes par mes soldats. Sur ce, l'affaire fut annulée...

« J'affirme n'avoir jamais été sollicité par les Turcs pour prendre part à une mesure quelconque contre les Arméniens. Au contraire, tout nous était dissimulé pour que nous ne puissions connaître la situation politique intérieure de la Turquie.

« Dans quelle mesure Talaat a-t-il participé personnellement aux ordres donnés, cela, je ne peux pas le dire. A ma connaissance, le principal décret ordonnant la déportation des Arméniens date du 20 mai 1915. C'est en tout cas l'œuvre intellectuelle du Comité Union et Progrès et qui a sûrement reçu l'approbation unanime du Conseil des ministres. L'exécution en a été confiée aux valis, aux fonctionnaires subalternes et surtout à cette horrible et inhumaine gendarmerie.

« En tout cas, je dois dire ici, conformément à mon devoir, que, pendant les cinq années et plus de mon séjour en Turquie, je n'ai jamais vu une signature de Talaat, ni une quelconque mesure prise personnellement par lui à l'encontre des Arméniens. »

L'honnêteté de la déposition du général Liman von Sanders ne satisfait certes pas tout à fait les avocats allemands de Tehlirian, dont l'un, le Dr Adolf von Gordon, va provoquer à ce propos un incident avec l'accusation, en interrogeant le témoin suivant, Mgr Krikor Balakian, prélat de l'Église arménienne, qui avait personnellement connu Talaat Pacha. Cet évêque de 42 ans est venu spécialement de Manchester pour témoigner de la culpabilité du chef de file des Jeunes-Turcs dans le martyre arménien. Il était rentré de Berlin à Constantinople au début de la guerre. Arrêté le 21 avril 1915, en même temps que les 280 premiers intellectuels raflés dans la capitale, il fut d'abord expédié en train à proximité d'Angora (futur Ankara) et fut l'un des 16 rescapés du convoi dirigé sur Tchanguiri par la route. Le vali, ayant refusé d'obtempérer à l'ordre télégraphique de Talaat de les déporter dans le désert de Deir-ez-Zor, fut destitué et remplacé par celui d'Angora qui, en février 1916, les fit mettre dans un convoi avec les 40 familles arméniennes de la ville. Ce fut le plus sanglant des trajets.

> « Comme nous autres, nous avions de l'argent — 15 à 16 000 pièces d'or —, nous comptions pouvoir nous en tirer grâce au système du "bakchich", si répandu en Orient... Nous ne nous sommes pas trompés, et si je suis ici aujourd'hui, vivant, c'est grâce à cela. Bien entendu, nous fumes maltraités, privés de pain, d'eau et de sommeil ; cependant, nous nous disions : "Si on ne nous tue pas en route, c'est déjà une grande chance."
>
> « En arrivant à Yozgat, nous vîmes, à quelque quatre heures de la ville, dans une vallée, des centaines de têtes à longs cheveux, des têtes de femmes et de jeunes filles. Le chef des gendarmes de notre escorte s'appelait Choukri. Je lui dis : "Je croyais qu'on ne tuait que les hommes. — Non, dit-il, si nous tuons seulement les hommes, mais pas les femmes et les jeunes filles, dans cinquante ans, il y aura encore quelques millions d'Arméniens. Nous devons donc supprimer aussi les femmes et les enfants pour avoir la paix une fois pour toutes, à l'intérieur et à l'extérieur". »

Le chef des gendarmes, Choukri, fit alors à Mgr Balakian le récit du massacre des 6 400 femmes et filles de Yozgat, dépouillées de toutes les affaires et objets précieux qu'elles avaient été autorisées à emporter, et livrées en rase campagne à l'assaut d'une douzaine de milliers de paysans armés de haches et de ferraille, au nom de la « guerre sainte ». « Je peux vous le raconter en toute tranquillité, ajouta Choukri, car vous arrivez maintenant dans le désert et vous y mourrez certainement de faim et de soif : ainsi vous n'aurez pas l'occasion de rapporter ce que je vous ai dit. »

Durant la pathétique déposition de l'évêque, le public allemand admis dans le prétoire, et qui ignorait tout des événements, ne peut s'empêcher de ponctuer de murmures cette litanie de détails insupportables : « Les salauds ! Les salauds ! » Des jurés ne peuvent retenir leurs larmes. Alors l'avocat von Gordon se permet d'interrompre le témoin :

— Nous avons déjà entendu ici beaucoup de choses atroces, mais je voudrais encore apprendre l'essentiel.

— Je vous en prie, posez-moi des questions.

— Quand vous étiez à Tchanguiri, n'êtes-vous pas allé, avec l'un de vos anciens professeurs, chez le vali pour lui demander d'intervenir en votre faveur ? Et ne vous a-t-il pas alors montré une dépêche où Talaat lui posait une certaine question ?

— En effet, le professeur Kelekian et moi avons été aimablement reçus par le vice-gouverneur Asaf bey, ancien gouverneur d'Osmaniye en Cilicie, et qui avait été également son élève en littérature turque à l'Université de Constantinople. Il nous conseilla de nous sauver et de tenter de regagner la capitale, car "après, il sera trop tard". Pourquoi trop tard ? Nous ne savions pas ce qui se passait à deux heures de nous. Asaf bey répliqua : "Je n'ai pas le droit de le dire, mais vous, M. Kelekian, vous avez été mon maître et vous, vous êtes un ecclésiastique. Vous garderez le secret, je vous fais confiance. Je vais vous montrer une dépêche." Je n'ai aucune raison de douter de l'authenticité d'une dépêche qui nous a été montrée par un vice-gouverneur en exercice. Le télégramme était à peu près rédigé en ces termes : "Télégraphiez-nous personnellement sans tarder le nombre d'Arméniens déjà morts et le nombre des survivants. Signé : ministre de l'Intérieur, Talaat Pacha. » M. Kelekian demanda à Asaf bey : "Qu'est-ce que cela signifie ? Je ne comprends pas. — Vous êtes pourtant assez intelligent, répondit Asaf bey, le télégramme signifie : Pourquoi tardez-vous à liquider ceux qui sont encore en vie ? » Asaf bey nous conseilla de chercher courageusement à regagner Constantinople dans les quinze jours : "Dans quinze jours, dit-il, j'abandonne mon poste et ne serai plus ici pour vous protéger. En 1909 déjà, quand j'étais à Osmaniye, de grands massacres avaient eu lieu à Adana. On m'accusa alors d'avoir maltraité les Arméniens et c'est à peine si je pus me disculper. Je ne veux plus me trouver associé à de tels massacres. Car il viendra un temps, après la guerre, où toutes les hautes personnalités responsables du régime seront obligées de s'enfuir à l'étranger. Et alors, c'est nous qu'on rendra responsables et l'on nous pendra."

Un juré : De qui était la signature au bas de la dépêche ?

Le témoin : Le télégramme était signé par Talaat Pacha ; cela, je l'ai vu de mes propres yeux.

Von Gordon : Par qui, finalement, avez-vous été sauvé ? Par les Anglais, les Russes, les Français ?

Le témoin : D'abord par deux ingénieurs allemands, Morfs et Klaus, affectés au percement d'un tunnel de chemin de fer dans le mont Amanus où je m'étais enfui. Ils m'ont fait raser ma barbe, quitter la soutane, habiller en Européen et employer pendant quatre mois avec 8 000 Arméniens qu'ils avaient pris sous leur protection. Mais quand les travailleurs ont été à leur tour déportés — pour être tous massacrés entre Bagtche et Marache, je me suis de nouveau enfui dans le mont Taurus, où d'autres ingénieurs allemands perçaient un tunnel. Grâce à eux, je finis par arriver à Adana, où j'ai trouvé asile au bureau central de l'ingénieur-en-chef Winkler, qui me fit passer pour un soldat allemand. Un officier me donna un uniforme militaire, quand de nouvelles menaces de massacres accompagnèrent la chute de Damas et la marche des Alliés sur Alep. Je suis arrivé par le train à Constantinople en compagnie de sous-officiers et de soldats allemands, et je me suis caché chez des amis épargnés jusqu'à la fin de la guerre. En novembre 1918, j'ai quitté la Turquie pour Paris, emportant les documents qui devaient révéler la vérité au monde.

Von Gordon : Son Excellence le général von Sanders a jeté le trouble dans nos esprits. En effet, il a prétendu que ce n'était pas Talaat qui portait la responsabilité de ces faits monstrueux, mais les subordonnés qui avaient à exécuter les ordres de déportation. Cette allégation contredit l'opinion générale des Arméniens et aussi, notamment, la conviction du Dr Lepsius. Je voudrais encore poser une question au témoin : n'a-t-on pas, chez les Arméniens, la conviction absolue que c'est bien Talaat Pacha en personne qui porte la responsabilité de ces massacres ?

Le témoin : Ce n'est pas seulement l'opinion générale, c'est aussi la vérité. J'ai connu personnellement Talaat Pacha : son influence était décisive. Et il faisait tout en connaissance de cause. Quand le patriarcat arménien — dont j'étais membre à Constantinople — voulait quelque chose, il disait : "Vous n'avez pas besoin de vous adresser d'abord aux autres ministres, venez tout de suite me voir. Vous n'avez pas besoin de faire votre demande par écrit, vous pouvez tout me dire de vive voix, et je vous donnerai satisfaction." Il agissait comme s'il n'avait à rendre compte à personne.

L'avocat Niemeyer : Connaissez-vous ce mot de Talaat Pacha : "J'ai plus fait pour la solution du problème arménien en trois mois que le sultan Abdul Hamid en trente ans ?"

Le témoin : Non seulement en trente ans, mais Talaat a accompli ce qui ne s'était pas fait en cinq cents ans ! Quand j'étais à Tchanguiri, en 1915, et qu'en septembre de la même année, toute l'Anatolie fut vidée d'Arméniens, un major arriva du front russo-turc et nous dit avec une grande fierté : "Ce que tous nos sultans n'ont pas réussi à faire, nous, nous l'avons réussi : nous avons anéanti un peuple historique !"

L'avocat von Gordon (s'adressant au général Liman von Sanders au banc des témoins) : Excellence, sans le dire positivement, vous avez fait comprendre que ce sont les fonctionnaires subalternes qu'il faut rendre responsables de tous ces actes de cruauté ?

L'expert von Sanders : Des cruautés, oui ; mais pas des déportations elles-mêmes.

Von Gordon : Mon devoir m'oblige à répondre à ce que vous avancez en produisant cinq dépêches de la direction d'Alep... »

L'avocat dépose cinq télégrammes sur la table en demandant que le tribunal les admette comme pièces à conviction. Ce sont cinq documents originaux apportés par l'écrivain Aram Andonian, membre de la Délégation nationale arménienne à la Conférence de Paris. Lors de sa mobilisation dans l'armée ottomane en 1914, cet intellectuel avait été chargé de la censure militaire. Il avait pu échapper par la suite aux persécutions et se trouvait à Alep lors de l'entrée des troupes britanniques du général Allenby, en 1918. Envoyé par le catholicos de Cilicie obtenir des nouvelles autorités l'accès aux archives administratives, il disait avoir découvert une liasse de dépêches de Talaat Pacha dans le bureau d'un fonctionnaire ottoman, Naim bey, chef du secrétariat au service de la déportation à Alep, dont seule la rapidité imprévue de l'avance britannique avait empêché la destruction. Les cinq originaux produits devant la Cour criminelle de Berlin sont les seuls, à ce moment, à avoir été authentifiés par des experts et considérés comme tels par ce tribunal (qui les écarta toutefois de l'offre de preuves formulée par la défense). En voici le contenu :

1) « A la préfecture d'Alep. Il a été précédemment communiqué que le gouvernement, sur ordre du Djemiet [autre appellation de l'Ittihad], a décidé d'exterminer tous les Arméniens habitant en Turquie. Ceux qui s'opposeraient à cet ordre et à cette décision ne sauraient faire partie des organismes gouvernementaux. Sans égard pour les femmes, les enfants et les infirmes, quelque tragique que puissent être les moyens de l'extermination, sans écouter les sentiments de la conscience, il faut mettre fin à leur existence. Le 15 septembre 1915. Talaat. »

2) Télégramme chiffré du ministère de l'Intérieur à la préfecture d'Alep : « Par la démarche que, sur instruction de son gouvernement, l'ambassade américaine fit dernièrement auprès de nous, il apparaît que les consuls américains se procurent des nouvelles par des moyens secrets. Bien qu'il leur ait été répondu que la déportation s'est effectuée d'un manière sûre et confortable, cette affirmation n'ayant pas suffi à les convaincre, veillez à ce que, lors de la sortie des Arméniens des villes, des bourgs et des centres, des faits risquant d'attirer l'attention ne se reproduisent pas. Eu égard à la politique actuelle, il est d'une importance capitale que les étrangers circulant par là soient convaincus que cette déportation n'a d'autre but qu'un changement de séjour. Pour ce motif, il est pour l'heure important, afin de donner le change, de faire montre d'une conduite délicate et de n'appliquer les moyens connus que dans les endroits propices. Je vous recommande à ce propos d'arrêter les personnes qui fournissent des renseignements ou qui procèdent à des enquêtes, et de les déférer sous d'autres prétextes aux cours martiales. Le 18 novembre 1915. Le ministre de l'Intérieur, Talaat. »

3) Télégramme chiffré n° 830, envoyé par le ministère de l'Intérieur à la préfecture d'Alep : « Recueillez et entretenez seuls des orphelins qui ne pourraient se rappeler les traitements infligés à leurs parents. Renvoyez les autres avec les caravanes. Le 12 décembre 1915. Le ministre, Talaat. »

4) Télégramme chiffre n° 853 du ministère de l'Intérieur envoyé à la préfecture d'Alep : « En une période où des milliers d'émigrés musulmans et de veuves de martyrs ont besoin de protection et de nourriture, il n'est pas admissible de faire des frais pour nourrir des enfants des individus en question qui, à l'avenir, ne serviront à rien d'autre chose qu'à constituer un danger. Les renvoyer de la préfecture avec les caravanes de déportés et expédier, à Sivas, conformément à notre dernière ins-

truction, ceux qu'on est en train d'entretenir. Le 23 janvier 1916. Le ministre, Talaat. »

5) « A la préfecture d'Alep. Prétextant qu'ils seront soignés par l'administration des déportés, sans éveiller les soupçons, prendre et exterminer en masse les enfants des individus en question, ramassés et soignés sur ordre du ministère de la Guerre par les stations militaires. Nous rendre compte. Le 7 mars 1916. Le ministre de l'Intérieur, Talaat. »

Aram Andonian a accompagné la remise de ces télégrammes aux avocats de Tehlirian d'une note explicative sur leur origine et leur authentification — qui seront toujours contestées par les historiens turcs comme forgées par un groupe de faussaires arméniens de Paris, avec d'autant plus de véhémence que ces originaux furent égarés après le procès de Berlin. Ils se trouvaient en la possession du secrétaire de la sous-direction des déportés chargée de l'exécution de toutes les mesures à Alep, plaque-tournante d'où les déportés devaient être dirigés vers les déserts soit de Syrie, soit de Mésopotamie :

« Le préfet [vali] d'Alep, après avoir fait déchiffrer les ordres reçus de son ministre Talaat, transmettait les textes en clair, avec une apostille signée et datée de sa main, à la sous-direction dont Naim bey était le secrétaire... L'expertise sur place a duré toute une semaine, par comparaison avec d'autres documents signés et apostillés par le vali Mustafa Abdulhalik bey. »

Ces pièces à conviction sont pourtant écartées des débats à la demande du procureur Gollnick, qui entend ramener le procès du terrain politique où il s'est engagé sur le terrain juridique :

« Il est, pour moi, hors de doute que l'accusé était bien persuadé de tuer l'homme qui portait la responsabilité de ces cruautés, et cela me suffit. Il ne peut être question pour le tribunal de se prononcer sur la responsabilité historique de Talaat. »

Le président se rallie à ce point de vue sur avis exprimé par les jurés qui ont aussi, dit-il, leur conviction faite à ce sujet. L'un d'eux, nommé Ewald, a pourtant encore une question à poser au témoin Balakian :

— La dépêche que vous avez vue chez le vali Asaf bey à Tchanguiri, en 1916, était-elle de Talaat Pacha ?

— Oui, je l'ai lue de mes propres yeux.

Le Président : Cette question est réglée. Je demande à la défense de renoncer à l'audition des autres témoins prévus à ce sujet.

L'accusé : Je souhaite l'audition de l'écrivain Aram Andonian.

Le Président : Inutile, puisque les jurés vous croient.

L'audition des autres témoins, prévue pour le lendemain, est donc annulée. La parole est immédiatement donnée aux experts médicaux. Ils sont cinq, dont deux cités par la défense. Tous concluent à la réalité des crises d'épilepsie de l'accusé et à la perturbation de son système nerveux, du fait des scènes hallucinantes qu'il a vécues, comme celle de l'extermination de toute sa famille à laquelle il disait avoir assisté. Les deux médecins cités par les avocats concluent à son irresponsabilité totale. Les trois autres, à l'absence de crise au moment de l'attentat, donc à une responsabilité atténuée.

Le procureur se range à cette dernière thèse : l'acte a été accompli de sang-froid, avec préméditation et en toute conscience. Il s'agit donc d'un assassinat délibéré pour lequel la loi alors en vigueur n'admet pas de circonstances atténuantes. Elle ne prévoit que la possibilité d'un recours en grâce pour éviter l'application de la peine requise : la mort. « Ce recours, conclut-il, trouvera certainement une large audience. »

Les plaidoieries de deux des plus célèbres membres du barreau de Berlin et du plus grand juriste d'Allemagne, qui assurent la défense de Tehlirian, suscitent une curiosité telle que la plupart des avocats présents au Palais de Justice délaissent leurs affaires pour y assister. Après avoir fait le procès de Talaat, condamné à mort par contumace, deux ans auparavant, par une cour martiale turque composée de juges respectables, les défenseurs s'évertuent à justifier le geste résultant du traumatisme irréversible subi par leur client : une fois que sa conscience lui eut ordonné de faire ce qui était à ses yeux une œuvre de droit, aucune autre considération, pas même la loi, ne pouvait plus entraver l'acte dont l'accomplissement lui paraissait comme le plus sacré des devoirs moraux.

Les jurés se retirent pour délibérer. Jusqu'au dernier moment, nul ne s'avance à augurer de la sentence. Le président Lehmberg a rappelé aux jurés qu'ils n'avaient à s'exprimer que sur cette double question : « Savait-il qu'il tuait, et voulait-il tuer ? » Un verdict de culpabilité requiert plus de 8 voix, et le crime avec préméditation — seul passible de la peine de mort — plus de 7.

Après une heure de suspense, le président du jury, Otto Reinicke, revient annoncer, dans un silence religieux, le résultat du délibéré :

> « Sur mon honneur et en toute conscience, j'atteste qu'à la question : "L'accusé Soghomon Tehlirian est-il coupable d'avoir tué avec préméditation Talaat Pacha, à Charlottenburg, le 15 mars 1921 ?" la réponse des jurés est NON. »

Le président, au milieu des applaudissements, a du mal à prononcer le jugement d'acquittement et l'annulation de l'acte d'accusation. Le ministère public renoncera à demander la révision du procès. Les quelques Turcs présents dans la salle se sont éclipsés en hâte. Une heure plus tard, le justicier de

Talaat quitte sa prison, escorté de la police, dans une voiture disparaissant sous les fleurs. De Paris, Boghos Noubar Pacha, président de la délégation arménienne à la Conférence de la paix, adresse une lettre de remerciement au Dr Lepsius :

> « L'acquittement de notre compatriote a prouvé une fois de plus qu'il y a des juges à Berlin et je ne doute pas que votre intervention n'ait puissamment contribué à éclairer et à remuer la conscience de tous ceux qui ont absout Tehlirian. »

Mission accomplie, Tehlirian quitte Berlin pour suivre l'évêque Balakian à Manchester. Il a changé d'identité et se nomme désormais Salomon « Saro » Melikian. Il est toujours en proie à des vertiges. Ses crises ne sont pas plus feintes que sa tristesse. La mort du monstre n'a pas mis un point final à ses problèmes. Après un nouveau séjour, durant l'été 1922, aux États-Unis où il est fêté en héros par les dirigeants de *Haïrenik* qui forment l'état-major du *Hadoug Kordz*, il ne retrouve le sourire qu'à son retour chez son père et ses oncles, à Belgrade, où l'attend aussi sa » fiancée du Caucase » laissée sur le quai d'Odessa, Anahit Tatiguian.

De son mariage naîtront deux enfants. Mais il attendra le milieu des années 50 pour révéler la vérité sur ses activités clandestines passées, dans des mémoires écrits à la troisième personne et publiés au Caire en 1956, avec l'avertissement suivant de son préfacier, Vahan Navassartian, membre du bureau exécutif du parti Dachnak :

> « Les mémoires de Soghomon Tehlirian ne sont pas l'histoire véridique et complète de la mort de Talaat. Le moment n'est pas encore venu de livrer au public l'histoire vraie du terrorisme. Ce travail sera celui de la prochaine génération. Mais l'historien à venir de la grande catastrophe d'avril pourra trouver d'importants documents sur les ramifications de l'attentat contre Talaat dans les archives secrètes du Parti. Les mémoires de Tehlirian pourront servir de base à son récit... »

Dans la chronologie d'un ouvrage sur la Turquie paru à Moscou en 1948, l'un des porte-parole du Kremlin, A. Miller, note à la date du 16 mars 1921 : « Assassinat de Talaat Pacha par un tueur dachnak. » C'était attribuer au parti Dachnak un rôle qu'il n'avait encore jamais reconnu.

VII

Bakou vengé à Constantinople

La lecture des minutes du IXe Congrès dachnak clos le 2 novembre 1919 à Erivan, capitale de la jeune et frêle République indépendante d'Arménie, ne permet certes pas de trouver en clair l'ordre donné au délégué des États-Unis, Chahan Natali, d'organiser une expédition punitive contre les principaux responsables du génocide. Ce genre de décision n'est jamais inscrit dans un programme de parti placé à la tête d'un gouvernement, mais tout au plus suggéré par des mots codés ou des lignes en pointillé. Les militants se douteront bien que les vengeurs ou les justiciers, entrés en action en 1921, ont reçu des directives d'un organe exécutif plus ou moins secret, mais ils refuseront longtemps de se laisser prendre au piège d'un aveu signé. A telle enseigne que lorsque le Comité de défense de la cause arménienne prendra la décision de publier, en 1981, la traduction française du compte-rendu sténographique du procès de Tehlirian des 2 et 3 juin 1921, son préfacier, Ara Krikorian, prendra soin de rester encore dubitatif sur l'existence d'un commando agissant comme un bras armé de la Fédération révolutionnaire arménienne (Dachnak) :

> « S'agissait-il d'actions préméditées, préparées de longue date et mises en œuvre par une organisation révolutionnaire décidée à traquer les assassins jusque dans leurs repaires les plus cachés ? Ou alors avait-on affaire à des

actes isolés commis par quelques survivants incapables, au sens littéral du mot, de supporter l'idée qu'un Talaat, un Behaeddine Chakir ou un Azmi puissent vivre impunément après tant d'horreurs ? Mais, au fond, qu'importe ! Laissons aux historiens le soin de fixer les responsabilités et bornons-nous à constater que plusieurs assassins, hauts responsables, ont été retrouvés, formellement reconnus en dépit de leur déguisement, et abattus. »

La question de la prise en charge et du financement de la défense de Tehlirian est pudiquement passée sous silence. Pourtant, en avril 1921, une collecte « pas comme les autres » fut organisée aux États-Unis par un Comité de défense *ad hoc* réuni au siège de l'organe central américain du Parti, *Haïrenik*, à Boston. Le tract diffusé à cette occasion à travers la communauté arménienne fait appel non à la charité, mais au devoir de justice :

« Nous n'osions relever notre front, nous ne pouvions surmonter la terreur et l'horreur qui furent notre lot, tant que vivait le monstre dans sa merveilleuse quiétude berlinoise. Gloire à celui qui a brandi la foudre vengeresse et à la race dont il est issu. Soghomon Tehlirian a exercé la sainte vengeance. Il est le symbole de notre Némésis... »

La consultation de la correspondance échangée entre les responsables au sein de chaque comité central régional, actuellement en cours d'archivage à l'Institut Zoryan et à la rédaction de *Haïrenik* à Boston, permet de suivre le fil rouge reliant les cinq attentats ciblés qui succédèrent à l'exécution de Talaat. Et d'aboutir à quelques évidences. A la lecture de ces courriers, plus allusifs que chiffrés, il apparaît que le réseau, mis en place sous l'autorité de l'ambassadeur Armen Garo pour réaliser la Mission spéciale confiée dans la pratique aux deux comités centraux de Boston et de Constantinople, s'est structuré et renforcé à mesure que vacillait le pouvoir dachnak à Erivan et que la survie d'une Arménie indépendante perdait ses dernières chances.

Comme s'il pressentait la précarité de cette République et la nécessité d'organiser la diaspora arménienne, Garo refuse, en 1920, son rappel à Erivan où le gouvernement lui offre un portefeuille, le sollicitant même pour le poste de Premier ministre. Il préfère rester à son poste d'ambassadeur aux États-Unis où il a tant de tâches à accomplir. S'il devait rentrer au pays, répond-il, ce serait uniquement pour reprendre ses travaux ruraux, dont il gardera jusqu'au bout la nostalgie.

C'est que les dirigeants ittihadistes réfugiés en Italie, en Allemagne et au Caucase s'activent pour resserrer les mâchoires de la tenaille en œuvrant, de leur côté, au rapprochement turco-soviétique. A la tête de son contre-gouvernement d'Ankara, le général Kemal Pacha ne dédaigne pas les efforts de cette clique d'adversaires politiques pour amener les Soviets à soutenir son entreprise de survie de la Turquie face aux projets de démembrement concoctés par les « impérialistes » occidentaux. Dès avril 1920, il a salué la Russie nouvelle comme « le champion de l'anticolonialisme » et il a adressé à Lénine une proposition de lutte commune pour « chasser les Anglais du Caucase, faire la guerre à l'Arménie impérialiste et soviétiser l'Azerbaïdjan ». Traités d'ailleurs comme des invités de marque dans ce dernier pays, des réfugiés de l'Ittihad jouent un rôle non négligeable dans sa soviétisation.

Dans les premiers jours de mai, le gouvernement arménien doit faire face, de son côté, à un soulèvement communiste parti d'Alexandropol. Le cabinet « gradualiste » d'Alexandre Khatissian démissionne sous la pression du bureau dachnak qui, proclamant la République en danger, s'empare de tous les leviers de commande pour mater l'insurrection dont un Comité révolutionnaire (Revkom) a donné le signal en hissant le drapeau rouge sur un train blindé. Un détachement d'Arméniens originaires de Turquie, sous les ordres du général Sebouh, écrase le Soviet d'Alexandropol et pourchasse les bolcheviks arméniens. Mais après la signature à Moscou du pacte soviéto-turc — qui rejette, entre autres, les dispositions du traité de Sèvres consacrant la souveraineté de l'Arménie et le partage de l'Anatolie —, Kemal lance, le 23 septembre, l'armée du redoutable Kazim Karabekir à l'assaut du territoire attribué aux Arméniens. Le 30 octobre, après de durs combats, Kars tombe aux mains des forces kémalistes et, durant trois jours, c'est le carnage habituel. Le cabinet dachnak ayant refusé l'offre de médiation soviétique et la « protection » de l'Armée Rouge, Staline décide à Bakou la soviétisation de l'Arménie.

Lorsque, le 20 novembre, le président des États-Unis, W. Wilson, attribue officiellement à l'État arménien ses limites territoriales, laissées en pointillé par le traité de Sèvres, et qu'il l'étend jusqu'à l'ouest d'Erzindjan et de Trébizonde, sur 72 000 kilomètres carrés, la République d'Erivan est à quelques jours de son effondrement. Le gouvernement dachnak, traité par les communistes de « fusilleur » et de « spéculateur », et discrédité par son acceptation des termes draconiens d'un armistice proposé par les Kémalistes qui poursuivent leur avance vers Alexandropol, cède la place en catastrophe à une coalition dirigée par Simon Vratsian. Mais, le 29 novembre, le Revkom, soutenu par trois régiments de cavalerie cosaque, déboule de l'Azerbaïdjan « à l'appel des masses laborieuses », proclame dans le nord la République socialiste d'Arménie et adresse « le salut du prolétariat » à l'envahisseur turc du Sud ! Entre Charybde et Scylla, le bureau dachnak éclate en deux camps, face à un double ultimatum bolchevique et kémaliste.

Le 2 décembre, Khatissian signe le désastreux traité d'Alexandropol avec les Turcs, dans l'espoir de gagner du temps en cédant de l'espace. Mais Vratsian a déjà démissionné depuis quelques heures et passé ses pouvoirs au ministre de la Guerre, le prestigieux général Dro, pour former un cabinet militaire de transition aux termes d'un accord signé avec le délégué soviétique, dans l'espoir de sauver les meubles. Espoir de courte durée, en dépit de l'impunité promise aux partisans dachnaks avec la garantie de l'indépendance de la République soviétique d'Arménie. Deux jours plus tard, le Revkom se débarrasse du « camarade Dro » et impose un communisme de guerre. Le 10 décembre, le général Sebouh quitte l'Arménie pour se réfugier à Tiflis, bientôt rejoint par la majorité des membres du bureau dachnak qui y créent un Comité de libération.

Restés à Erivan, Vratsian et Katchaznouni passent dans une semi-clandestinité. Les purges, les arrestations, les réquisitions et les privations, conjuguées avec le départ de l'Armée Rouge pour le front de Géorgie, leur fournissent l'occasion de prendre la tête, à la mi-février, d'un mouvement insurrectionnel encadré par les partisans dachnaks retranchés depuis quatre mois dans les montagnes du Zanguézour. Le 18, Vratsian constitue un Comité pour le salut de la Patrie qui pavoise à Erivan, assurant le retour des dachnaks au pouvoir... pour un répit de quarante-cinq jours. La 11ᵉ armée soviétique, qui a pris le contrôle de Tiflis le 21, vient encercler la capitale arménienne. En désespoir de cause, Vratsian fait appel, le 13 mars, à l'aide militaire d'Ankara sur la base du traité d'Alexandropol rendu caduc par la soviétisation de l'Arménie !... Mais, trois jours plus tard, les Kémalistes signent un nouveau pacte avec Moscou qui avalise le partage des territoires caucasiens entre la Russie et la Turquie, à la satisfaction des nationalistes d'Ankara. Le 2 avril, Erivan tombe aux mains des Rouges qui rétablissent le régime des commissaires du peuple jusqu'à la formation d'un gouvernement soviétique arménien dirigé moins brutalement par Alexandre Miasnikian, cadre bolchevique « modéré » et souple.

Sous la protection d'un millier de cavaliers, les membres du Comité pour le salut de la Patrie, accompagnés de 10 000 civils et partisans, se replient dans l'enclave du Zanguézour, toujours tenue par les francs-tireurs dachnaks, à la frontière de la Perse.

Le 26 avril, ils proclament cette ancienne principauté, difficile d'accès, « République de la Montagne indépendante ». Mais, le 3 juin, Miasnikian décide de réduire par la force ce bastion de « contre-révolutionnaires chassés par les masses laborieuses de l'Arménie avec l'appui de l'Armée Rouge ».

Après une résistance acharnée, ce qui reste des 10 000 rebelles refluent vers l'Araxe, le fleuve frontalier qu'ils traversent, le 13 juillet, pour passer en Perse avec leurs dirigeants. Le 16, le régime d'Erivan, auquel se sont ralliés des représentants des émigrés de Turquie qui forment près du tiers de la population, annonce triomphalement : « Le drapeau rouge flotte sur le Zanguézour, l'aventure dachnak est terminée. »

Elle ne l'est pas en diaspora où le Parti redouble d'activité alors que le traité signé à Kars, le 15 octobre 1921, entre la Turquie et les trois républiques soviétiques du Caucase, ratifie le plan de partage de Moscou et assure la survie d'une Arménie sous tutelle moscovite, réduite à 30 000 kilomètres carrés. Symbole mille fois chanté par les poètes, le mont Ararat, qui domine Erivan de sa double crête neigeuse où, selon la légende, vint s'échouer l'arche de Noé, et dont le nom sert de marque aux cigarettes, au cognac et aux équipes de football, restera sous souveraineté turque...

Toutefois, il ne faut pas oublier qu'à l'origine, les deux pères-fondateurs du mouvement révolutionnaire arménien et des partis politiques qui l'incarnaient définissaient la libération nationale comme celle d'un peuple plutôt que comme celle d'un territoire. Cette libération passe à présent par une réparation morale qui libère du passé en reconnaissant à un peuple, désormais voué à la dispersion, le droit à la mémoire. Et d'abord par l'expiation de la dette de sang contractée à son endroit. D'où la priorité donnée à la Mission spéciale, chargée par le parti Dachnak de prendre en main l'application des sentences prononcées par les gouvernants pro-occidentaux de Constantinople sous la pression des vainqueurs, vite oublieux de leurs engagements d'hier.

Afin de pallier la carence du Bureau exécutif dispersé, que Vratsian tente de reconstituer à Tabriz, en Perse, à la manière d'un gouvernement en exil, les comités centraux décident de tenir à Bucarest, en Roumanie, du 15 avril au 7 mai 1921, une conférence intérimaire, en attendant le Xe Congrès prévu pour 1923. De Paris où s'éternisent les travaux de la Conférence de la Paix, court-circuitée par l'évolution des événements depuis l'abandon du traité de Sèvres, Armen Garo, qui fait la navette avec la Suisse où se négocie le sort des nationalités de l'ex-empire ottoman, écrit le 2 février au comité dachnak des États-Unis à Boston :

« Je vais voir mon petit-fils une semaine à Genève. Mais je serai le 15 avec Aharonian à la Conférence de Lausanne, et de retour à Paris une dizaine de jours plus tard. De Genève, je communiquerai avec le camarade Chahan Natali qui est à Vienne. »

Le 25 avril, de retour en France, il précise ses intentions dans une nouvelle lettre :

« J'ai envoyé un télégramme pour vous prier instamment de déléguer Chahan Natali comme votre représentant officiel à la conférence de Bucarest. Il est actuellement ici, avec moi, mais compte rentrer ensuite aux États-Unis prendre un peu de repos et trouver d'autres moyens de poursuivre la Mission commencée. »

Le « *Kordz* » a en effet débuté par l'exécution de Talaat à Berlin, sur les directives de Natali, ainsi que le confirme la lettre d'un autre responsable, Zadig Matiguian, qui écrit le 28 mars à Boston :

« Chahan est revenu à Paris sain et sauf il y a cinq jours. Tout le monde pense, ici, qu'il doit continuer la Mission entreprise. Des mesures sont prises ici et là-bas pour que tout finisse bien. »

Il s'agit bien entendu des préparatifs de la défense de Tehlirian.

Si Garo a fait de Natali son bras droit, c'est qu'il apprécie son efficacité à l'américaine. Ce petit homme d'allure théâtrale, avec ses cheveux longs, son manteau à taille haute, son col de fourrure et sa démarche ondoyante qui lui vaudront le sobriquet de « Le Marié », est en effet un pur produit d'outre-Atlantique. De son vrai nom Hagop Der-Hagopian, il avait 11 ans quand il a ramené, de la montagne où ils s'étaient enfuis le corps de son père, tué lors des massacres hamidiens de 1895. Élevé au collège des missionnaires américains de Kharpout, puis recueilli par un orphelinat de Constantinople, il a été parrainé par un riche New Yorkais d'origine arménienne, qui lui a payé des études au célèbre collège Berbérian. Après avoir obtenu un prix de poésie, il émigre en 1904 aux États-Unis où il travaille dans une usine de chaussures du Massachusetts et adhère au Parti dachnak. Il revient à Constantinople après la révolution Jeune-Turque de 1908, mais, déçu par la politique de la main tendue, il retourne s'inscrire à l'Université de Boston en littérature et philosophie. Rédacteur, puis rédacteur en chef du *Haïrenik*, membre du Comité central dont il est le délégué au IXe Congrès mondial d'Erivan en 1919, il devient la cheville ouvrière de l'« Opération Némésis » dont il va assurer la logistique en Europe. C'est lui qu'Armen Garo veut faire nommer au bureau élargi qui va sortir de la conférence de Bucarest sous le nom de Corps responsable à l'étranger (A.B.M., selon les initiales arméniennes données à ce nouvel organe de direction). En revanche, il estime plus utile d'envoyer le général Sebouh prendre la responsabilité du *Hadoug Kordz* aux États-Unis. L'ancien chef redoutable de la IVe brigade arménienne d'Erivan a été en effet invité à représenter le comité dachnak d'Égypte à la réunion de Bucarest. Il réside alors à l'hôtel Magellan, à Paris, après les péripéties de l'exil qui l'a conduit de Batoum à Constantinople. Sa vie est une véritable épopée qui lui a valu le surnom de « dernier des Mohicans ».

Né Archag Nersessian en 1872, dans un village proche de Baïbourt, ce grand sportif svelte aux cheveux blonds et aux yeux bleus s'est montré réfractaire à l'étude. Il part vivre d'expédients sur le port de Trébizonde, passant ses journées à pêcher, à nager et à se bagarrer. Ouvrier du bâtiment à Constantinople, il adhère à l'Hentchak clandestin. A 18 ans, il poignarde son premier traître, Krikor Agha, manifeste contre la tyrannie du sultan et doit fuir en Crimée. Il fait la connaissance à Yalta d'un chef *fedaï* de la révolte du Sassoun, Hayr, qui l'entraîne au Dachnak et lui fait rencontrer le glorieux Andranik à Batoum. Après avoir rossé dans un bistrot arménien un racketteur kurde, Arif beg, il rejoint les révolutionnaires de Sassoun, participe à l'expédition de Khanassor contre les tribus kurdes, guerroie contre les Tatars en 1905 et se bat comme sous-officier d'Andranik dans le Caucase en 1914. Lors de l'entrée des Russes à Baïbourt, il retrouve son village rasé : les 74 membres de sa famille ont péri. Il pend de sa main cinq traîtres près de Van, fauche les déserteurs à la mitrailleuse à Kars. Baroudeur né, il prend part à la défense de la commune de Bakou au début de 1918, et, devenu général de la République d'Arménie, il écrase la première insurrection bolchévique contre le pouvoir dachnak. Huit jours après la soviétisation, il passe en Géorgie et rejoint la délégation nationale à Paris, via Constantinople.

Le 3 avril, Sebouh répond aux membres du Bureau qui, à Bucarest, préparent la conférence intérimaire du Parti :

> « J'ai bien reçu votre télégramme m'invitant à participer à la conférence comme délégué de l'Égypte. Je serais venu volontiers, mais le camarade Garo estime plus important que j'aille aux États-Unis. »

Dès son arrivée à Boston, il prend la tête de l'organisation, assisté du responsable aux comptes du comité central financièrement parlant le plus puissant du parti, Aharon Satchaklian. Émigré aux États-Unis dès 1890, celui-ci était le gérant de *Haïrenik* depuis 1911. Franc-maçon et résidant à Syracuse, il fut en 1919 l'un des quatre délégués de la communauté américaine à l'assemblée arménienne de Paris. Il est donc logique que le général Sebouh en fasse le patron du Fonds spécial *(Hadoug Koumar)* chargé de financer l'« Opération Némésis ». Et d'abord la prise en charge de Soghomon Tehlirian. C'est le principal sujet de correspondance échangée alors entre les différents responsables de l'A.B.M., l'organisme directeur créé à la conférence de Bucarest et dont le siège est fixé au journal *Djagadamard*, à Constantinople. Le 14 avril, Zadig Matiguian écrit de Bucarest au comité de Boston :

> « Sur le problème de notre frère "Salomon", on a fait tous les arrangements et Libarit est venu nous voir. Il dit qu'à Berlin, des sommes importantes affluent de tous côtés. Bientôt S. ira mieux et sortira guéri de l'"hôpital", en homme libre. Ne vous faites pas de soucis : tout est en ordre. »

Le 25 mai, Garo adresse une longue missive à Boston :

> « Zadig vous a déjà fait part des décisions prises à Bucarest où Chahan a été élu membre de l'A.B.M. Il a donc gagné Bolis [Constantinople en arménien] avec les autres camarades. Un camarade va donc prendre son relais sur le théâtre des opérations. Ici et ailleurs, on collecte des fonds de tous côtés pour financer la libération de S. Même le pacha [Noubar] et ses amis y participent. Le procès de S. va s'ouvrir début juin. Nos amis font tout leur possible pour obtenir un résultat positif. Ce n'est pas l'argent qui manque. Et nos amis allemands sont déterminés à faire de ce procès une tribune pour notre cause. Notre camarade de Berlin est parti d'ici, il y a deux jours, avec la somme que vous avez envoyée et qu'il a mise de côté pour la suite de la Mission. Je vous prie de ne pas adresser le produit de vos collectes aux amis de Paris et de Berlin, mais seulement à l'adresse indiquée par Chahan. Les sommes excédentaires serviront en fait à la poursuite de ce travail, mais à l'insu des comités. »

Sept semaines après l'acquittement de Tehlirian, le président du comité financier de l'A.B.M. à Constantinople écrit, le 22 juillet, à Chahan Natali de retour à Boston :

> « L'argent collecté doit servir à son objet. Vous serez responsable, vous et le Comité central de Boston, de l'utilisation de ces fonds, car, comme nous en suivons l'annonce dans les journaux, la plupart de ces collectes sont réalisées aux États-Unis. On a écrit au camarade Libarit Nazariants à Berlin pour qu'il vous communique

les comptes. Certaines donations sont versées directement à Tehlirian. Le reste est à investir dans les institutions et les intérêts financiers pour payer les études de Tehlirian aux États-Unis. Les fonds spéciaux *(Hadoug Koumar)* pour la poursuite de la Mission spéciale ne sont pas encore arrivés. »

Le même jour, il adresse la lettre suivante à Libarit Nazariants, vice-consul de l'ex-République d'Arménie, toujours en poste à Berlin :

> « On vous demande d'envoyer au camarade Chahan Natali, ainsi qu'à nous, copie des reçus des donations recueillies et des dépenses engagées pour le "mariage" de notre fils. »

Le même jour encore, Natali se fâche contre certaines initiatives prises en son absence par les permanents de l'A.B.M. à Constantinople pour mettre en sommeil la filière berlinoise et la traque des autres ittihadistes résidant dans la capitale allemande. Il leur écrit de New York :

> « J'ai reçu une lettre de Berlin et j'apprends que vous avez ordonné au camarade Rousan de passer à Paris. C'est incroyable ! J'irai en septembre là où j'ai déjà opéré, sauf si, en passant par Paris, on ne me fournit pas — et avec des excuses — des motifs de ne point retourner à cet endroit. Je ne puis tolérer l'interruption de cette mission. Je me sens comptable devant l'avenir de ce qui a été entrepris et qu'il n'y a aucune raison de stopper. Toutes les affaires de Hratch doivent être traitées à cet endroit. Il doit m'y rejoindre. Je fais tout pour en terminer avec les affaires d'ici et venir reprendre la tête des opérations. Un de nos compatriotes a quitté à ses frais New York, le mois dernier, pour rencontrer T. à Constantinople. Il faut le voir s'il est encore là. On aurait pu mieux l'utiliser ici, où il y a beaucoup de travail mais peu de résultats. Je suis sur les nerfs, car je sens que

mon absence à certain endroit a eu un effet négatif sur la poursuite des opérations. »

Les questions financières reviennent sans cesse sur le tapis. Aussi, lors de sa session du 26 juillet, l'A.B.M. décide-t-il de faire publier au profit du Fonds spécial, par *Dachman* (nom de code donné au comité des États-Unis), le compte rendu du procès Tehlirian. Son responsable à Constantinople écrit le 30 à l'interprète Vahan Zakariants, qui est en fait le supérieur du vice-consul Libarit Nazariants dans le réseau :

> « Camarade, il faut que cette publication soit diffusée dans toutes les langues pour accentuer la dimension révolutionnaire de l'acte. Cette publication devra comprendre des extraits de presse pour en exalter la valeur, mais pas les témoignages allant en sens contraire. Le comité de Boston se chargera de tout. »

De Berlin, Zakariants s'adresse donc, le 6 septembre, au Comité de Boston pour traiter encore des fonds recueillis par les comités de défense de Tehlirian et de la traduction des minutes du procès :

> « J'ai toujours informé de tout le camarade Chahan. Il m'a répondu qu'il reviendrait bientôt en Europe, et sûrement ici. Nous l'attendons. »

De nouveaux préparatifs d'action semblent donc bien en cours. Mais, ailleurs, d'autres militants trépignent d'impatience, se plaignent de manquer de moyens. Ainsi, le 7 septembre, deux « vengeurs » qui ont fait localement leurs preuves, Aram Yerkanian et Stepan Dzaghiguian, écrivent de Batoum, en Géorgie, au patron du comité américain, le général Sebouh :

> « N'est-il pas étrange qu'on ne puisse transférer d'argent là où, précisément, il y a un beau travail à faire ? Batoum, où nous sommes contraints de vivre dans une semi-clandestinité, est devenu le centre du mouvement islamique, un centre de ralliement pour les grands et les

petits bourreaux du peuple arménien. Certains circulent ouvertement, mais d'autres se camouflent encore. Halil Pacha est ici, et Enver aussi. Mais comment les "loger" et les traquer si on ne nous en donne pas les moyens matériels ? Leur présence et leur impunité sont un véritable affront pour le Parti. Le risque de soviétisation grandit et nous n'avons pas de quoi intensifier nos investigations. Enfin, espérons qu'entre le moment où on aura repéré leur tanière et celui où vous lirez cette lettre, vous entendrez parler de leurs cadavres... »

Entre-temps, un télégramme du comité de Boston est parvenu au « Buroian, *Djagadamard*, à Péra » (il s'agit de l'adresse postale de l'A.B.M., qui a ainsi pignon sur rue à Constantinople au milieu de cette année 1921 qui a vu disparaître la République d'Erivan) :

« Impossible d'envoyer des fonds pour les camarades réfugiés en Perse, 300 000 dollars ont déjà été versés à ceux de Paris. Adressez de notre part 59 livres sterling à la famille de Sebouh. »

De Paris où il a enfin repris sa tâche, Chahan Natali fait le point de la situation, le 13 septembre, dans une lettre au Comité de Boston :

« Le Bureau m'a donné ici la responsabilité des comptes. Je commence demain ce travail et je ne sais combien de temps cela va me prendre en attendant la personne qui viendra me relayer. J'écris à Armen à Lausanne, et à Salomon de venir me rejoindre ici. J'écris aussi à l'A.B.M. Si j'arrive à tout finir en quinze jours, je pourrai alors aller sur le lieu de l'action. J'ai écrit à Constantinople que l'Amérique est toujours, à mes yeux, notre meilleur soutien. Je tiens à le souligner : chaque fois que j'ai besoin de quelque chose, c'est à vous que je m'adresse. Je connais la situation à Constantinople et je n'attends rien de Paris. L'Amérique est le centre du Fonds et elle

> seule a pris cette Mission au sérieux et adopté des mesures pour la réaliser rapidement. »

De plus en plus, l'A.B.M. tend à se substituer à l'ancien Bureau du parti dont il assure une sorte d'intérim depuis la conférence d'avril à Bucarest, qui en a court-circuité quelque peu l'autorité. Reconstitué tant bien que mal à Tabriz sous la direction de Simon Vratsian, ce Bureau reste en principe compétent pour traiter des seules affaires politiques du Caucase, mais le Corps responsable à l'étranger, implanté à Constantinople, a pris le contrôle de tous les autres domaines, en particulier celui des relations internationales. C'est ainsi que, le 3 mai, il a décidé d'envoyer une délégation négocier avec les Soviets, pour un éventuel accord de coopération contre le double jeu des Turcs. La recherche d'un compromis territorial, politique et organisationnel, proposé par le délégué Vahan Papazian, est soumise à l'approbation des membres de l'A.B.M. En juin, l'A.B.M. a également donné des instructions à la délégation nationale arménienne toujours à l'œuvre à Paris.

C'est seulement le 8 octobre que Simon Vratsian reçoit, à Téhéran, un télégramme de l'A.B.M. lui communiquant les résolutions de la conférence d'avril à Bucarest. Il apprend ainsi que la politique étrangère du Parti est désormais dirigée par le directoire de Constantinople, doté de toutes les compétences naguère attribuées au Bureau en ce domaine.

> « Ne prenez plus d'initiatives sans l'accord de l'A.B.M., recommande le texte de cette tardive dépêche. Un mouvement insurrectionnel au Caucase serait prématuré. Nous ne sommes d'accord ni pour pratiquer un antibolchévisme obsessionnel, ni pour tout polariser contre les Turcs. Nous négocions avec les Alliés en nous donnant la possibilité de miser tantôt sur les uns, tantôt sur les autres, et en suivant une politique désormais dualiste. »

Dans les nouvelles perspectives ouvertes par ce changement d'orientation, la Mission spéciale, avec ses organes d'exécution

(Corps spécial, Fonds spécial, ses centres d'entraînement aux États-Unis, ses services de recrutement sélectif et de renseignement groupés au siège du *Djagadamard*, et ses noyaux formés dans chaque comité central régional), se trouve placée sous la tutuelle de l'A.B.M. D'où les frictions qui se font jour au moment où s'achève devant un tribunal militaire britannique de Constantinople le procès au long cours du terroriste qui a frappé le second coup de l'« Opération Némésis » au cœur même de la capitale ottomane : le meurtre du « Talaat de Bakou », Behoud Khan Djivanchir, l'ancien ministre de l'Intérieur du gouvernement « moussavatiste » de l'Azerbaïdjan, responsable des massacres de septembre 1918.

A l'exemple de Tehlirian, l'accusé, Missak Torlakian, a présenté aux enquêteurs alliés au moment de son arrestation sur les lieux de l'attentat, comme aux juges militaires britanniques lors de sa comparution, une biographie très arrangée, tendant à donner à son crime un mobile strictement personnel. Cet homme très brun, aux sourcils saillants et aux yeux inexpressifs profondément enfoncés dans les orbites, ne s'est départi, tout au long des quelque quarante audiences du tribunal, ni de son attitude figée, ni de son rôle d'orphelin de Bakou rendu épileptique par ses souffrances morales et physiques.

En vérité, Missak Torlakian est, par son mariage, le beau-frère du responsable de la sélection des « vengeurs » au siège du *Djagadamard*, où il exerce cette activité sous une couverture journalistique : Manoug Aslanian, un instituteur qui avait quitté l'enseignement pour la recherche scientifique et qui a lui-même été recruté par la rédaction de l'organe du Parti à Constantinople après la guerre. Né en 1890 dans un village de 40 familles arméniennes du vilayet de Trébizonde, à 8 kilomètres de la mer, Torlakian a connu, dès l'âge de 11 ans, l'expérience de la « justice révolutionnaire » dans cette région fréquentée par les propagandistes et les activistes, dont sa famille faisait partie : la double exécution d'un bey, Chatirzadé Hakké, et d'un « traître », Nahabed Zakarian, à Trébizonde, a marqué son enfance, de même que l'annonce de celle d'Osman bey en Crimée. A 12 ans, il se blesse en nettoyant le pistolet de son père. Du coup, son oncle lui fait cadeau d'une arme à feu. Missak devient le « courrier » d'un trafic d'armes au profit des partisans. En 1910, il s'engage dans l'artillerie ottomane avec de faux papiers, prend du galon et, devenu sergent, a sous ses ordres une section de vingt hommes servant dans l'un des forts d'Erzeroum. Quand éclate la guerre de 1914, il quitte son poste pour prendre le maquis non loin de son village natal. Lors de la retraite turque de Sarikamich, en janvier 1915, il cherche à tuer Enver Pacha qui, à la tête des débris de son armée défaite, devait embarquer à Trébizonde pour regagner Constantinople par la mer. Mais, au dernier moment, le général-ministre choisit de passer par Sivas, à l'intérieur de l'Anatolie. Son premier geste, en arrivant dans la capitale, sera de verser les soldats arméniens dans des bataillons de travail.

Alors Torlakian décide de rejoindre les volontaires du Caucase. Le 13 mai, il traverse clandestinement la mer Noire, débarque à Batoum et rallie Erivan par la route de Tiflis. Sept mois plus tard, il est de retour à Trébizonde, en avant-garde des troupes russes. Il retrouve son village ravagé. Des orphelins, sauvés par des familles turques, lui racontent les atrocités auxquelles ils ont échappé. Un prisonnier, Ismaïl bey, passe dans le camp de la guérilla et dénonce aux combattants arméniens le rôle joué par le vali Djemal Azmi. Le port de Trébizonde, qui comptait 60 000 habitants, n'est plus qu'un camp retranché abandonné par les Turcs devant l'offensive russe. Mille deux cents familles arméniennes ont disparu dans la tourmente, dont celle de Torlakian. Sur ses 17 parents, Missak ne récupère que sa sœur dans le harem d'un Turc qui l'avait épousée de force. Il livre les plus criminels aux Russes, dont un policier, Hassan, aussitôt passé par les armes dans le village de Khadzaver où il avait particulièrement sévi.

Au début de 1918, le retrait russe consécutif à la révolution d'Octobre le contraint à reprendre le bateau pour Batoum avec 200 guérilleros. A Tiflis, Torlakian organise l'entraînement de 600 volontaires pour l'armée arménienne en cours de constitution. C'est pendant la reprise des combats au Caucase qu'il fait la connaissance de deux partisans dachnaks, qui deviendront ses partenaires dans la pléiade des « vengeurs » recrutés plus tard pour l'« Opération Némésis » : Stepan Dzaghiguian et Aram Yerkanian. Il guerroie sous les ordres du général Dro à Kars, à Alexandropol, à Etchmiadzine, la ville sainte où siège le Catholicos. Blessé devant Erivan, il remet à Yerkanian les biens de sept soldats tués à ses côtés pour qu'il les rende à leur famille. A sa sortie de l'hôpital, Torlakian croise sur la route de Tiflis le premier gouvernement de la République, en marche vers Erivan. Lui se rend à Sotchi dans le but de monter un réseau de chasseurs de criminels de guerre. Déjà...

Il lui faut d'abord trouver des ressources financières. A cette fin, il tente de s'emparer d'une cargaison de roubles appartenant à un commerçant arménien qui monopolise le marché du tabac à Odessa et se livre au trafic de devises. Au début de 1919, il fait le tour des ports de Crimée pour tenter de gagner Constantinople, où il espère convaincre le Parti de « mettre le paquet » dans la traque et le châtiment des responsables des massacres. Mais son dessein est prématuré : les circonstances ne sont pas encore favorables à la réalisation de ses projets. Il doit patienter jusqu'au 15 novembre 1920. Ce jour-là, le Comité central dachnak de Géorgie, réduit à la clandestinité, lui confie la mission de planquer les biens du Parti et de collecter des fonds à Batoum. Le mois suivant voit enfin la récompense de ses efforts : on l'envoie à Constantinople où il entre en rapport avec la direction du *Djagadamard.* Embauché dans un atelier de couture ouvert par un de ses compagnons d'armes, Haroutioun Haroutiounian, qui avait été blessé en même temps que lui à la bataille d'Erivan en mai 1918, Torlakian est d'abord chargé de récupérer les armes cachées par les militants dachnaks dans la ville et les faubourgs. Puis il entre à la rédaction du journal : il vient d'épouser la sœur du rédacteur en chef, Manoug Aslanian, qui a la responsabilité de sélectionner les candidatures de « vengeurs » recrutés par le service spécial *(Hadoug Marmin)* pour la Mission Némésis. Il va faire équipe avec Haroutiounian et avec un autre tueur, Yervant Fundekian.

Le premier, natif d'Erzeroum, a acquis ses lettres de noblesse dans le Parti en tentant, à 15 ans, d'abattre un traître nommé Mihran, qui avait dénoncé le transit d'armes auquel il se livrait à Tiflis où sa famille avait émigré dès 1890. Il s'était alors enfui aux États-Unis, avant de revenir en Géorgie guerroyer contre les Tatars. Il s'était engagé en 1914 parmi les premiers volontaires du Caucase, puis avait rempilé avec Torlakian dans l'armée de Dro, lors de la levée en masse de 1918. C'est là qu'ils avaient tous deux été blessés, Missak d'une balle dans le ventre, lui d'une balle dans la cuisse. Après la proclamation de l'indépendance, Haroutioun était entré lui aussi au service du Comité central dachnak de Géorgie, à Tiflis. Puis il avait rejoint Erivan, avec dix autres volontaires tous originaires de Trébizonde, et, lors de la soviétisation de la République arménienne, il avait organisé la fuite des anciens membres du gouvernement dachnak déclarés « indésirables ». Lui-même avait gagné Batoum avec le général Sebouh à la fin de 1920.

Originaire de Grobi, près de Trébizonde, Yervant, lui, avait fait des études au séminaire d'Echmiadzine avant de rencontrer Missak dans les rangs des guérilleros qui servirent d'avant-garde à l'armée russe, le long du littoral de la mer Noire. Il l'avait suivi dans les rangs de l'armée Dro, puis à Tiflis où, sur les ordres du Comité central régional, il avait abattu plusieurs traîtres et espions, dont un nommé Safarov. C'était donc déjà un tueur expérimenté.

Au moment de leur sélection, Missak et lui obtiennent du bureau de l'A.B.M. une allocation exceptionnelle de 40 et de 25 livres ottomanes sur présentation d'une attestation signée, le 1er avril 1921, par le représentant en Géorgie et au Nord-Caucase du ministère des Affaires économiques et sociales de la République d'Arménie :

« Je certifie que MM. Missak Torlakian et Yervant Fundekian étaient des fonctionnaires du ministère chargés en particulier de l'accueil des orphelins et des réfugiés. Ils ont dû se replier à Bolis en raison de l'invasion bolchevique. »

Une attestation identique a été délivrée, le même jour, en faveur de deux autres fonctionnaires du gouvernement dachnak, Aram Yerkanian et Archavir Chiraguian, présentés, eux, comme d'anciens agents de la police secrète d'Erivan, également réfugiés à Bolis (Constantinople en arménien). Trois mois plus tard, le commando est informé de la présence dans la capitale de l'ancien ministre azéri Khan Djivanchir, en tant que représentant commercial du gouvernement bolchevik auprès de la Sublime Porte. Il a été reconnu dans la rue par un militant dachnak qui avait eu personnellement affaire à lui à Bakou, avant les massacres de septembre 1918. Yervant et Haroutioun sont chargés de le pister jusqu'à son lieu de résidence, Missak est désigné pour l'abattre. Une semaine de repérages suffit à « loger » l'objectif : il est descendu à l'hôtel Péra Palace, dispose de deux limousines pour lui et les siens, mais n'a pas d'horaire fixe pour ses déplacements en ville.

Le trio prend donc ses quartiers dans un café situé en face de l'hôtel. Il passe quelques journées en interminables parties de *tavlou* (jacquet) pour surveiller les allées et venues à l'entrée de l'hôtel. Le soir du 18 juillet, les deux limousines viennent se garer devant le palace. Djivanchir apparaît, accompagné de cinq personnes coiffées de la traditionnelle chapka. Mais, au lieu de gagner leur chambre, ils vont faire un tour au jardin public tout proche, et vont s'asseoir près du kiosque à boissons au milieu de la foule qui prend le frais.

Haroutioun s'éclipse, tandis que Missak et Yervant pénètrent à leur tour dans le jardin de Taksim, en bordure du Bosphore, et prennent place sur un banc proche de l'entrée. La foule s'attarde autour du kiosque. Les heures tournent sans que l'homme à abattre ne bouge de l'endroit où il s'est installé pour consommer et bavarder avec sa suite. La somnolence gagne les deux guetteurs, affalés sur leur banc. Quand Missak sort de sa torpeur, la plupart des gens ont déjà quitté le jardin. Stupeur : Djivanchir et ses amis sont, eux aussi, déjà sortis. Missak secoue son camarade, endormi comme lui, et se précipite dans la rue où la circulation est encore dense au milieu de la nuit. Missak aperçoit le groupe en chapka sur le parvis de l'hôtel, à environ 60 mètres. Il traverse la chaussée en zigzagant entre les voitures. Il s'approche à une vingtaine de pas, au moment où Djivanchir se tourne de profil. Sa grande taille impressionne Missak qui ne peut que le viser à hauteur du torse. Il fait feu à bout portant. Tout le monde s'écarte sous l'effet de la détonation ; mais la balle n'a fait qu'effleurer Djivanchir qui reste debout et a le réflexe de saisir le poignet de Torlakian toujours pointé vers lui. En pivotant, il lui fait maintenant face, la poitrine à découvert. Le tueur tire par deux fois. Sa victime lâche prise, porte la main à son cœur et s'écroule en appelant au secours.

Les gens ont cherché refuge à l'abri des voitures. Les deux policiers de garde devant l'hôtel ont pris la fuite à la vue de cette arme qui crache le feu. Profitant de la panique, Missak tourne le coin de la rue et disparaît derrière le palace. Mais, tout à coup, le souvenir d'un mauvais rêve lui revient à l'esprit : Djivanchir est sur un cheval blanc aux sabots menaçants, et son pistolet à lui se transforme en fouet, incapable de tirer un coup de feu. C'est cette image, ressurgie de son inconscient, qui pousse Missak à revenir donner le coup de grâce à sa victime qu'il n'a sans doute pas achevée. Il y a bien maintenant une trentaine de personnes à faire cercle autour du corps de Djivanchir, mais elles s'écartent en le voyant revenir, l'arme à la main, et le laissent tirer sur le blessé qui mourra peu après son hospitalisation. C'est alors qu'accourent quatre ou cinq policiers appelés en renfort et brandissant leurs armes. Missak tente de leur échapper en sautant par-dessus une voiture décapotable, mais il trébuche sur des corps allongés à terre. Un homme tente de le ceinturer : c'est le frère de Djivanchir. Missak tire pour se dégager et le blesse à l'œil. Il ne lui reste que quatre balles. Il en tire une en l'air pour empêcher l'un des policiers de le désarmer, et prend appui sur le toit d'une voiture pour tenir en respect ses collègues jusqu'à l'arrivée de la police militaire française d'occupation. C'est à elle seulement qu'il accepte de remettre son arme. Mais les soldats le bourrent de coups de poing et laissent la foule lui arracher sa chemise et le molester jusqu'au poste de police le plus proche où les Turcs le passent à tabac. Quand il revient à lui, encore tout ensanglanté, il voit un officier français lever son bâton au-dessus de lui, mais le chef du poste s'interpose : « Laissez-le-nous. C'est une affaire domestique, ça n'est pas vos oignons. » Le chef lui passe les menottes et, après l'avoir sommairement interrogé, le conduit dans un grand immeuble où on le frappe à coups de bottes jusqu'à ce qu'il s'évanouisse de nouveau.

A son réveil, Missak se trouve dans une cellule en compagnie d'un détenu grec qui lui tend à boire sa bouteille d'eau. Le lendemain, il est appelé pour l'interrogatoire. Il faut scier ses menottes qui lui écorchent les poignets et dont le gardien a perdu la clef. Un interprète grec traduit ses réponses du turc en français. Il dit à l'officier que Djivanchir est le grand responsable des massacres de Bakou, où a péri toute sa famille et où il a été lui-même blessé, comme le prouvent ses cicatrices.

L'après-midi, il est transféré dans une caserne britannique où l'on change ses menottes. Les militaires français remettent également à leurs collègues anglais le procès-verbal d'interrogatoire que l'officier qui le conduit à sa nouvelle geôle déchire en morceaux, avec des mots méprisants à l'égard des premiers. Il échoue dans un cul de basse-fosse humide et sale où croupissent trois Juifs, un Arabe, un Grec de Macédoine, deux Lazes de Trébizonde et un officier bolchevik, tous accusés de crimes de droit commun. Heureusement, le chef des gardiens est arménien et il accepte de passer un message. Le lendemain, une femme de Trébizonde, qui se présente comme sa logeuse, alors qu'elle est l'épouse d'un ami d'enfance de Missak, Garbis Charinian, est autorisée à lui rendre visite pour lui apporter un vêtement de rechange. En fait, c'est un agent de liaison. Sous prétexte de lui renouveler son linge, elle maintient le contact durant les six semaines que dure la procédure britannique d'instruction. Lors d'une de ces audiences préliminaires, il est confronté au frère de Djivanchir et ne fait aucune difficulté pour reconnaître le meurtre. La veuve de la victime, une Russe, ne supporte pas la séance et tourne de l'œil en dévisageant l'assassin de son mari. La famille est admise à se constituer partie civile — ce qui ne fut pas le cas de celle de Talaat au procès de Berlin.

Missak Torlakian comparaît, le 28 août, devant le tribunal militaire britannique siégeant dans les locaux de l'ancienne École de guerre turque d'Harbieh, sous la présidence du major Frisbee, flanqué des capitaines Berkeley et O'Connor. Le lieutenant Rikartson-Hot soutient l'accusation. Torlakian a refusé le concours d'un avocat britannique et fait assurer sa défense par trois Arméniens. Il a manifesté de la réticence à se conformer aux directives de ses chefs : calquer son attitude sur celle rodée à Berlin par Tehlirian, en invoquant des crises d'épilepsie consécutives aux scènes d'horreur qu'il aurait vécues... Il lui a fallu feindre des pertes de connaissance dans sa cellule, se faire délivrer de faux certificats médicaux sur son hérédité, jouer une comédie qui ne lui a guère plu, et maintenir tout au long du procès les fausses indications données tant sur son passé que sur ses activités. Ce travestissement est contraire à son tempérament de baroudeur, mais c'est la consigne transmise par le Parti à travers sa visiteuse et ses défenseurs.

Pas moins de trente-huit audiences seront consacrées à l'audition des témoins. La parole est d'abord donnée à la famille de la victime. Selon sa veuve, Djivanchir avait fait tout ce qui était en son pouvoir pour favoriser la cohabitation des communautés arménienne et musulmane en Azerbaïdjan, mais ce sont les Arméniens qui, durant le siège de Bakou, massacrèrent 11 000 paisibles Tatars.

« En mars 1918, précise-t-elle, nous avons dû évacuer

la capitale, car nous étions menacés par les Arméniens parce que nous étions musulmans. »

Elle est évidemment contredite par les nombreux témoins arméniens ou russes venus à la barre avec des documents et des preuves rétablissant le déroulement des faits.

> « En mars 1918, démontre l'un d'eux, le ministre Djivanchir, leader du parti Moussavat, allié du Dachnak lors de la Fédération transcaucasienne, avait même exprimé sa gratitude au Conseil national arménien de Tiflis pour le rôle joué notamment par les intellectuels arméniens de Bakou qui avaient sauvé les Tatars de l'insurrection bolchévique. Mais après la retraite des Anglais, le 14 septembre suivant, suivie de l'entrée des Turcs, le Moussavat s'était retourné contre les Arméniens et Djivanchir avait donné le signal des massacres en faisant assassiner 18 de ces intellectuels. Un carnage-éclair : 20 000 morts en trois jours. Puis Djivanchir avait chassé de Bakou les 9 000 survivants. Il ne devait revenir que 400 rescapés des "camps de travail" où on les avait déportés. »

Le témoin produit le texte d'une affiche en russe et en turc portant la signature du ministre et placardée le troisième jour, juste à la fin du carnage. Il annonce la mise hors-la-loi de tous les sujets arméniens comme rebelles.

Un autre témoin — devenu le garde du corps du général Sebouh — rapporte l'ordre du jour adressé aux maires d'Azerbaïdjan par Djivanchir :

> « Nous proclamons la Guerre Sainte pour l'unification de tous les peuples apparentés aux Turcs, de Constantinople à l'Inde. Il nous faut au préalable éliminer la race arménienne, agent des Anglais en Orient et principal obstacle à notre dessein. Notre but exige que nous passions sur le corps des Arméniens. Ne vous laissez pas attendrir par leur sort. »

Le septième témoin, directrice de l'orphelinat de Gandzak, raconte qu'elle a vu dans la rue les corps des enfants dévorés par les chiens. Défilent également à la barre des rescapés de Trébizonde, province dont l'accusé est originaire et où il avait encore de la famille. Un prêtre, Vahan Khoyan, fait état des atrocités consignées dans un *Livre bleu* anglais qui est de nature à retenir davantage l'attention du tribunal. Or cet homme d'église est le parrain de Torlakian. Un avocat russe de Rostov, Boris Baïkov, installé au Caucase depuis trente ans, relate ses vaines interventions auprès de Djivanchir au moment du massacre des intellectuels de Bakou. Autre témoin russe, une princesse qui résidait à Bakou dans la maison d'un Arménien et qui a été blessée lors du carnage. Elle dit avoir téléphoné à l'Hôtel Métropole où se trouvait l'état-major de l'armée : « Ne comptez pas sur nous pour aller vous défendre ou vous secourir », lui fut-il officiellement répondu.

Des médecins, enfin, les premiers cités par la défense, les suivants par la partie civile et par l'accusation, viennent exposer leurs constatations sur l'état physique et mental de l'accusé. Un professeur de neurologie d'origine arménienne, exerçant à Varsovie, l'a examiné en prison peu après son arrestation : « Les crises émotionnelles auxquelles il est sujet le rendent irresponsable de ses actes », affirme-t-il, en accord avec un médecin ottoman d'origine hellénique et avec un autre spécialiste grec. Mais le neurologue turc, qui a examiné l'accusé à la demande de la famille de la victime, n'a noté aucun signe d'épilepsie ou de trouble mental. Ce n'est pourtant pas l'avis du médecin britannique de la prison, pour qui son crime semble résulter d'une crise de type épileptique héréditaire, plutôt que d'une vengeance réfléchie et préméditée. D'ailleurs, les trois codétenus de Missak viennent confirmer qu'ils l'ont vu se lever la nuit et tomber raide, la bouche pleine de bave (ils ont bien appris leur leçon).

Enfin, Torlakian semble sortir de son hébétude pour raconter comment lui et sa famille ont pu suivre les Russes lors de leur retraite de 1917, pour aller se réfugier à Bakou. En passant par Tiflis, il avait voulu s'engager dans l'armée arménienne en formation, mais il avait été réformé, ajoute-t-il, pour cause d'épilepsie héritée de sa grand-mère. Blessé par balles lors des massacres, il réussit à se cacher dans la maison, mais il entendit sa femme et sa sœur supplier les Tatars d'épargner leurs enfants : tous furent massacrés sous ses yeux.

Durant les deux mois de ce procès-fleuve, le président et ses deux assesseurs ne cessèrent de manifester leur compréhension pour le cas de l'accusé, mais le lieutenant-procureur était connu pour ses sympathies pro-turques. Toutefois, ce dernier fut rappelé à Londres au milieu des débats et remplacé par un jeune officier plus compréhensif, le capitaine Cripton. Ce qui ressort avant tout de ces audiences, c'est le rôle joué par Djivanchir dans les massacres de Bakou. La sentence, renvoyée à deux semaines, intervient le 20 octobre. Jugé coupable, mais irresponsable, car en état de démence au moment des faits, Torlakian est acquitté mais fait cependant l'objet d'une mesure d'interdiction de séjour, sanctionnée par son expulsion du territoire ottoman. Après une attente de dix-huit jours dans la cellule n° 1 de la prison militaire, il est conduit sous escorte armée à bord d'un navire grec. Il ne sera libéré qu'en débarquant au Pirée, d'où il se rendra à l'église arménienne d'Athènes. Il devra patienter dix mois pour obtenir le visa qui lui permettra d'aller faire des études aux États-Unis, aux frais de l'A.B.M.

Entre-temps, deux autres équipes de vengeurs auront vogué vers l'Europe. L'une est à pied d'œuvre depuis le début de l'été 1921 — avant même le meurtre de Djivanchir — avec un objectif d'une audace sans précédent : abattre coup sur coup, voire simultanément, les suivants de la liste. La cheville ouvrière de cette série d'attentats ciblés, supervisée par Chahan Natali, n'est autre qu'un des anciens agents secrets de la police d'Erivan, Archavir Chiraguian. La consigne, cette fois, est de ne pas se laisser prendre — plus question de refaire le coup des procès retournés ! — tout en évitant, à l'extrême limite du possible, de faire des morts inutiles et d'atteindre des innocents.

arménienne en formation, mais il avait été réformé, ajoute-t-il, pour cause d'épilepsie héritée de sa grand-mère. Blessé par balles lors des massacres, il réussit à se cacher dans la maison, mais il entendit sa femme et sa sœur supplier les Turcs d'épargner leurs enfants : tous furent massacrés sous ses yeux.

Durant les deux mois de ce procès-fleuve, le président et ses deux assesseurs ne cessèrent de manifester leur compréhension pour le cas de l'accusé, mais le lieutenant-procureur était connu pour ses sympathies pro-turques. Toutefois, ce dernier fut rappelé à Londres au milieu des débats et remplacé par un jeune officier plus compréhensif, le capitaine Creston. Ce qui ressort avant tout de ces audiences, c'est le rôle joué par Djivanchir dans les massacres de Bakou. La sentence, renvoyée à deux semaines, intervient le 20 octobre : jugé coupable, mais irresponsable, car en état de démence au moment des faits, Torlakian est acquitté mais fait cependant l'objet d'une mesure d'interdiction de séjour, sanctionnée par son expulsion du territoire ottoman. Après une attente de dix-huit jours dans la cellule n° 4 de la prison militaire, il est conduit sous escorte armée à bord d'un navire grec. Il ne sera libéré qu'en débarquant au Pirée, d'où il se rendra à l'église arménienne d'Athènes. Il devra patienter dix mois pour obtenir le visa qui lui permettra d'aller faire des études aux États-Unis, aux frais de l'A.R.M.

Entre-temps, deux autres équipes de vengeurs auront vogué vers l'Europe. L'une est à pied d'œuvre depuis le début de l'été 1921 — avant même le meurtre de Djivanchir — avec un objectif d'une audace sans précédent : abattre coup sur coup, voire simultanément, les suivants de la liste. La cheville ouvrière de cette série d'attentats ciblés, supervisée par Chahan Natali, n'est autre qu'un des anciens agents secrets de la police d'Erevan, Archavir Chiraguian. La consigne, cette fois, est de ne pas se laisser prendre — plus question de refaire le coup des procès retentissants ! — tout en évitant, à l'extrême limite du possible, de faire des morts inutiles et d'atteindre des innocents.

VIII

L'armurier des greniers

Archavir Chiraguian n'a que 14 ans au début de la guerre mondiale. Orphelin de père depuis sa tendre enfance, il vit avec sa mère, sa sœur et son frère à Constantinople, dans le quartier chic de Péra. Dans cette capitale cosmopolite, sa famille a du mal à imaginer que le gouvernement Jeune-Turc animé par les dirigeants de l'Ittihad, qui avaient renversé le « sultan rouge » Abdul Hamid et imposé le rétablissement de la Constitution, pouvait envisager d'homogénéiser l'Anatolie en la débarrassant des *giaours* (les Infidèles). Pourtant, depuis quelques semaines déjà, des manifestations contre les chrétiens et leurs institutions sont ouvertement encouragées dans les mosquées. Un jour, le jeune Archavir voit une foule de 5 000 Turcs fanatisés franchir en hurlant des slogans de haine le pont de Galata, envahir la grande artère de Péra, briser les baies vitrées de l'hôtel Tokatlian — où sont descendus les deux inspecteurs, le Hollandais et le Norvégien, chargés de veiller à la mise en place des réformes... La police turque assiste sans réagir aux scènes de saccage des magasins grecs et arméniens alentour.

Après la mobilisation des hommes de 17 à 30 ans, puis de 16 à 60 ans, les Arméniens qui ont payé la taxe d'exemption militaire (le *bedel*) sont incorporés dans des bataillons de travail, où seront également versés par la suite les soldats arméniens désarmés. C'est le début de la mise à mort. Fuyant ces prétendus « bataillons » voués en réalité à l'extermination, beaucoup d'Arméniens désertent ou reviennent se cacher à Constantinople. C'est alors que commencent les perquisitions intempestives, guidées par une poignée de mouchards d'origine arménienne passés à la solde de la police, dans les quartiers et les maisons suspects d'abriter des fugitifs. La maison de la famille Chiraguian, qui ne compte pas d'hommes en âge d'être appelés, devient alors un lieu de réunion clandestin pour les dirigeants locaux du parti Dachnak. Paraissant à peine ses 15 ans en raison de sa petite taille, Archavir va leur servir de courrier pour transporter et planquer des armes, et aussi recueillir des renseignements. Déguisé en portefaix turc, il empile les armes de poing au fond de son panier, sous un tas de provisions, et les distribue dans des cachettes sûres. Il apprend très tôt à repérer les traîtres et les mouchards, tel le prêtre Hidayet, converti à l'islam, ou le sadique Vahé Ihssan, membre de la section politique de la police secrète turque.

Après la première vague d'arrestations d'avril 1915, la maison Chiraguian devient le refuge d'une douzaine de jeunes célibataires venus de diverses régions d'Anatolie se soustraire aux déportations et aux massacres de masse, mais la présence de nombreux Européens et Occidentaux dans la capitale ne suffisait pas à leur épargner les rafles ni à les protéger de la chasse à l'homme. Archavir se met en devoir de les escorter d'une planque ou d'un quartier à l'autre. Il fait également la liaison entre les dirigeants clandestins de la communauté et le patriarche Zaven.

Le monde des déserteurs, des fugitifs et des clandestins dans lequel son allure gamine lui permet d'évoluer sans trop se faire remarquer à l'extérieur, est baptisé par eux-mêmes, non sans sarcasme, d'une expression turque qui signifie « armée des greniers ». Ils n'ont pas d'autre choix, en effet, que d'habiter des greniers ou des caves, d'emprunter des passages secrets, de se glisser entre les cloisons. C'est ainsi que 15 000 soldats de cette armée de l'ombre vont pouvoir survivre à quatre ans d'infernal jeu de cache-cache avec une police déchaînée.

Pour subvenir aux besoins de sa maison et pouvoir la

ravitailler au marché noir, Archavir réussit à se faire engager comme receveur de la société des tramways, gérée par l'Allemand Grünberg, sur la recommandation d'un parent éloigné. Il touche un bel uniforme qui lui vaut le respect des agents de police, et fait des bénéfices, — pas tout à fait licites —, sur la vente des billets. Il se voit même confier les clefs des magasins à provisions quand son patron le charge d'assurer la distribution du pain et des vivres au personnel de ce service vital. De plus, son statut d'employé des trams lui permet de fréquenter les cafés où les agents de la Sûreté rencontrent les fonctionnaires et les commerçants arrivant d'Anatolie avec des nouvelles toutes fraîches sur les événements en cours. C'est dans ces établissements crasseux et enfumés, où l'on sert des rasades de raki, qu'il apprend l'étendue des massacres et entend les repris de justice en fez et en bottes, recrutés dans les rangs des redoutables tchettés, se vanter de leurs sanguinaires exploits et exhiber parfois leur butin... Il y fait également la connaissance d'un des agents les plus efficaces de la police secrète, nommé Echref, l'un des rares à refuser les pots-de-vin. Or, le traître Ihssan, voisin des Chiraguian, va amener Echref, une nuit de 1916, à perquisitionner leur maison, qu'il surveille en permanence et soupçonne d'abriter des fugitifs. Archavir a tout juste le temps d'enfermer onze clandestins dans une cachette spécialement aménagée à l'étage, sous un coin du plancher, derrière un mur fissuré de la chambre la plus délabrée. C'est une cavité voûtée communiquant avec le sous-sol.

Archavir quitte la chambre et se précipite dans l'escalier au moment où les policiers envahissent le rez-de-chaussée. Parmi eux, Echref et le prêtre défroqué Hidayet, tandis qu'Ihssan fait le guet dans la cour. Le garçon leur promet de les avertir dès qu'il apercevra un fugitif ou un dachnak. Il leur propose même d'explorer le puits au cas où quelqu'un s'y serait caché. Furieux de ne rien trouver, Echref reviendra le soir de Pâques avec un maçon pour sonder murs et cloisons, et repérer d'éventuels espaces creux. Mais Archavir réussit à les distraire avec des simagrées et des plaisanteries de café, et, finalement, le policier se contente d'un papier par lequel la famille Chiraguian s'engage sous serment à avertir la section politique de la police secrète de l'éventuelle arrivée d'un fugitif sous son toit, faute de quoi elle s'exposerait à la déportation. Les ruses d'Archavir, qu'il continue de rencontrer dans les cafés, semblent alors avoir dissipé les soupçons d'Echref et l'avoir convaincu de son innocence. Ce qui vaut à la maison Chiraguian et à ses hôtes invisibles de sortir sans dommage des épreuves de la guerre.

Après la capitulation de la Sublime Porte et l'occupation du secteur de Péra par les Anglais, les traîtres arméniens se terrent, abandonnés à leur sort par les dirigeants ittihadistes en fuite. En 1919, le service de la « dette de sang », créé au Congrès d'Erivan, organise une section pour la chasse aux mouchards dans les locaux du quotidien *Djagadamard*, qui servent de quartier-général au Comité central du Parti dachnak à Constantinople. Tout en s'adonnant à sa passion du théâtre dans une troupe d'art dramatique où il gagne maintenant sa vie, Archavir Chiraguian offre ses services aux responsables de cette section qui compte déjà trois exécutions à son actif. Son activité militante est à nouveau consacrée au transport des armes : mais il s'agit cette fois de récupérer celles qu'il avait aidé à cacher au début de la guerre. Or, l'une de ces caches d'armes se trouve dans le sous-sol d'une maison voisine, dont l'ancien occupant arménien a été torturé à mort et où demeure toujours le mouchard Vahé Ihssan. Celui-ci continue d'appartenir à la police politique et il a même été nommé à la censure. C'est ainsi qu'Archavir a dû lui soumettre le manuscrit d'une pièce avant le début des répétitions au théâtre où il travaille. Ihssan prend alors ses airs les plus doucereux et les plus paetlins pour l'assurer qu'il aidera toujours sa compagnie dramatique dans toutes ses entreprises culturelles.

Comment récupérer le stock d'armes caché sous sa maison ? Un soir qu'il le sait absent, les bras chargés de paquets, comme un livreur, il toque à sa porte, suivi de trois camarades. Quand sa femme vient ouvrir, les jeunes gens se ruent à l'intérieur. La femme blêmit et se met à pleurer en gémissant. Archavir la rassure : il ne lui sera fait aucun mal. Tandis que deux de ses camarades montent la garde à la porte, il se met à l'œuvre avec le troisième pour déterrer l'arsenal. Mais Vahé Ihssan rentre plus tôt que d'habitude. A peine a-t-il pénétré dans le vestibule, quatre revolvers se pointent sur son front. Il devient livide, puis se tourne vers le chef du commando — qui n'a pas encore reçu l'ordre de l'abattre — et lui dit : « Frère, était-ce bien nécessaire ? Si seulement tu m'avais mis dans la confidence, je n'aurais pas manqué de vous remettre ces armes moi-même. » Les quatre jeunes dachnaks le laissent en sursis, emportant leur précieux butin. Son heure d'expier à son tour sonnera le 27 mars 1920. En attendant, l'« armée sortie du grenier » fourbit ses armes. Son pourvoyeur, Archavir Chiraguian, est seulement chargé de ne pas perdre de vue le traître et d'enquêter sur ses méfaits, car il a été recruté comme agent de renseignement par la section des exécutions au *Djagadamard.*

Il apprend ainsi que Vahé Ihssan, trahissant à présent ses employeurs du gouvernement ottoman de la Sublime Porte, a pris contact avec les dirigeants du mouvement national de Mustafa Kemal à Ankara, et qu'il leur a déjà fourni une liste des révolutionnaires et des intellectuels arméniens rescapés à mettre à la raison quand le contre-gouvernement aura libéré Constantinople de ses occupants et de ses ministres fantoches. Une preuve irréfutable l'accuse même d'avoir fait assassiner par sept policiers un officier dachnak servant dans l'armée bulgare et venu en permission rendre visite à ses parents restés à Constantinople. Se sachant traqué, Ihssan s'entoure de gardes du corps et multiplie les précautions dans tous ses déplacements.

Tous les matins, cependant, Archavir le prend en filature jusqu'à son bureau de la Censure ou au commissariat central. Il ne le lâche plus d'une semelle, même en tramway. Il cherche à repérer l'endroit le plus propice à un attentat sur ses différents itinéraires. Un jour, il le suit à bord d'un vapeur desservant les îles de la mer de Marmara et assiste à un rendez-vous d'Ihssan avec le prêtre renégat Hidayet, qui figure en tête de la liste des hommes à abattre dressée par la section de *Djagadamard.* Il rentre aussitôt faire part de la nouvelle à son chef, Calouste Eynatian. Le chasseur Archavir décide alors d'éprouver son gibier en l'approchant, en engageant la conversation avec lui et en lui disant qu'il n'aurait plus rien à craindre s'il livrait Hidayet à son organisation. Ihssan promet de le faire, mais se garde bien, encore une fois, de tenir parole.

Las d'attendre plus longtemps de voir ses camarades passer à l'action, Archavir demande aux responsables de la section des exécutions de le charger lui-même de la besogne. Mais ceux-ci le trouvent encore bien jeune et trop inexpérimenté. C'est alors qu'ils apprennent, d'une autre source, la fuite d'Hidayet en Anatolie où aucun agent arménien n'a désormais la possibilité de le retrouver et de le poursuivre. Furieux de l'avoir laissé échapper et craignant de voir Ihssan suivre ses traces, les chefs dachnaks acceptent, du coup, de lui donner satisfaction : Archavir a une semaine pour liquider le mouchard.

Il reprend son jeu du chat et de la souris. Soir après soir, il retrouve Ihssan au café, lui paie un verre de bière ou de raki, flatte ses bas instincts afin de désarmer sa méfiance. A l'aube du 27 mars, il quitte les locaux de *Djagadamard,* où il a passé la nuit, se dirige vers la rue d'Ihssan, tenant à la main un sac en papier gonflé d'air, comme un homme qui fait ses courses. Les fenêtres de la maison sont closes, les rideaux tirés. Archavir arpente le boulevard proche, tandis qu'un autre vengeur invisible se poste dans le voisinage, en couverture, à la fois pour assurer sa protection et faciliter sa fuite. Il s'agit d'un vengeur déjà éprouvé, Archag Yezdanian, dit Yezid, qui avait liquidé le traître Hemeyag Aramiants. En remontant le boulevard, Archavir aperçoit tout à coup Ihssan qui vient au-devant de lui, les mains enfouies dans les poches, toujours prêt à utiliser son arme réglementaire. Un policier turc, qui lui sert de garde du corps, marche à une quinzaine de pas derrière lui. Mais Ihssan ralentit l'allure, l'air un peu inquiet.

Archavir s'efforce de lui sourire, comme il le fait à chaque rencontre. Il sort sa main libre de sa poche et lui adresse un salut. Ihssan lui répond en sortant à son tour la main de sa poche. Archavir profite de cet instant pour dégager son revolver et faire feu. La première balle manque le front du traître et le touche à la gorge. Ihssan esquisse le geste de chercher son arme, tandis que son garde du corps prend les jambes à son cou sans demander son reste. La deuxième balle l'atteint au bras. Ihssan se met à courir en appelant à l'aide. Archavir le poursuit en tirant encore deux coups de feu. Ihssan tombe en avant, sa tête heurte une pierre, mais il se redresse sur ses genoux et parvient à sortir son arme, à l'ajuster pour viser Archavir qui lui bondit dessus et lui loge ses deux dernières balles en pleine tête. Son crâne éclate, sa cervelle gicle sur le pavé. Fasciné, Archavir est incapable de faire un pas pour s'enfuir. Des pots de fleurs sont jetés des fenêtres par les riverains qui hurlent à l'assassin. Un attroupement commence à se former. Archavir recharge son revolver avec ostentation et amorce un mouvement de retraite. Un veilleur de nuit turc surgit dans son dos et lève la main sur lui. Archavir se retourne, le frappe à coups de crosse. L'autre titube et s'écroule dans une vitrine. Brandissant son arme, Archavir braque la foule qui s'écarte pour le laisser passer. Il se sauve à travers un lacis de ruelles.

Quelques heures plus tard, après avoir avalé un café chez un camarade sans rien lui dire des causes de son excitation, il regagne le siège de *Djagadamard.* Il change de chemise — la sienne est maculée du sang du veilleur de nuit. Puis il va se cacher chez un ami employé dans un magasin. C'est par lui qu'il apprend que la police turque est déjà à son domicile : il a été identifié par le garde du corps d'Ihssan qui a eu le temps de le reconnaître avant de prendre la tangente. Un mandat d'arrêt est lancé contre lui. Archavir reste planqué un mois chez cet ami insoupçonnable. Puis on lui fait traverser le Bosphore pour l'installer chez un autre ami, à Scutari, sur la rive asiatique de la capitale. Jusqu'à ce que l'organisation décide de l'envoyer en République d'Arménie en l'embarquant à bord d'un cargo à destination de la Crimée, avec un passeport *Nansen* au nom de Torkom Ghazarian.

Traversée sans histoire et même joyeusement « arrosée » sous la houlette de deux commerçants arméniens. Deux jours d'escale à Sébastopol pour livrer une partie de la cargaison. Mais à celle de Kertch', les navigateurs tombent en pleine bataille entre l'armée blanche de Wrangel et les Bolcheviks. Le navire est saisi par les Blancs, ses passagers jetés dans un cul de basse-fosse dont ils ne peuvent sortir qu'en payant rançon au geôlier. Pour poursuivre son voyage jusqu'au port géorgien de Batoum, Chiraguian doit emprunter un voilier de pirates lazes, non sans avoir fixé à sa jambe gauche un revolver Nagan acheté à une Russe qui l'avait hébergé quelques jours à sa sortie de prison. Il a également camouflé sa dotation de pièces d'or en les recouvrant de tissu qui les transforme en simples boutons dont nul ne songerait à le dépouiller.

De Batoum, Archavir gagne enfin l'Arménie par le train. C'est déjà le mois de juin 1920, et Erivan commence à sortir du marasme, de la famine et des épidémies. Le ministre de la Guerre du gouvernement dachnak, Rouben Ter-Minassian, accueille le vengeur de Constantinople à bras ouverts dès son arrivée annoncée par une lettre d'introduction du camarade Hovannès Amadouni. Engagé par les services secrets que dirige le camarade Levon Kalantanian, Chiraguian se distingue en démasquant et en arrêtant des espions turcs opérant à Kars. Puis il participe à la chasse aux communistes. Il reçoit alors une mission redoutable : tenter d'aller « neutraliser » deux grandes figures de l'Ittihad, Enver Pacha et son oncle, le général Halil Pacha, qui ont pris à Bakou le commandement des forces armées mobilisées par l'Azerbaïdjan pour encercler l'Arménie. Il fera équipe avec un autre vengeur expérimenté, Aram Yerkanian. Le plan consiste à les envoyer à Bakou, par Tiflis, en les faisant passer pour des acheteurs de caviar turcs ; l'un d'eux devra séduire une Tatare, l'épouser et transformer son foyer en base opérationnelle... Ils sont munis de passeports diplomatiques pour traverser sans encombre la

Géorgie : Aram sous le nom de Krikor Mouradian, Archavir sous celui d'Aharon Avedissian. Arrivés à Tiflis le 17 novembre, ils changent les 400 000 roubles arméniens que leur a remis Rouben Ter-Minassian contre des roubles azerbaïdjanais, au siège du comité central régional du Dachnak, et troquent leurs passeports diplomatiques arméniens contre de faux papiers turcs : Aram voyagera sous l'identité d'Ali Chevket et Archavir sous celle d'Ismaïl Echref bey. Des deux, c'est Aram qui a le plus le type oriental, avec son large visage, ses pommettes saillantes et ses petits yeux plissés en amandes. Il est aussi grand et costaud qu'Archavir est petit : on lui donnerait 16 ans. En attendant la délivrance des visas nécessaires pour entrer en Azerbaïdjan, ils passent leur temps à apprendre par cœur les noms des rues de Bakou, ainsi que les adresses d'éventuels fournisseurs d'armes.

A la veille de leur départ, la police géorgienne fait irruption dans leur chambre, découvre leurs plans et leurs faux papiers. L'immunité diplomatique ne les couvre plus, car la République arménienne chancelle entre les Turcs et les Soviets. Une semaine d'interrogatoires ponctués de séances de tortures. Ils en sortent méconnaissables, pour être jetés dans les geôles de la sinistre forteresse de Medegh au milieu de prisonniers de tout acabit : assassins, voleurs, opposants. Ils ne font pourtant l'objet d'aucune accusation, mais subissent le lot des suspects. La solidarité des détenus leur évite de peu une exécution sommaire. Un brigand arménien, qui règne en caïd dans la prison, parvient à alerter un député dachnak au Parlement de Tiflis qui intervient pour les tirer des griffes des bourreaux et de leur cachot, et leur faire réintégrer une cellule commune après avoir été débarrassés de leurs fers. L'essentiel est que les responsables du Parti soient informés de leur sort, car ils les croyaient partis depuis longtemps pour Bakou.

Ils s'emploient à organiser leur évasion dès qu'ils apprennent l'imminence de leur transfert à la prison de Koutaïs, surnommée la « Sibérie géorgienne » parce qu'elle est située dans un désert éloigné de la capitale et que la plupart des détenus n'en reviennent jamais. Aram et Archavir apparaissent en effet à la porte de la forteresse de Medegh, escortés par quatre soldats, les poignets liés par une corde passée autour de leurs menottes de cuir. A l'approche d'une montée, un faux marchand de fruits ambulant se précipite au-devant d'eux.

C'est le signal convenu. Un commando de trois hommes assaille les soldats. Archavir dégage son poignet et parvient à s'emparer du fusil de son gardien, surpris par cette ruée. Il s'en sert pour frapper et repousser le gardien d'Aram, tandis que le commando désarme les autres et les fait se coucher à plat ventre sur le pavé. En moins de trois minutes, les deux évadés sont embarqués à bord d'une voiture qui les attendait en haut de la côte. Ils se retrouvent, avec leurs libérateurs, en train de festoyer chez un ami d'Aram.

Les bouleversements géopolitiques intervenus entre-temps ont obligé les responsables dachnaks en exil à abandonner l'opération projetée à Bakou. Le Comité central de Tiflis leur fournit argent et papiers pour regagner Constantinople. Ils sont en effet devenus inséparables depuis les cruelles épreuves subies en commun, et Aram ne voit plus l'utilité pour lui de demeurer en Transcaucasie. A la gare de Tiflis, les deux amis se mêlent à la foule des sinistrés et des réfugiés chassés par les succès soviétiques consécutifs à l'alliance tactique conclue entre Moscou et Ankara. Russes, Arméniens, Géorgiens, Tatars, soldats sans armes, fonctionnaires sans solde, agitateurs politiques sans audience, tous se ruent à l'assaut des trains pour Batoum. De l'autre côté de la mer Noire, le Bosphore lui apparaît comme la seule sortie de secours pour fuir la terreur bolchévique, et Constantinople, toujours occupée par les troupes alliées, le seul asile possible. Sauf pour Archavir Chiraguian, qui y a été condamné à mort par contumace après le meurtre de Vahé Ihssan. Aussi celui-ci demande-t-il à débarquer dans un petit port du littoral. Mais une quarantaine l'en empêche et le contraint à partager le sort des autres passagers. Il lui faut trouver une ruse pour ne pas se faire contrôler à la descente du bateau. Sur la passerelle, il se fait passer pour un portefaix en prenant sur son dos les malles des passagers. Dans la confusion créée par cette ambiance d'exode, il parvient ainsi à franchir le barrage policier et à retrouver Aram. Il le conduit aussitôt au siège de *Djagadamard* et le présente à la rédaction, puis à l'état-major de l'organisation, installé à l'étage supérieur.

Aram, qui ne connaît personne à Constantinople, est aussitôt pris en charge par la section qui lui procure un logement et une allocation, tandis qu'Archavir s'installe chez le mari de sa sœur Manoug Aslanian, le responsable chargé du recrutement et de la sélection des commandos de vengeurs à la section des exécutions. Il y retrouve avec émotion une ravissante jeune fille, Gaïané, qu'il avait rencontrée à l'époque où il se terrait à Scutari, après le meurtre d'Ihssan. C'est justement dans ce quartier qu'il va habiter sous le nom de Torkom Ghazarian, soi-disant fils d'un riche négociant de Smyrne. Il y partagera l'appartement d'un jeune professeur de la célèbre école Berberian, au pied du mont Frengi d'où l'on peut admirer, le soir, le magnifique panorama du Bosphore. C'est la colline des amoureux.

Bien que sa tête soit toujours mise à prix, Archavir se sent en sécurité dans ce quartier qui ressemble à une cité arménienne, avec ses théâtres, ses écoles et ses cafés fréquentés par des poètes et des intellectuels. Il se met à courtiser sérieusement Gaïané, à fréquenter sa famille qu'effarouche quelque peu son activisme militant. Les parents de Gaïané souhaiteraient pour leur fille un... parti plus tranquille et plus fortuné. Archavir a 21 ans à peine et il en paraît 100 à leurs yeux ! Avec un aussi lourd passé et ses habitudes de vie clandestine, pourra-t-il jamais se ranger et fonder un paisible foyer ? En tout cas, il promet secrètement le mariage à Gaïané, tout au moins des fiançailles officielles au retour de sa prochaine mission. Pour la suite, ils envisagent de partir vivre dans un pays libre : les États-Unis d'Amérique ! Quand sa guerre à lui sera finie...

Or, elle va sévir de plus belle. D'abord, parce qu'à trois reprises, il a été reconnu dans la rue par le policier turc

Echref, auquel il a chaque fois échappé de justesse en dégainant son arme plus vite que lui.

Un soir de juin 1921, Archavir reçoit la visite d'un délégué du Comité central. L'organisation, prise en main par l'A.B.M., le « corps responsable à l'étranger » devenu de fait le nouveau Bureau dachnak, a décidé de l'envoyer à Rome où se prélassent en toute impunité les anciens dirigeants de l'Ittihad internés à Malte puis libérés par les Anglais après les procès de la Cour martiale de Constantinople. Parmi eux, l'ex-Grand Vizir Saïd Halim Pacha, qui dirigeait le gouvernement Jeune-Turc à la déclaration de guerre. Il s'agit d'exécuter les sentences de mort prononcées par défaut à leur encontre. En commençant par l'ancien Premier ministre.

Archavir devra prendre contact avec un enquêteur dachnak en mission depuis deux mois dans la capitale italienne. Il lui faut d'abord se rendre à Marseille et y attendre les instructions. Le délégué lui fournit un passeport tout neuf : Chiraguian s'y nomme, cette fois, Arsil Sirag, un Grec de la communauté d'Andrinople, en Turquie.

Il pleut sur le port de Galata quand Gaïané et sa sœur Rose l'accompagnent au bateau. Une pluie de solstice d'été. Ils s'attardent au restaurant pour un triste repas d'adieu. Archavir-Arsil est si nerveux qu'il se coupe la main en se servant de fromage. Gaïané lui passe un mouchoir pour éponger le sang. Son futur fiancé, tout à ses pensées, fourre machinalement le mouchoir maculé dans sa poche. Car il a encore un problème à résoudre avant de s'embarquer : comment franchir le contrôle de police à Voyvoda, alors que sa photo est encore affichée dans tous les commissariats ? Il se lève brusquement de table et dit aux deux sœurs :

— Je vais régler tout de suite cette histoire de passeport.

Après un bref au-revoir qui coupe court à la scène déchirante des mouchoirs qu'on agite au bord des quais de départ, il se dirige calmement vers le poste de police et tend son passeport à l'officier.

— Et où allez-vous ? lui demande ce dernier en examinant le document.

— A Vienne, via Marseille.

— Pourquoi quittez-vous le pays ?

— *Effendi*, répond "Arsil" en toussant et en portant à sa bouche le mouchoir ensanglanté qui lui masque le bas du visage, j'ai contracté la tuberculose et je vais me faire soigner dans un sanatorium autrichien.

Il se remet à tousser et projette un jet de salive sur le bureau. Un agent, derrière lui, s'empresse de reculer. L'officier, dégoûté par la salive répandue sur le coin de table, lui fait signe de s'écarter, tamponne en vitesse le passeport et le lui rend du bout des doigts. Archavir se dépêche de monter à bord. Gaïané et Rose l'attendent sur le pont en compagnie de Missak Torlakian, le futur vengeur du massacre de Bakou, qui est son beau-frère par alliance. Leur tristesse se transforme en grand éclat de rire au récit du bon tour joué aux policiers.

IX

Vacances romaines

Débarqué à Marseille le 30 juin 1921 avec une lettre de recommandation du Comité central de Constantinople, Chiraguian est accueilli par un émigré arménien qui lui loue une chambre en ville et l'aide à se procurer deux Gold Browning. Il attache ces armes contre ses cuisses. Las d'attendre les instructions du correspondant de Rome, il emprunte de l'argent à son hôte et prend le train pour l'Italie. Il passe la frontière comme une lettre à la poste, sans fouille au corps. Il a étudié le plan de la Ville éternelle avec tant de minutie qu'il a l'impression, en quittant la Piazza Termini, de retrouver un décor familier. Il loue une chambre en face de la gare pour éviter les fiches d'hôtel. Et commence par y dissimuler son « artillerie ». Il se rend à pied à l'hôtel Regina où réside le camarade Michael Varantian, ancien ambassadeur de la République d'Arménie en Italie, et finit par y rencontrer l'enquêteur envoyé de Constantinople découvrir les domiciles et repérer les lieux de rendez-vous des leaders turcs en exil.

Dans le récit autobiographique[1] qu'il laissera peu avant sa mort, en 1973, Chiraguian s'obstinera à ne désigner ce traqueur que par une initiale, M., en raison de son impéritie. En dépit d'un passé digne d'éloges, son aîné, invoquant des difficultés plus ou moins imaginaires, n'a rien fait pour préparer le terrain. Ils devront donc se partager le travail de

1. *La Dette de sang*, *op. cit.*

guet et de filature qui n'a pas avancé depuis deux mois. Le rôle d'exécuteur confié à Archavir consistait à frapper des cibles dûment localisées, sans avoir à se montrer sur leur piste. La carence de M. l'oblige à prendre ce risque supplémentaire. Il est donc décidé que M. se bornera à surveiller les mouvements autour de l'ambassade du gouvernement du sultan, tandis qu'Archavir ira se poster devant l'autre représentation turque, celle du contre-gouvernement kémaliste d'Ankara.

A plusieurs reprises, leurs filatures respectives se croisent à des terrasses de cafés où s'attablent des groupes turcs surpris à faire la navette entre les deux missions diplomatiques, dans les magasins où ils font des emplettes, au théâtre, voire parfois devant des maisons closes *(bordelli)*, enfin dans les hôtels. Archavir a toujours sur lui les photos des dix hommes à abattre, les dix premiers de la fameuse liste des contumax. Il les examine chaque nuit avant de s'endormir, dans l'espoir d'en identifier au moins un parmi ces groupes. M., lui, préfère promener son physique d'athlète blond et robuste à la démarche lente et précieuse au milieu des étudiants arméniens, garçons et filles, devant lesquels il se donne des airs graves et mystérieux. Il a pour ambition de devenir un homme d'appareil. Chiraguian juge son comportement incompatible avec leur mission et va s'en plaindre auprès de Varantian.

Les deux coéquipiers oublient toutefois leurs rancœurs réciproques un soir où il leur semble reconnaître l'un des Dix de la liste, le Dr Nazim, attablé dans un restaurant avec l'ancien vali du vilayet d'Erzeroum. Sans doute n'est-il plus coiffé du traditionnel fez, comme sur les photos officielles, mais il ressemble de façon frappante à l'ex-patron des Tchettés, même ainsi vêtu de pied en cap à la dernière mode européenne.

La surveillance reprend de plus belle, avec ses hauts et ses bas. Le Dr Nazim a cessé d'apparaître dans leur champ d'observation. Deux mois passent sans nouvelle percée à l'horizon. Archavir a tout de même réussi à identifier et à prendre en filature non l'un des Dix, mais l'un des gardes du corps de l'ex-Grand Vizir Saïd Halim, nommé Tevfik Azmi. C'est déjà quelque chose de plus concret, car cet ancien colonel, qui s'est distingué dans la campagne militaire de Gallipoli et n'a pris personnellement aucune part au massacre des Arméniens, peut, en raison de ses nouvelles fonctions, le mener sur la piste de son maître. Il le voit en effet entrer successivement dans les deux ambassades et se diriger, un après-midi, vers le Palazzo Barbieri. Il le retrouve, peu après, à l'arrêt d'un tramway et l'entend demander un billet pour Frascati. Archavir prend un billet pour la même destination et saute dans le même wagon. Sans se douter qu'il est suivi, Tevfik se met à lire son courrier. Après un trajet de soixante-quinze minutes, il descend effectivement à cette station qui dessert l'un des points de vue les plus fameux sur la Ville éternelle. Il se rend dans une vaste propriété, protégée par un grand mur d'enceinte. Archavir longe le mur, à la recherche d'une ouverture sur ce parc privé. Tevfik a disparu derrière un portail donnant sur l'extrémité d'une petite rue pavée. Le coin étant désert, Archavir profite de la tombée de la nuit pour grimper sur le mur. Il aperçoit Tevfik assis sur un banc du parc, en grande conversation avec un autre Turc qu'il a vu plusieurs fois entrer et sortir de l'ambassade kémaliste pour aller à la poste. Il se laisse glisser du haut du mur et rampe à proximité du banc, à travers les fourrés qui l'entourent. Un troisième Turc vient s'asseoir à son tour et Archavir peut surprendre leur conversation. Il apprend ainsi qu'Enver Pacha et le Dr Behaeddine Chakir sont attendus incessamment à Rome et que Saïd Halim, contacté par le ministre des Affaires étrangères du contre-gouvernement nationaliste d'Ankara, est prêt à faire parvenir des fonds et des armes au général Mustafa Kemal à condition que ce dernier autorise le retour de certains dirigeants ittihadistes en Anatolie dès qu'il aura défait l'armée d'occupation grecque.

Le cœur battant, Archavir attend dans le noir, pour refaire le mur, que les trois Turcs aient quitté leur banc. Une fois dans la rue, il s'offre enfin un bon repas dans une auberge, rate le dernier tram et marche presque toute la nuit pour rentrer à Rome. S'il est vrai que Saïd Halim s'apprête à réunir les autres anciens dirigeants de l'Ittihad, l'organisation devra, songe-t-il en chemin, lui envoyer du renfort de Constantinople — par exemple ses deux anciens copéquipiers Aram Yerkanian et Archag Yezdanian (Yezid) — pour pallier les défaillances de M. et faire face à la situation.

La veille se poursuit de café en café, notamment dans un établissement fréquenté par un vieux Turc, près de la Villa Borghese, où Archavir aime à s'attarder pour essayer de capter des bribes de conversations dans l'espoir d'y puiser de nouveaux renseignements. Mais c'est à la table d'un café de la via Ballaria qu'il voit un jour un groupe de consommateurs turcs s'interrompre pour se précipiter avec obséquiosité au-devant de deux nouveaux arrivants, l'un petit, grassouillet et grave, entrant d'un pas lourd et résolu, l'autre s'empressant à sa suite. Il reconnaît ce dernier : c'est Tevfik Azmi. Les autres'inclinent respectueusement devant le premier, jusqu'à ce qu'il leur fasse signe de se rasseoir. Quel est donc ce mystérieux personnage aux lèvres duquel ils semblent tous suspendus ? En l'observant à la dérobée, Archavir cherche dans sa mémoire à quelle photo il pourrait correspondre. Il décide de suivre les deux hommes à leur sortie. Tevfik est plein de révérence pour l'inconnu qu'Archavir, tapi dans l'ombre, peut mieux dévisager à la lueur d'un grand réverbère de la Villa Borghese. Et soudain, tout devient clair : l'ex-colonel Tevfik n'est-il pas au service de l'ex-Grand Vizir Saïd Halim, dont il assure la protection comme garde du corps ?

Archavir les file en douce pendant près d'une heure, jusqu'à leur retour à l'hôtel Palace. Il a enfin trouvé son objectif. Pas question de le lâcher d'une semelle. C'est ainsi qu'il le voit se rendre presque quotidiennement au ministère italien des Affaires étrangères, ou recevoir, à son hôtel, la visite des fonctionnaires des deux ambassades turques. Mais il lui est très difficile d'approcher une maison étroitement gardée où Saïd Halim assiste à des réunions hebdomadaires le vendredi soir. Tout au long de sa traque, il a l'occasion, à deux reprises, d'apercevoir Enver Pacha, le plus reconnaissable de tous les pontes de l'Ittihad en fuite. Leurs regards se sont même croisés et Archavir se demande s'il n'a pas commis une imprudence en le dévisageant avec insistance. Le fait est qu'à partir de ce jour, il a l'impression de perdre la trace de sa proie : plus trace de Saïd Halim !

En revanche, en revenant se poster à proximité de l'hôtel Palace, il retrouve celle des Drs Nazim et Behaeddine Chakir. Les deux hommes se dirigent vers l'arrêt du tramway desservant Frascati. Archavir monte dans le wagon juste derrière eux. il comprend qu'une importante réunion est prévue pour le 19 décembre (27 novembre selon le calendrier turc). Pour ne pas éveiller les soupçons, il descend à l'arrêt de la Via Porto et revient informer M. et Varantian. Cela les incite à télégraphier à Constantinople pour demander la venue immédiate d'Aram Yerkanian. A trois, il leur sera plus facile de surprendre les Ittihadistes et de les liquider d'un coup au cours de cette réunion. On est déjà le 8 novembre.

En attendant une réponse, Archavir recherche la trace de Saïd Halim, son objectif n° 1 mystérieusement envolé. Un jour, l'ex-Grand Vizir, toujours flanqué de Tevfik, descend d'un fiacre devant l'hôtel. C'est donc qu'il a renoncé à se déplacer à pied. C'est aussi qu'il a une autre résidence. Archavir doit feindre désormais de s'adonner à des courses d'entraînement pour s'efforcer de suivre son fiacre. Celui-ci le conduit au-delà des remparts de la vieille ville, jusqu'à un hôtel particulier de la Via Eustacchio. Un domestique attend sur le pas de la porte. Archavir a enfin découvert la nouvelle adresse de Saïd Halim Pacha.

Dans la soirée, il revoit Tevfik dans un café de la Piazza dei Monti, et l'entend dire qu'une importante réunion doit se tenir à Albano. Dans l'ignorance de sa date, Archavir et M. se mettent à monter la garde, à partir du lendemain, autour du terminus du tram desservant cette destination. Dès qu'apparaît un petit Turc aperçu la veille en compagnie de Tevfik lors de cette conversation, Archavir saute dans le premier tram pour se faire conduire à l'arrêt précédant la station d'Albano. Il est en effet convenu que M. attendra l'arrivée des Turcs au terminus de Rome, pour emprunter le même tram qu'eux. Si tout se passe bien, à l'avant-dernier arrêt avant Albano, il fera signe à Archavir en s'essuyant le visage avec son mouchoir, et Archavir le rejoindra dans le wagon.

Archavir n'a pas à attendre longtemps. Il aperçoit de loin M. qui s'éponge le visage à la fenêtre du train, et monte s'asseoir à trois sièges de lui. Il y a là quatre passagers discutant en turc. Tout le monde descend à Albano. Des quatre Turcs un seul semble manifester une méfiance instinctive : c'est le Dr Nazim. Il regarde constamment autour de lui, l'œil aux aguets. Pour plus de prudence, M. laisse Archavir poursuivre seul la filature, mêlé à la foule des travailleurs italiens, chapeau rabattu sur le visage. Les quatre Turcs entrent dans une propriété dont il apprendra par la suite qu'elle appartient à l'ex-ministre du Ravitaillement du gouvernement Jeune-Turc, Ismaïl Hakki, homme politique des plus corrompus qui avait fait fortune dans le marché noir. En attendant la nuit, il rejoint M. et tous deux s'en vont dîner au bord d'un lac tout proche. Ils profitent de ce moment de détente pour essayer de vider leur querelle sur la façon qu'a chacun de concevoir leur mission. Ils se réconcilient en allant essayer leurs pistolets automatiques dans une carrière abandonnée. Sans avoir vraiment dissipé leurs différends, ils regagnent leurs domiciles respectifs à Rome.

A son retour via Cola di Rienzo, Archavir trouve sa logeuse, prénommée Maria, disposée à faire un petit tour en sa compagnie. Descendant d'une famille noble — les Emmanuelli —, elle est, à 25 ans, la veuve d'un colonel tué lors de la bataille de Trieste, au début de la guerre, en proie depuis lors à une mélancolie permanente. Sur les conseils de ses médecins, elle avait cherché, par voie de petites annonces une locataire susceptible de partager — ou de tromper — son inconsolable solitude. A tout hasard, Archavir s'était présenté à l'adresse indiquée par un bel après-midi d'été : un immeuble cossu, au n° 28. Il avait sonné au deuxième étage pour répondre à la petite annonce qui avait émoustillé les étudiants du cercle arménien fréquenté par M. Une domestique était venue lui ouvrir et avait pouffé en le voyant avec son journal à la main. Au même moment était apparue la jeune et jolie propriétaire, Maria. Elle l'avait jaugé gravement et lui avait demandé le but de sa visite. Il avait répondu qu'étudiant grec, orphelin de guerre, il était venu s'inscrire à l'École d'agronomie de Rome et qu'il cherchait un logement décent. Son italien sommaire et son apparente ingénuité avaient éclairé d'un pâle sourire le visage empreint de tristesse de la veuve, qui l'avait pris par la main et conduit au seuil d'une chambre somptueusement meublée. Elle lui avait fait signe avec les doigts que le loyer en serait de vingt lires, ce qui était plutôt bon marché.

A compter du moment où Archavir avait emménagé dans cette chambre, Maria avait cessé de porter le deuil. Elle avait remplacé les rideaux noirs des fenêtres et décroché la photo de son mari... Elle était devenue progressivement plus bavarde, recouvrant une humeur enjouée, et avait fini par emmener son locataire dans une merveilleuse villa des environs de Rome où elle allait souvent passer quelques jours. Archavir l'y avait donc accompagnée, mais, le soir, il l'avait quittée pour reprendre son travail qui l'accaparait parfois toute la nuit. Travail sur lequel il était resté avare d'explications...

La présence de Maria à son retour d'Albano dissipe peu à peu sa migraine et sa nervosité. Le couple s'en va donc déambuler, bras dessus bras dessous, le long des boulevards déserts de ce quartier périphérique...

Le lendemain, dès l'aube, Archavir retourne à Albano examiner de plus près la villa où s'étaient rendus les Turcs du tramway. C'est là, en interrogeant le voisinage, qu'il apprend qu'il s'agit de la résidence d'Ismaïl Hakki. Il en informe Varantian, qui a encore demandé du renfort à la « centrale » de *Djagadamard*, car, une fois de plus, M. n'est pas à son poste devant l'hôtel particulier de Saïd Halim. Or, il convient d'exercer maintenant une double surveillance : à cette résidence et à Albano, où les dirigeants Jeunes-Turcs doivent se réunir. Ce soir-là, Maria a loué deux places pour l'Opéra : elle exhorte son locataire à interrompre son travail pour une représentation de *Faust*. Et voilà que, dans une loge, vient s'installer Saïd Halim, encadré par plusieurs gardes du corps. Archavir sent son arme démanger sa cuisse : il lui suffirait d'aller ouvrir la porte de cette loge pour vider son chargeur dans la nuque de l'homme à abattre. Il jette un regard circulaire et se rend bien compte que sa fuite ne serait possible qu'au prix de la vie d'innocentes victimes. Or, il n'a pas oublié la consigne de ses chefs.

Le lendemain, il est de nouveau à l'affût devant l'hôtel Palace. Il a juste le temps de courir aux trousses de deux Turcs qui, à peine sortis de l'hôtel, se hâtent vers la gare. Les deux hommes rejoignent un groupe important de voyageurs montant dans un train en partance pour Gênes. Et, parmi eux, Saïd Halim. Le Pacha lui glisse une fois de plus entre les doigts ! Archavir se demande s'il pourra ainsi laisser échapper longtemps l'occasion de passer à l'action. Deux occasions perdues en vingt-quatre heures, et impossible de savoir quand se présentera la prochaine...

Mais, en fait, l'ex-Grand Vizir n'a pas quitté Rome : il a seulement accompagné au train de Gênes une délégation présidée par le Dr Nazim, qui compte sur son accord avec Mustafa Kemal pour pouvoir regagner la Turquie, car l'inaction de l'exil le ronge. C'est du moins ce qui résulte d'une conversation surprise entre des Turcs revenus à pied de la gare que Saïd Halim, lui, a quittée discrètement en voiture.

La résolution d'Archavir est prise : la prochaine occasion sera la bonne. Il rentre dans sa chambre, détruit tous ses papiers, toute sa correspondance, toute trace de son identité. Il agira en *solo*, sans se préoccuper des hésitations de M. qui se retranche toujours derrière l'attente du renfort demandé à Constantinople. Il ne lui reste plus que 2 000 lires, son arme et ses balles. Il reprend la planque devant la résidence de Saïd Halim. Pour la sixième fois.

De crainte d'éveiller les soupçons à force de rôder dans les parages, il a entrepris de faire la cour à une jeune fille qu'il a repérée au rez-de-chaussée d'un immeuble voisin. Elle se prénomme Helena et vit chez ses parents, des Grecs dont elle parle encore la langue. Une langue qu'Archavir pratique un peu mieux que l'italien. Elle lui a souri derrière sa fenêtre alors qu'il faisait le guet à l'abri d'un mur. Il a répondu à son sourire et les deux jeunes gens ont vite fait connaissance. La fréquentation d'Helena lui fournit un bon prétexte pour stationner plus librement et hardiment sous sa fenêtre. De là, il a tout loisir de surveiller la résidence de Saïd Halim, sans attirer la moindre méfiance des gardes du corps. Tous deux se promènent tendrement, mains enlacées, sans jamais top s'éloigner de son immeuble. Helena le trouve sans doute bien timide, comme s'il craignait de la compromettre. Cette présence assidue, dont elle croit que ses beaux yeux sont l'unique cause, permet à Archavir d'enregistrer les horaires d'entrée et de sortie de l'ex-Grand Vizir qui, par beau temps, s'adonne à une promenade quotidienne à la Villa Borghese, entre 14 h et 14 h 30, toujours accompagné d'un garde du corps. Il reste à trouver le moment et le lieu le plus favorables pour procéder à son exécution dans les strictes conditions imposées par l'organisation.

Le soir du 4 décembre, Archavir nettoie soigneusement son pistolet et compte ses balles. Il a fixé l'opération au lendemain. A son réveil, il se lève tranquillement, se fait couler un bain, enfile une chemise et un costume flambant neufs, se coiffe d'un chapeau d'artiste à larges bords, comme pour se rendre à un mariage. Sans se soucier d'aviser M. qui lui a donné rendez-vous pour déjeuner à leur restaurant habituel, il se dirige à pied vers la résidence de Saïd Halim, son manteau négligemment jeté sur les épaules. Il se garde bien de siffler Helena à sa fenêtre, et prend position de l'autre côté de la rue. A 13 heures, Tevfik vient en fiacre chercher son maître. Archavir les laisse s'éloigner, certain que Saïd Halim reviendra de ce rendez-vous pour sa promenade quotidienne. Il se rend donc de son côté à la Villa Borghese. Pourtant, les heures passent sans que se manifeste le Pacha. Contrarié par l'échec de son plan, Archavir quitte les jardins et saute dans un tram pour retourner plus vite a sa faction. Au moment de s'engager dans la via Eustacchio, il tombe sur Helena, étonnée de sa surprise, et surtout de sa froideur sous laquelle il dissimule en fait son irritation. Avec gêne, il improvise une explication à l'indifférence qu'il affecte subitement à son égard :

— Mon père va arriver d'un instant à l'autre et je ne veux pas qu'il nous voie ensemble. Sauve-toi !

— Mais tu m'as dit que tu n'avais pas de père...

— Oui, je t'ai dit ça, mais maintenant il est là. Il est furieux parce que je ne réussis pas dans mes études. C'est pour ça que je ne veux pas qu'il me surprenne à faire le joli cœur avec toi.

— Curieux qu'il t'ait donné comme ça rendez-vous dans la rue !

Archavir est de plus en plus agacé par la présence de la jeune fille qui risque de gâcher son plan en s'entêtant à le questionner. En entendant le roulement d'un fiacre descendant la via Nomentana et en voyant déboucher les chevaux, il tourne le dos à Helena en lui criant sèchement :

— Au revoir, va-t'en, voilà mon père.

C'est bien Saïd Halim qui se trouve à bord du véhicule avec Tevfik. Archavir traverse la chaussée presque sous les naseaux des chevaux, en levant brusquement le bras. Les chevaux se cabrent aussitôt. Profitant de ce ralentissement, il saute sur le marche-pied du fiacre, du côté de Saïd Halim, en agrippant de sa main gauche le support arrière. Tevfik ne peut l'apercevoir et demande au cocher la raison pour laquelle les chevaux se sont cabrés. A cet instant, Saïd Halim se retourne et découvre la présence d'Archavir dont il croise le regard avec effroi. Il a à peine le temps de pousser un cri quand le canon du pistolet se pointe sur sa tempe droite. Une seule balle suffit à lui faire éclater le cerveau. Il s'affaisse sur le plancher, la tête ballottant au-dessus du marche-pied. La détonation fait repartir les chevaux au galop. Tevfik réalise ce qui se passe mais, avant qu'il ait levé son revolver, Archavir le met en joue en lui hurlant en turc : « Jette ton arme ou je tire ! » Terrorisé, le garde du corps lance son revolver sur la chaussée et lève les bras au ciel. Alors Archavir frappe le cocher de sa crosse en lui criant : « *Aspetta, aspetta !* » Le malheureux montre ses chevaux emballés dont il n'arrive pas à ralentir la folle allure. La vitesse fait flotter à l'horizontale la cape d'Archavir, l'arme au poing, en équilibre sur le marchepied. L'équipage ne s'arrête qu'une fois parvenu à la hauteur de l'hôtel particulier de la victime. Sur le pas de la porte, le domestique semble pétrifié à la vue de cet incroyable spectacle. Archavir saute au bas du fiacre, et, pointant son arme, fait un mouvement circulaire pour tenir en respect les passants. Au milieu d'un attroupement d'ouvriers accourus du chantier voisin, il aperçoit Helena bouche bée. Il leur crie : « Laissez-moi passer ! C'est un assassinat politique ! Ça ne vous concerne pas ! »

Pour se frayer passage, il tire deux coups de feu à terre qui font voler des pavés en éclats. « Attrapez-le ! Attrapez-le ! » vocifère Tevfik au moment où il prend son élan. Archavir se retourne avec son arme pour en menacer ceux qui tentent de le poursuivre. Dans sa course, il a perdu son chapeau qu'un passant brandit comme une bannière. Il se débarrasse aussi de son manteau. Il aperçoit M. en tournant dans le boulevard Spallanzani. Il continue à se sauver en direction de la via Nomentana qu'il avait descendu tout à l'heure, quand une automobile arrive à sa hauteur. Le chauffeur tente de lui barrer la route et de le renverser. Archavir s'arrête comme pour se rendre à lui ; mais, au moment où le chauffeur ouvre sa portière, il la repousse violemment de sa main libre et le met en joue de l'autre :

— Ne bougez pas ou vous êtes un homme mort, lui lance-t-il en italien.

Le chauffeur en reste cloué à son volant. Un tramway de deux voitures débouche au milieu du boulevard et vient opportunément séparer Archavir de la foule qui l'a pris en chasse. Mais l'ouvrier qui brandit son chapeau a réussi à traverser et il est toujours à ses trousses. Alors Archavir tourne au coin de la rue et se plaque contre le mur pour l'attendre. Quand son courageux poursuivant se présente face à lui, il lui braque son arme sur le ventre :

— Regardez-moi bien dans les yeux, lui dit-il. Je ne suis

ni un bandit ni un assassin. L'homme que j'ai tué était un monstre. Ce serait stupide que vous mouriez pour lui.

L'ouvrier hésite, puis fait demi-tour et détale sans demander son reste. Cette course-poursuite a malheureusement obligé Archavir à délaisser l'itinéraire de repli qu'il avait prévu, et il se retrouve tout à coup au fond d'une impasse. Il entend se rapprocher les cris dans les rues voisines. Il escalade un mur en grimpant à un poteau télégraphique et se laisse choir dans un jardin. Un chien, attaché à sa niche, se met à aboyer furieusement. Une femme boulotte sort de la maison, bientôt suivie de son mari :

— Qu'est-ce que vous faites dans notre jardin ?

— Vous n'avez pas entendu : on vient de tuer un homme dans la rue. Je cours après l'assassin qui s'est débarrassé de cette arme. Faites taire votre chien !

Archavir file au fond du jardin et ouvre une petite porte donnant sur un ruisseau en travers duquel une planche a été jetée pour servir de passerelle. Il le franchit, puis retire la planche qu'il précipite dans le courant. Par une rue latérale, il rejoint le boulevard Nomentana à proximité d'un chantier déserté par ses ouvriers. Il avise un tas de gravats et y enterre son pistolet. Puis il regagne d'un pas tranquille le centre ville pour rallier son restaurant habituel à l'heure du dîner, comme si de rien n'était. Il raconte à la ronde qu'il rentre de Frascati où il a passé la journée. Et il a bon appétit. M. arrive à son tour et lui fait signe, d'un clin d'œil, de venir le rejoindre à sa table :

— Tu as laissé tomber ton manteau et ton chapeau, murmure-t-il. Ce n'est pas du boulot ! On n'a même pas pu s'assurer de la mort de Saïd Halim. Il paraît qu'il gémissait encore...

Du coup, Archavir rentre chez lui assez abattu.

— Que vous arrive-t-il ? lui demande Maria.

Comme il ne desserre pas les dents, elle lui apporte un verre de cognac et le laisse s'allonger. Elle revient à minuit dans sa chambre s'enquérir de ses nouvelles, un autre verre de cognac à la main. Il la rembarre avec brusquerie. Ne pouvant trouver le sommeil, il se glisse hors de l'appartement avant l'aube pour se rendre chez Varantian. Il se tâte avant de frapper à sa porte, car les volets sont encore clos. Pourtant, Varantian est levé et il le serre dans ses bras en lui désignant le monceau de journaux étalés sur le sol.

— Puisses-tu vivre mille vies ! répète-t-il en lui tapotant le dos, tandis qu'il se penche sur les titres des journaux annonçant la mort de l'ex-Grand Vizir de l'empire ottoman, tué sur le coup, d'une seule balle, par un terroriste surgi devant son fiacre « comme un fantôme venu du ciel ».

Après avoir avalé un café, Archavir quitte le domicile de Varantian pour aller s'acheter un manteau et un chapeau. En regagnant son logement, il s'arrête devant un attroupement provoqué par l'affiche que vient de placarder la police sur un mur : un avis de recherche, avec une récompense de 30 000 lires pour toute personne susceptible de fournir des renseignements sur l'assassin de Saïd Halim.

A son retour, il accroche son chapeau et son manteau neufs à la patère habituelle et lance un joyeux bonjour à sa propriétaire, Maria, qui s'apprête à passer à table pour déjeuner. Il bredouille des excuses pour son comportement de la veille :

— Je suis allé voir un docteur, ce matin, et je me sens soulagé, plaisante-t-il.

Maria l'observe attentivement, le *Corriere della Serra* déplié sur la table devant elle, la moitié de sa première page consacrée à l'assassinat. Il y a aussi des photos. Sans quitter des yeux son manteau et son chapeau accrochés dans le couloir, elle l'invite à venir partager son repas. Elle se lève pour aller brosser son chapeau et son manteau flambant neufs. Il jette un coup d'œil sur les photos du chapeau et du manteau de l'assassin reproduites par le journal : « Trouvez-en le propriétaire et vous aurez trouvé le meurtrier », dit la légende. Maria prie la bonne de mettre le couvert et laisse à son « étudiant » le temps de lire l'article.

— Vous avez vu, lance-t-elle, la photo du manteau et du chapeau ?

Archavir préfère changer de sujet et feint de se désintéresser des nouvelles, mais il devine bien que Maria n'est pas dupe.

— Quel délicieux plat avez-vous encore préparé ?

— Il n'y pas de bons plats pour les mauvais garçons. Au fait, vous avez vu que la victime était un sanguinaire pacha turc ? demande-t-elle avec le sourire.

Il est maintenant évident qu'elle a tout compris. Avant de quitter la table, elle a une « honnête proposition » à lui faire :

— J'ai justement l'intention d'aller me reposer quelques jours dans ma villa. Mais j'ai peur de m'ennuyer toute seule. Voulez-vous bien m'accompagner ?

Or, l'avant-veille encore, elle lui avait expliqué que décembre était la saison théâtrale par excellence à Rome et qu'il n'était pas question pour elle d'aller à la campagne durant cette période... Mais elle répète sa proposition sur un ton mi-suppliant, mi-impérieux. Archavir ne peut qu'accepter cette aubaine.

— Bien, dit-elle, nous allons partir le plus tôt possible. Laissez-moi juste le temps de faire des courses. Ce ne sera pas long.

Et, pour une fois, elle ne lui demande pas son concours. Archavir rentre dans sa chambre et observe la rue de sa fenêtre. Il voit Maria s'approcher de l'avis affiché par la police sur le mur d'en face. Elle semble le lire et le relire, comme si elle l'apprenait par cœur. Puis elle s'éloigne tristement. Il la voit disparaître au coin de la rue. Elle revient vingt minutes plus tard — vingt minutes qui lui ont paru bien longues —, les bras chargés de sacs en papier. Il se précipite au-devant d'elle pour l'aider à gravir l'escalier.

Deux heures plus tard, tous deux sont installés sur la terrasse de sa villa, loin des rumeurs de la capitale, au bord d'un lac bleu à peine ridé par la brise d'hiver. Elle lui parle des biens et des revenus dont elle a hérité, en insistant sur le fait que, depuis la mort de son mari, elle n'a plus aucune attache... Il ramène la conversation à des projets plus immédiats : préparer des brochettes pour dîner ce soir sur la terrasse, car il fait encore doux pour la saison. Le lendemain, visite de la cave remplie de centaines de bouteilles de différents crus. Puis une partie de pêche sur son bateau. Après avoir bu quelques verres, elle recommence à parler d'avenir. Comme il serait tentant pour lui de se laisser aller. Mais, brusquement, il interrompt ses divagations pour lui annoncer qu'il doit retourner à Rome.

— Pourquoi ? demande-t-elle, stupéfaite.

— Un travail important m'attend, tranche-t-il.

— Quel travail ?

Il met un doigt sur sa bouche, mais elle a du mal à encaisser le coup.

Deux jours plus tard, Archavir regagne effectivement la ville. Seul. Il va directement aux nouvelles chez Varantian qui se demandait où il était passé. Il y a eu un rafle d'étudiants arméniens, dont certains ont été soumis à d'interminables interrogatoires. La police turque de Constantinople a décidé d'envoyer des agents à Rome pour collaborer à l'enquête de leurs collègues italiens. La dépouille de Saïd Halim Pacha sera transportée prochainement à Constantinople pour des funérailles officielles — ce qui n'avait pas été le cas pour Talaat à Berlin, neuf mois auparavant. C'est signe que la situation internationale est en train de se modifier aux dépens du peuple arménien. La presse italienne elle-même a changé de ton. Elle souligne à présent que la mort de d'ex-Grand Vizir risque de compromettre le gros emprunt qu'il était en train de négocier à la Banque nationale d'Italie pour acheter aux firmes italiennes des armes destinées aux troupes du général Mustafa Kemal, président du contre-gouvernement nationaliste d'Ankara. La signature du contrat aurait dû intervenir le 6 décembre, le lendemain même de l'assassinat. Il était peut-être noble de rendre justice aux Arméniens, mais il fallait aussi penser aux intérêts financiers considérables que l'Italie venait de perdre en laissant assassiner un hôte de poids.

Il n'y a évidemment que les Grecs, toujours en guerre avec les Kémalistes sur les côtes d'Anatolie — le fameux Pont d'Asie Mineure —, pour se réjouir de la mort de Saïd Halim et de la remise en cause du contrat d'armement. Le consul de Grèce, à qui Varantian s'empresse de présenter clandestinement le justicier Chiraguian, remet une décoration à ce dernier.

Archavir se rend ensuite chez M. qui lui dit que, depuis l'exécution de Saïd Halim, les autres chefs ittihadistes ont disparu de la circulation et qu'on ne les reverra pas de sitôt à Rome, où vient justement enfin d'arriver Aram Yerkanian pour la poursuite de « l'Opération Némésis ». Il retrouve son camarade du Caucase à la fontaine de la Piazza Terminale. Aram a quitté Constantinople en même temps que Hratch Papazian, la « taupe de Berlin », nommé en secret secrétaire général du Comité central, mais ils ont voyagé séparément pour ne pas se faire repérer. Archavir lui confie sa décision de rentrer au pays, ne serait-ce que pour tenir ses promesses à Gaïané, sa « fiancée ».

— C'est de la folie, grommèle Aram. Tu sais que c'est dangereux pour toi de retourner là-bas. Tu es toujours recherché.

— Dangereux ou pas, je veux y retourner encore une fois, quel qu'en soit le prix.

— Bon, tranche Aram, toujours hostile à ce projet, puisque tu n'en fais qu'à ta tête, séparons-nous là, car il est plus prudent de ne pas nous montrer ensemble.

Quand Archavir regagne sa chambre, Maria est de retour à l'appartement. Par la fenêtre, elle lui montre l'affiche toujours placardée sur le mur d'en face :

— Si vous connaissiez la personne recherchée, demande-t-elle d'un ton enjoué, iriez-vous le dire à la police ? Il a tout de même un meurtre sur la conscience.

— Oui, mais le mort, lui, en avait un million. Et vous, est-ce que vous trahiriez son meurtrier si vous le connaissiez ?

— Je connais un vilain garçon. Il est méchant et désobéissant. Il mériterait que la police l'attrape et le corrige sévèrement. Pas parce qu'il a tué un Turc sanguinaire, mais parce qu'il traîne dans les rues tard la nuit... Si je pouvais avoir l'assurance qu'elle vous emprisonne dans mon appartement, j'irais immédiatement avertir la police !

Archavir doit encore sortir cette nuit-là. Il a rendez-vous avec Aram pour arranger son départ de Rome, dont il n'ose annoncer l'imminence à Maria. Aram et lui conviennent alors de se retrouver dans quelques jours à Venise. Archavir va passer ses dernières soirées de vacances romaines avec ses amis du cercle des étudiants arméniens qui commencent à soupçonner ses activités. Certains d'entre eux ont même été interrogés par la police après le meurtre de Saïd Halim, mais on ne leur a pas posé de questions sur Chiraguian.

Cependant, selon les journaux, l'étau se resserrerait autour de l'assassin dont l'arrestation ne serait plus qu'une question d'heures. L'un d'eux révèle en effet qu'il a été vu souvent en compagnie d'une jeune fille à proximité de l'hôtel particulier de la victime. Cette jeune fille, considérée comme complice, est actuellement recherchée par les enquêteurs. Pour parer au danger, Archavir décide d'aller attendre Helena à la sortie de ses cours. Surprise, elle marque un temps d'arrêt quand il l'aborde en la prenant par le bras, après lui avoir lancé bonjour en grec. Elle marche à ses côtés, tête basse. Il lui confie qu'il quitte Rome pour Paris dans quelques heures, qu'il ne voulait pas partir sans lui dire au revoir après ce qui s'était passé entre eux.

— Je t'aime bien, Helena, et je garde de toi le meilleur souvenir. Je ne t'oublierai jamais.

La jeune fille reste silencieuse. Mais ses joues s'empourprent et elle lui jette à la dérobée un regard noir. Il la fait pivoter pour plonger ses yeux dans les siens.

— Helena, dit-il gravement, la police risque de t'interroger. Tu ne savais rien, bien sûr, des intentions meurtrières de ton amoureux dont tu donneras un signalement à l'opposé du mien. Tu diras par exemple qu'il était grand, roux avec des yeux bleus. En attendant, rentre vite chez toi détruire les deux instantanés de nous pris un jour en cours de promenade. Ça vaudra mieux pour toi comme pour moi.

— Non, répond-elle en retrouvant la fraîcheur de son

sourire, je tiens à les garder, mais rassure-toi, ils ne tomberont jamais entre les mains de la police. J'ai avoué hier à mon père que j'avais assisté à l'exécution de ce monstre. Il m'a bien défendu d'en parler à qui que ce soit, et a décidé de m'envoyer habiter chez ma tante, pour qu'on ne puisse me retrouver dans le voisinage du lieu de nos rencontres. Quittons-nous bons amis, mais, je t'en prie, sois prudent !

Avant son départ, Aram aussi lui a recommandé de prendre garde, l'informant de l'arrivée à Rome d'Echref à la tête de quatre collaborateurs de la police secrète turque de Constantinople, chargés de traquer l'assassin de l'ex-Grand Vizir Saïd Halim Pacha.

C'est le moment, pour Archavir, de faire ses adieux à Maria. Elle lui propose de passer cette dernière soirée à la campagne. Et c'est devant le feu de cheminée qu'il lui confesse la vérité : une vérité dont elle se doutait en même temps qu'elle la redoutait, car il lui faut renoncer à ses rêveuses espérances... Du coup, elle lui propose de faciliter son voyage pour Venise en l'y accompagnant. Ainsi, pas de risque de fâcheuses rencontres en cours de route. Et deux jours de sursis dans la Cité des doges. Archavir n'hésite pas à lui présenter son ami Aram Yerkanian. L'heure est venue de se séparer pour de bon. Il promet à Maria de lui écrire. Il ne lui adressera qu'une lettre et ne la reverra jamais...

Le 29 décembre, Aram et lui prennent le train pour Vienne, mais dans des compartiments différents. Son passeport au nom d'Arsil Sirag, Grec d'Edirne, lui sert une fois de plus à franchir la frontière sans encombre. Les deux voyageurs vont pouvoir fêter joyeusement le Noël arménien avec des amis. Encore quelques jours de répit. Aram accompagne Archavir à la gare où leurs chemins vont à nouveau diverger. Le premier attend les ordres pour aller opérer à Berlin. Le second fait le pari d'affronter le danger à Constantinople, où les funérailles nationales de sa victime décuplent la vigilance de la police et sa détermination à capturer les contumax arméniens comme lui que le service d'Echref, à son tour, traque jusqu'en Europe.

L'Orient-Express arrive, le 8 janvier 1922, à la frontière

de la Bulgarie, de la Grèce et de la Turquie, juste avant Edirne, alors que la guerre entre Grecs et Kémalistes bat son plein en Asie Mineure. Il est donc préférable, pour le faux Arsil Sirag, d'abandonner cette identité et cette nationalité hellènes indiquées sur son passeport. Il obtient l'autorisation de faire demi-tour en prétendant avoir perdu ses papiers de citoyen arménien en Bulgarie. Ce qui lui permet de se rendre au port de Burgas, sur la mer Noire, et de trouver un bateau pour Galata, où il débarque le 11 janvier sur un quai surveillé par une patrouille d'occupation alliée. Il fait ensuite prendre ses bagages — quatre sacs — par un cocher de sa connaissance pour qu'il les porte directement dans les bureaux du *Djagadamard*, et file au nouveau domicile de Gaïané dont les parents ont emménagé à Péra.

Quelques jours plus tard, à la demande du camarade Hovannes Amadouni, venu lui rendre visite, il fait un compte rendu officiel de sa mission romaine devant les responsables de l'A.B.M. et du corps spécial chargé d'exécuter les instructions du « Service de la Dette ». Pour ses prochaines missions, Archavir Chiraguian revendique l'honneur d'être envoyé à Bakou, afin d'abattre deux des plus grands criminels de guerre : Enver et le Dr Nazim. Mais, devant la soviétisation accélérée des républiques caucasiennes, ce projet est remis à plus tard. Il lui reste une vingtaine de jours de « permission » avant de repartir en mission. Il les passera en compagnie de sa fiancée Gaïané, tandis que 10 000 Turcs, dont des militaires de haut rang et des ministres du sultan, suivent la dépouille mortelle de Saïd Halim, transférée de Rome à Constantinople. Soldats et policiers alliés assurent le service d'ordre de la cérémonie. Bateaux de guerre français et italiens, au mouillage dans le port, mettent leurs pavillons en berne. Seuls les Anglais gardent un silence officiel.

Ordre est donné à Chiraguian de rejoindre Aram Yerkanian et Hratch Papazian à Berlin pour liquider ceux qui s'y trouvent encore. Ils feront partie d'un commando de cinq vengeurs, placé directement sous l'autorité de Chahan Natali.

X

Une taupe à Berlin

Hratch Papazian a déjà repris son rôle de « taupe » à Berlin où, se faisant toujours passer pour un étudiant turc, il a pour tâche de s'infiltrer, cette fois, jusqu'au plus haut niveau dans le cercle des dirigeants de l'Ittihad. Tâche délicate et redoutable qui consiste à gagner, par son intelligence et par son charme, la faveur des plus grands ennemis de son peuple martyr, en devenant peu à peu le « chouchou » de leurs épouses ! C'est ainsi qu'il en arrivera même à jouer le rôle de chevalier servant auprès de la veuve de Talaat Pacha, tout en supportant les récits que les bourreaux se plaisent à retracer de leurs exploits sanglants pour la délectation de ces dames. Il entendra un soir le buraliste Djemal Azmi raconter comment il avait fait jeter à la mer les enfants arméniens de Trébizonde quand il y sévissait comme vali : « Les poissons ont été à la fête, cette année-là ! » Hratch devra feindre de rire, lui aussi, de cette plaisanterie... Il est vrai qu'à l'approche de la trentaine, cet étudiant à la calvitie précoce — et aux lorgnons portés à la manière prussienne — a acquis une expérience qui l'a solidement cuirassé. Sous son identité de Mehmed Ali, on le prend volontiers pour le fils d'un richissime commerçant décédé de Césarée, à qui son tuteur, un certain Riza, paie des cures à Berlin pour soigner ses poumons fragiles.

Il se nomme en réalité Garabed Papazian, dit Hratch, né à Yozgat en 1892, mais envoyé à 12 ans chez un oncle aisé à Constantinople où il a reçu une « éducation de prince ». Il y a appris à parler le turc à la perfection, sans aucun accent, et entrepris de brillantes études de Droit à l'université ottomane. Au début de la guerre, il s'est inscrit dans une école d'officiers, mais il a pu s'enfuir dès les premières persécutions et se cacher dans l'« armée des greniers » de Constantinople. Il a emprunté l'identité d'un officier turc pour passer à Alep la dernière année de la guerre et tenter de soulager sur place le sort des déportés rescapés des massacres. De retour dans la capitale en 1919, il prend contact avec l'état-major opérationnel du Corps responsable pour la traque et l'exécution des criminels de guerre, installé dans les bureaux du *Djagadamard*, après avoir rendu compte des atrocités dont il a été le témoin et des récits qu'il a pu en recueillir à son poste d'observation d'Alep. Sa connaissance familière des coutumes turques et des mœurs de l'islam — il a même étudié le Coran — va lui permettre d'assurer une fonction majeure dans l'« Opération Némésis » : celle de trouver les adresses où les principaux dirigeants en fuite du régime Jeune-Turc s'étaient réfugiés, et d'espionner leurs activités politiques afin de connaître le jeu de leurs alliances, les couvertures et protections dont ils bénéficient, leurs plans pour l'avenir.

Hratch s'est vu confier parallèlement le poste de secrétaire général du Comité central dachnak de Constantinople. Il a notamment guidé de ses conseils le jeune Archavir Chiraguian avant l'exécution du traître Vahé Ihssan. Et, afin de passer pour un vrai musulman, il n'a pas hésité à se faire circoncire selon le rituel. Quelques semaines plus tard, il a obtenu un certificat en bonne et due forme du moukhtar de Césarée et un vrai-faux passeport au nom de Mehmed Ali. Puis il s'est fait envoyer en Allemagne pour soigner une non moins fausse maladie « romantique », tout en y poursuivant des études. Il possédait des rudiments d'allemand apparemment insuffisants pour s'y débrouiller seul : encore une ruse justifiant sa recherche de contacts avec la colonie des réfugiés de Turquie et l'assiduité de ses relations avec le milieu des étudiants turcs. Sa circoncision lui permet d'ailleurs de fréquenter les bains de vapeur publics (les hammams), d'avoir au besoin des aventures intéressées avec les femmes émancipées de cette bourgeoisie en exil. Et son charme exceptionnel lui vaut de se faire des amis à volonté et de se les rendre fidèles.

Ainsi, dès son premier séjour dans la capitale allemande, pour préparer l'attentat contre Talaat, a-t-il fait la connaissance du fils de Djemal Azmi, Ekmel, un noceur, en entrant dans le magasin de son père dont la trace avait pu être retrouvée à partir d'une manufacture de tabac de Trébizonde. Il a demandé l'aide de ce jeune compatrioteIdquiétait peut-être en mesure de lui indiquer de bons médecins capables de traiter sa maladie et de le conseiller pour la cure thermale offerte par son oncle Riza. Les deux jeunes gens n'ont pas tardé à sympathiser, d'autant que « Mehmed Ali » avait de quoi dépenser sans compter dans les boîtes de nuit. Il ne lui reste plus maintenant qu'à devenir le confident intime du fils du monstre de Trébizonde et à se faire admettre dans le cercle familier des conspirateurs ittihadistes.

Au début de décembre 1921, Hratch s'embarque à bord qu'un navire italien à destination de Brindisi, sur la côte adriatique, en même temps qu'Aram Yerkanian, mais les deux passagers feignent de ne pas se connaître durant toute la traversée. Ils prendront soin par la suite de voyager séparément, car l'exécution de Saïd Halim, le 5 décembre, a mis les policiers italiens et turcs sur les dents et les émigrés de l'Ittihad sur le qui-vive. Yerkanian a reçu ses consignes directement de la bouche de Chahan Natali, qui l'a convoqué au 5e étage de l'immeuble du *Djagadamard*. L'homme de confiance de la Mission spéciale, délégué par la direction dachnak de Boston, n'oublie pas qu'il est essentiellement poète. Il fait montre, pour la circonstance, d'un lyrisme grandiloquent :

« Bonne chance pour ta balle ! Ton salut passe après. Le lot qui t'es dévolu est d'abord le Dr Behaeddine Chakir, ce roi sans couronne de l'Ittihad qui porte la responsabilité de la mise en œuvre du plan d'extermination de notre peuple. Voici sa photo, qu'il te faudra détruire avant de débarquer à Brindisi. Graves-en les traits dans ta mémoire, car il est maintenant difficile de le distinguer des Européens. Prends des points de repère sur son visage. C'est cette tête que tu devras viser. »

Personne n'accompagne Aram sur le quai de Galata. Si Hratch Papazian voyage sous son identité d'emprunt turque, lui joue en l'occurrence les touristes persans. Dans le train qui les conduit de Brindisi à Rome, il se retrouve par hasard dans un compartiment occupé par des voyageurs turcs. Il les entend parler du meurtre de Saïd Halim : un assassinat, disent-ils, qui semble bien porter la même signature que celui de Talaat.

— Il doit y avoir une organisation d'Arméniens derrière tout ça.

— A-t-on aussi arrêté le meurtrier ? se permet d'interroger Aram en prenant l'accent perse.

— Non, pas encore, déplorent les Turcs.

Yerkanian est un peu plus rassuré quand il arrive à Rome, où il est heureux de retrouver sain et sauf, mais en grand danger de se faire identifier, son ami Archavir Chiraguian. Il lui annonce la venue simultanée de Hratch, ce qui suffit à indiquer le prochain théâtre des opérations : Berlin. Il ne reverra Archavir qu'une fois dans Rome, pour lui faire part de l'enquête menée sur place par Echref en personne, et, une autre fois à Venise, pour prendre le train de Vienne. C'est dans la capitale autrichienne qu'il attendra les instructions de Hratch, avant de rejoindre celui-ci à Berlin, et l'arrivée de trois autres membres du commando en provenance de Constantinople : le chef, Chahan Natali, qui ira le premier sur place mettre en route les préliminaires de l'opération, Archavir Chiraguian, de retour de sa « permission », et Archag Yezdanian, dit Yezid Archag.

— Vous serez six, leur a dit l'un des membres de la direction de *Djagadamard*, Vahan Navassartian, ancien député au parlement d'Erivan. Vous pouvez faire du beau travail pour venger notre nation.

— C'est une bonne chose d'être à la fois jeune et expérimenté, avait ajouté Natali à l'intention d'Archavir dont il faisait en cette occasion la connaissance.

Partis les derniers, par une froide journée de février, de la gare maritime de Galata, Archavir et Yezid, eux, voyagent de concert à bord d'un bateau roumain à destination de Constantsa, le grand port de Roumanie sur la mer Noire. De là, ils prendront le train pour Vienne, via Budapest. Archavir a repris son passeport *Nansen* au nom de Torkom Ghazarian, qui lui avait permis d'échapper au mandat d'arrêt lancé contre lui après l'exécution de l'agent Ihssan et de rallier le Caucase, deux ans auparavant. Son compagnon, Yezid Archag, ne peut cacher son origine paysanne. Natif du vilayet de Bitlis, au cœur de l'Anatolie, c'est un petit homme brun à la démarche pataude, les bras recourbés comme s'il portait toujours une pastèque sous chacun d'eux. Avant de quitter Constantinople, il s'est fait faire un complet et un manteau à col de velours, et il a acheté une paire de gants de cuir montant jusqu'au coude et doublés de fourrure, pour se donner l'air d'un Européen endimanché Des souliers pointus complètent le tableau. Son chapeau à larges bords obscurcit la broussaille de ses sourcils et de sa moustache, mais ses yeux noirs et ardents roulent comme des billes quand il parle — et l'on ne voit plus qu'eux. C'est néanmoins un terroriste aguerri, qui compte à son actif la liquidation du traître arménien Hemeyag Aramiants, responsable de la pendaison de 20 intellectuels, de l'espion bulgare Vladimir ; et il a assuré la protection d'Archavir lors de l'exécution de Vahé Ihssan. Mais c'est sa première mission en Europe et il s'agit cette fois de chasser du gros gibier, d'anciens ministres ou pachas déchus. A leur arrivée à Vienne, Archavir s'amuse à le présenter à ses amis étudiants du café Bellaria comme un négociant en cuir bourré de devises. Ils ont rendez-vous dans un établissement de bains avec Chahan Natali et Aram Yerkanian, le veille de leur départ respectif pour Berlin.

Natali part en éclaireur, sous une couverture journalistique de correspondant de presse américain en Allemagne, après leur avoir donné le nom et l'adresse de restaurants et cafés berlinois où ils pourront se retrouver. Un code a été mis au point pour les liaisons à venir. Les sobriquets dont ils sont affublés leur serviront de pseudonymes : Natali est toujours « Le Marié », à cause de son élégance vestimentaire de cabotin ; Hratch Papazian mérite plus que jamais son surnom d'« Européen », mais son travail spécifique de taupe le rendra pratiquement invisible ; à cause de ses manières posées et réfléchies, Aram Yerkanian est baptisé « Doucement » ; en raison de son agilité juvénile, Archavir Chiraguian répond au pseudonyme de « Mercure ». Quant à Yezid Archag, la vicacité et l'éclat de son regard lui valent d'être appelé « La Foudre ».

Aram prend à son tour le train pour Berlin. Il a rendez-vous deux jours plus tard avec Chahan, à 21 heures, dans les toilettes au deuxième étage de l'*Englisches Kaffee* (le Café anglais). Ce qui lui donne tout le temps d'étudier à fond le plan de la ville, où l'emplacement du magasin de Djemal Azmi est marqué d'une croix. Il ne lui reste qu'à le déchirer en petits morceaux et à faire disparaître le tout, selon les usages de la clandestinité.

Dans les toilettes du café, son « contact » lui glisse à l'oreille en se lavant les mains : « Suis-moi quand je sors ». Une demi-heure plus tard, ils s'arrêtent près d'un réverbère :

— Faisons comme si nous ne nous connaissions pas. Tu recevras chaque soir le programme du lendemain. Mais, pendant deux semaines, évitons de nous rencontrer sur la voie publique, car nous avons appris que l'ambassade d'Allemagne à Washington a averti la Wilhelmstrasse de l'arrivée imminente d'un commando terroriste arménien. Les dirigeants ittihadites qui se planquent ici ont été aussitôt prévenus et ont reçu une autorisation de port d'arme. Il nous faut donc jouer pour l'instant les touristes en vacances et ne rien entreprendre de sérieux qui puisse accréditer les soupçons, car les polices d'Europe sont en état d'alerte depuis qu'elles ont compris que les meurtres de Talaat et de Saïd Halim n'étaient pas le fait d'Arméniens solitaires et malades, mais résultaient d'un programme planifié par un réseau.

Natali propose seulement que Yerkanian le suive, en

pélerinage discret, jusqu'à la maison de Tehlirian et, pour reconnaître le terrain, de passer par la Uhlandstrasse et devant la boutique close de Djemal Azmi. C'est ce commerce de tabac qui avait déjà permis de remonter à Talaat, mais Azmi ne s'en était jamais douté. Et c'est demain son fils Ekmel qui, sans le savoir, livrera peut-être la piste des autres, et même le lieu de leur réunion clandestine. Car l'idéal serait évidemment de pouvoir les surprendre tous ensemble et de réaliser un beau carton par un tir groupé !... En attendant les renseignements que seuls peuvent recueillir, chacun de son côté, la taupe Mehmed Ali et un ancien inspecteur de police de la République d'Arménie, Seto Djelalian, affecté au consulat et chargé des opérations de filature dans les milieux diplomatiques, il convient de faire venir la dernière équipe restée en réserve à Vienne.

Archavir et Yezid débarquent le 25 février par un train de nuit et descendent d'abord à l'hôtel Minerva, le temps pour chacun d'eux de dénicher une chambre en ville dont ils éviteront de se communiquer l'adresse, entre eux comme aux autres membres du commando, selon le principe du cloisonnement.

Dès le lendemain, Archavir se trouve un gîte idéal, au coin du Kurfürstendamm et de la Joachimstrasse, non loin du magasin d'Azmi et du grand immeuble voisin qu'il a acquis pour loger sa famille et percevoir de substantiels loyers. Or, le fils de sa logeuse Frau Hanna Sack, qui y habite également avec sa sœur Bertha, est le chef-adjoint de la police secrète du quartier. D'abord effrayé, le prétendu Torkom Ghazarian voit vite l'avantage à tirer pour lui de cette situation *a priori* fâcheuse. Les résidents étrangers sont en effet tenus de s'inscrire au commissariat dans les quinze jours suivant leur arrivée. Archavir possède bien des papiers en règle, mais il aimerait autant ne pas figurer sur les registres de la police allemande, fût-ce sous son nom d'emprunt, en cas de sauve-qui-peut. Toute l'astuce va consister à se faire adopter par la famille Sack — à laquelle il s'est présenté comme le fils d'un riche propriétaire de gisements pétroliers en Roumanie, venu parfaire ses études à Berlin — avec assez de familiarité pour avoir l'air de se décharger sur le jeune Herr Sack de cette formalité d'inscription. Il commence par amadouer le berger allemand qui garde l'appartement, en le gavant de restes de repas pris à l'extérieur, d'os à ronger, de saucisses et même de friandises. Il invite Herr Sack junior au Café Anglais, lui offre une chemise du dernier cri, emmène au théâtre sa mère et sa sœur, les comble de cadeaux et de gâteaux. Tant et si bien qu'en moins de huit jours, il est traité comme un membre de la famille qui a perdu son chef, un haut fonctionnaire terrassé l'année précédente par la maladie. Et tous les prétextes sont bons pour remettre *sine die* les formalités d'inscription que devait faciliter le policier Sack.

Pendant ce temps, Hratch poursuit son travail de taupe en cultivant ses relations avec Ekmel Azmi, qu'il retrouve presque tous les soirs dans des clubs privés. Ce garçon blondasse de 21 ans, à l'œil vague et cerné, a été initié de bonne heure aux plaisirs de la chair dans le harem peuplé par son père, à Trébizonde, de jeunes Arméniennes âgées d'une dizaine d'années. Lui-même en avait alors 14 ! Dans la journée, il vaque souvent au magasin, tenant le comptoir de la vente des cigares de luxe à la place de son père, trop occupé à organiser des réunions clandestines soit dans l'arrière-salle, soit dans des appartements « conspiratifs » de son immeuble. Le pseudo Mehmed Ali lui rend aussi visite sur son « lieu de travail » qui accrédite la fable selon laquelle Ekmel n'est que le fils d'un commerçant ordinaire. Il est en fait très au courant des projets politiques des exilés. Ainsi Hratch apprend-il à son contact que Behaeddine Chakir est allé en Bulgarie acheter des armes et des munitions pour le compte du chef du contre-gouvernement d'Ankara, Mustafa Kemal ; qu'Enver et Nazim naviguent entre Moscou et Boukhara, et surtout que le troisième homme du triumvirat Jeune-Turc, Djemal Pacha, l'ancien ministre de la Marine, connu pour sa francophilie, s'apprête à rentrer d'une mystérieuse mission à Paris pour assister prochainement à une réunion dans la villa de la Sultana, c'est-à-dire de la femme d'Enver, avant de rejoindre ce dernier qui organise un mouvement aux confins de l'Afghanistan. Autant de renseignements que Hratch « Mehmed Ali » glane jour après jour, sans obtenir encore les adresses susceptibles d'intéresser ses camarades de commando et que l'enquêteur Seto tarde à leur procurer. Il lui faut donc persévérer dans sa fréquentation des Turcs qui se vantent sans vergogne de leurs cruautés ou de leurs turpitudes, les écouter sans sourciller et rire de leurs grossières plaisanteries.

Un jour, il blêmit en voyant entrer dans le magasin où il s'attarde à écouter les conversations un de ses anciens condisciples turcs de la faculté de Droit de Constantinople. Ekmel fait les présentations et « Mehmed Ali » trouve un prétexte pour écourter sa visite et s'éclipser au plus vite. A peine a-t-il tourné les talons que le nouveau venu se dit frappé de sa ressemblance avec un de ses anciens condisciples arméniens qui se nommait Garabed Papazian... Mehmed Ali ne serait-il pas par hasard un agent arménien camouflé en étudiant turc ? Ekmel ne peut ni ne veut y croire. Il le connaît maintenant trop intimement. Il arrive bien souvent que des ressemblances donnent lieu à de regrettables méprises. Et c'est Ekmel lui-même qui, le lendemain, fait part du quiproquo à son ami Mehmed Ali ! D'ailleurs, Hratch a, les jours suivants, l'occasion de vérifier avec soulagement que Djemal Azmi n'a pas ajouté foi, lui non plus, à ces « sornettes ». Non seulement son accueil reste aussi paternel, mais il a si peu de soupçons à son endroit qu'il l'invite à la cérémonie commémorative pour le premier anniversaire de la mort du regretté Talaat Pacha, organisée le 15 mars dans la maison de sa veuve en présence des dignitaires de l'ancien régime !

Ce double incident va provoquer des remous au sein des équipes de vengeurs et jusque parmi les responsables de l'« Opération Némésis ». Le camarade M., surnommé « Moi, le chef » et dont Archavir avait eu tant de mal à se débarrasser à Rome lors de la traque de Saïd Halim, a fait sa réapparition dans le sillage du commando de Berlin, sur lequel il cherche à imposer son autorité. Archavir a eu la désagréable surprise de le retrouver lors d'un des premiers rendez-vous au Café Anglais.

— Méfiez-vous, leur dit M., la police allemande est aux aguets. Je serais à votre place, je renoncerais à vos préparatifs et à vos plans. Le camarade Hratch est déjà l'objet de la suspicion des Turcs. Dans un café, j'en ai même entendu un prononcer son véritable nom. Il disait que Mehmed Ali lui rappelait un condisciple arménien avec lequel il avait étudié le Droit, Garabed Papazian.

Comme à l'accoutumée, M. déforme une fois de plus les faits et interprète à sa manière ce qui s'est passé en réalité au bureau de tabac de Djemal Azmi. Mais il a fait plus. Chahan Natali apprend qu'il a adressé derrière son dos un rapport à la Centrale de Constantinople pour que soit rappelé le commando en danger et qu'il soit mis fin à sa mission impossible. Dès le lendemain, Chahan ordonne à M. de quitter Berlin par le premier train. Il va être obligé de faire de même avec le nonchalant Seto Djelalian qui le fait lanterner et le mène en bateau avec ses filatures-bidon. Il le tient dans l'ignorance de la cérémonie à laquelle Hratch lui a pourtant dit qu'il participerait dans la maison de Talaat. Le malheureux Mehmed Ali a pourtant dû accepter l'invitation à dire les prières avec le mollah, et adresser des mots de compassion à la veuve... Seto ne sait rien non plus, apparemment, de l'arrivée de Djemal Pacha chez la Sultana (la femme d'Enver), dont Ekmel a pourtant entretenu son ami Mehmed en lui présentant sa dernière « conquête », une jolie blonde, au café Regina. Or, le soir du 14 mars, Chahan a réuni le commando pour décider de maintenir le plan originel : la liquidation de tous les dignitaires Jeunes-Turcs rassemblés à cette occasion. A condition que Seto soit en mesure de leur fournir des renseignements complémentaires sur l'heure et le lieu de ces retrouvailles, Hratch ayant par prudence réduit au minimum ses contacts avec les membres du commando arménien.

L'ennui est que l'ancien policier arménien chargé d'assurer la liaison et l'information ne s'est toujours pas manifesté. Aram, Archavir et Yezid, qui devaient rester dans les coulisses jusqu'au moment de passer à l'action, sont contraints de pallier ces défaillances en effectuant eux-mêmes les filatures indispensables. Ils vont se relayer, du matin au soir, entre l'immeuble et le tabac de Djemal Azmi, 49 Uhlandstrasse. Ils voient ainsi son fils Ekmel s'affairer derrière le comptoir autour de nombreux clients et conduire les plus importants directement chez son père, à l'adresse indiquée par Hratch, à quelques pâtés de maisons de là. Ils constatent que le Dr Chakir ne fait pas partie de cette clientèle et se garde bien de se montrer dans les parages.

Aram décide donc de suivre Djemal Azmi quand il quitte son magasin à 17 heures, comme tous les soirs, et de monter derrière lui dans le tram numéro 4, qu'il emprunte pour regagner sa résidence à l'angle du Kurfürstendamm pourtant tout proche. Il le frôle au passage et vérifie ainsi qu'il ne lui prête pas attention et se tient peu sur ses gardes. Au compte-rendu que le trio lu fait désormais chaque soir de ses surveillances, Chahan reproche vivement cette imprudence à Aram.

Quelques jours plus tard, Aram voit Azmi sortir une heure plus tôt de sa boutique ; intrigué, il saute sur le marchepied de son tram. Au lieu de descendre à son arrêt habituel dans l'avenue voisine, Azmi reste à bord. Aram le voit faire un petit signe à l'arrêt suivant, devant le numéro 79. Il a juste le temps d'entrevoir sur le pas de la porte un homme très brun à petite moustache qui semble appartenir à la classe des pachas. Il poursuit son trajet jusqu'à la station suivante. Il revient sur ses pas et identifie l'inconnu qui attendait Azmi : l'ancien chef de la Sûreté générale de Constantinople, Aziz bey, responsable de la rafle des intellectuels arméniens d'avril 1915, puis de la purge dans les camps de concentration du désert syrien en tant que vali de Beyrouth. Dès lors, cette adresse devient pour le commando un nouvel objectif à surveiller. Mais toujours pas de Chakir à l'horizon.

Le 18 mars, Seto se présente enfin au rapport du *briefing* vespéral. Il prétend que Djemal Azmi est suivi en permanence, lors de ses sorties, par deux agents du service allemand. Il est bien vite convaincu de mensonge. Ce n'est finalement pas lui, mais Hratch, qui, par Ekmel, obtient l'adresse où se terre le Dr Behaeddine Chakir. Il en informe le groupe, un soir, dans les toilettes d'un restaurant où ils se sont donné rendez-vous : Savigny Platz, au numéro 22, de l'autre côté de la Uhlandstrasse. Archavir s'y rend le premier : l'entrée de l'immeuble donne sur un jardin d'où il est possible de le surveiller. Il sonne et demande à la femme qui ouvre la porte si le docteur Schacht habite bien là. Non, répond-elle, elle ne connaît pas de Dr Schacht dans l'immeuble. Mais Archavir en profite pour glisser subrepticement une boulette de papier dans la gâche de la serrure. Il s'excuse d'avoir dérangé cette dame, se confond en remerciements et s'éloigne. Quelques minutes plus tard, il revient sur ses pas, pousse la porte et entre dans le vestibule désert. Il monte l'escalier sans faire de bruit, pour déchiffrer les noms sur les portes. Un seul retient son attention au premier étage : *A.L.P.*, signe turc écrit en lettres arabes. Correspond-il au nom d'emprunt de celui qu'il recherche ?

Il redescend, d'un pas toujours léger, au rez-de-chaussée, retire la petite boule de papier de la serrure et revient informer ses camarades. Archavir et Aram se relaieront pour monter une faction dans le jardin public voisin. Un jour de pluie, le premier entre dans une chemiserie située à proximité, autant pour s'abriter que pour flâner autour du comptoir de chaussettes et de sous-vêtements, tout en jetant un coup d'œil à l'immeuble du 22. En ressortant, alors qu'il déploie son parapluie devant lui, son regard tombe sur le pantalon rayé d'un homme qui arrive sur lui. Il lève les yeux et croise le regard de ce passant en tenue d'apparat. Il a la certitude qu'il s'agit bien de l'introuvable Dr Chakir, qui vient juste de quitter l'immeuble d'en face pour se rendre à quelque réception ou cérémonie. De peur de l'intriguer, les jours suivants, par sa présence, Archavir demande à Aram de prendre sa place. Quand il le voit à son tour sortir de l'immeuble, Aram se cache derrière un arbre et se met en devoir de le suivre. Sa filature le conduit, après une demi-heure de marche, à l'adresse où Aziz bey avait accueilli Djemal Azmi.

Au rapport du soir, Chahan demande au groupe de baliser désormais le trajet menant du tabac de Djemal Azmi à la planque de Chakir en passant par le domicile d'Aziz Bey, et d'étudier les itinéraires de repli et de fuite possibles le long de ce parcours d'à peine deux kilomètres. Il révise en baisse l'objectif initial de l'opération : il faudra se contenter de deux cibles, Chakir et Azmi, à viser autant que possible ensemble, et de préférence le soir, car il s'agit aussi de ne pas se faire prendre, aucune indulgence n'étant cette fois à attendre des tribunaux allemands.

Pour l'instant, c'est Archavir qui se trouve dans la situation la plus confortable pour poursuivre la mission, en dépit du découragement qu'inspirent les insuffisances de Seto, les intrigues de M. auprès des dirigeants d'A.B.M. et de *Djagadamard*, à Constantinople, pour suspendre les attentats, les impulsions de plus en plus incontrôlées de Yezid quand il est pris de boisson — les filatures qui s'éternisent n'arrangent rien —, l'épuisement nerveux de Hratch à jouer les chevaliers servants des dames de l'émigration turque, enfin la lassitude d'Aram à force de marcher tout le jour derrière des ombres... Chiraguian, lui, est comme un coq en pâte dans la famille Sack, dont il promène le chien sur les lieux de ses guets. Le fils d'Hanna Sack a complètement perdu de vue les formalités d'inscription de leur pensionnaire sur le registre des étrangers, et se laisse aller à raconter devant lui ses histoires de service.

Un soir qu'ils sont tous réunis au salon, Hanna à son tricot, la fille Bertha à sa lecture, Herr Sack junior pose son revolver sur une chaise pour essayer une chemise neuve, encore offerte par Archavir en remerciement d'un bon change qu'il lui a obtenu pour ses dollars. Archavir s'amuse à prendre l'arme et à regarder l'intérieur du canon en mettant le doigt sur la détente, comme s'il ignorait tout des dangers d'un tel maniement. Le jeune policier surprend son geste et lui arrache le revolver des mains. Il est tout pâle :

— Vous ne vous rendez pas compte ! Ce n'est pas un jouet, vous auriez pu vous tuer !

Sa mère le réprimande d'avoir laissé traîner son revolver. Archavir feint la surprise :

— Comment une si petite chose peut-elle tuer ?

Herr Sack est ainsi persuadé que ce charmant garçon n'a jamais touché une arme de sa vie...

Pour en finir avec les mensonges de Seto, Hratch et Archavir lui tendent un piège en l'envoyant filer Chakir à une adresse-bidon. Le lendemain, l'ex-inspecteur d'Erivan se démasque en leur apportant au café Hambourg un compte rendu de filature.

— Ton rapport n'est qu'une pure invention de A à Z, tranche Hratch qui demande à Chahan son exclusion du commando et son renvoi à Constantinople. Par la même occasion, Archavir se charge de reconduire son co-équipier Yezid à la gare et de lui prendre un billet de retour pour Vienne. La décision a été prise de se passer de ses services après une bagarre d'ivrognes avec des consommateurs allemands dans une brasserie. Le paysan du Danube endimanché qu'est devenu le brave compagnon des mauvais jours en pleure de rage :

— Alors, à vous les pachas ! A nous, vous ne laissez que le menu fretin !

Il ne reste qu'Aram et lui pour filer le Dr Chakir. Ils doivent renouveler leur garde-robe de crainte de se faire reconnaître à force de se trouver sur son chemin. Si Seto avait fait correctement son travail de renseignement, ils n'auraient pas été exposés ainsi inutilement aux regards de ceux qu'ils ont la charge d'abattre. S'ils ont à présent la possibilité d'abattre Chakir en cours de trajet, ils ne peuvent enfreindre les ordres : attendre qu'il soit en compagnie d'autres Ittihadistes, comme Djemal Azmi, afin de les éliminer d'un coup.

Attendre toujours... Ces filatures sans cesse recommencées à partir du domicile de l'un ou de l'autre finissent par coûter les yeux de la tête à l'organisation que les rapports de Seto ont à leur tour ébranlée. Le 28 mars encore, l'ex-inspecteur, dont Chahan demande en vain le rappel, fait courir le bruit que des patrouilles de la police secrète allemande ont établi des cordons de sécurité autour des résidences turques, transformées en forteresses, et sont sur la trace des agents arméniens dont la présence à Berlin est éventée. Archavir sait bien, par les discussions à bâtons rompus qu'il entretient avec le fils de sa logeuse, que les autorités allemandes n'ont ni l'envie ni les moyens de répondre aux demandes d'assistance et de protection effectivement formulées par les exilés de l'Ittihad.

Le 8 avril enfin, Aram et Archavir voient le Dr Chakir se rendre au domicile de Djemal Azmi en compagnie d'un homme âgé. Ils ne sont apparemment suivis d'aucune escorte. Mais, cette fois, c'est Azmi qui reste invisible. Comment les prendre tous deux dans le collimateur ? Plus les deux vengeurs attendent le moment de passer à l'action, plus celle-ci devient difficile à réaliser. Déjà, Aram Yerkanian n'a pu se soustraire à la formalité de son enregistrement, sous son identité d'emprunt, à la police des étrangers. Et son visa vient bientôt à expiration. Archavir, lui, réussit encore à gagner du temps pour ne pas se soumettre à cette inscription — une simple affaire de routine à régler avec son ami Sack, s'il a le loisir d'y penser...

Les deux derniers coéquipiers de l'« opération coup double à Berlin » suivent, encore une fois, une de leurs deux proies, le Dr Chakir, dans le tram qui transporte l'ancien patron des Tchettés avec sa femme chez le monstre de Trébizonde. Mais le couple ressort seul de l'immeuble d'Azmi. Ce soir-là, Chahan Natali, découragé, montre à ses camarades un message en provenance de leur centrale de Constantinople : les responsables de l'organisation, circonvenus par les rapports catastrophiques de M. et de Seto, leur intiment l'ordre d'annuler toute opération. D'accord avec Hratch qui s'est joint à eux pour la circonstance, Chahan accepte de transmettre la réponse d'Aram et d'Archavir : « Nos deux cibles sont à notre portée. Nous n'allons pas les rater. »

Mercredi 12 avril, Hratch vient les informer de l'arrivée de Djemal Pacha avec son aide de camp : il séjourne dans la villa d'Enver à Grünwald. Une villa difficile à surveiller, car elle est située au fond d'un grand parc gardé. Aram et Archavir passent au Café Anglais prendre Chahan. Les trois Arméniens vont se poster à distance de la propriété. Ils ne voient arriver, au bout de deux heures d'attente, que Djemal Azmi, flanqué de deux Turcs. Devant l'impossibilité de tenter quelque action de ce côté-là, ils décrochent pour revenir à leur faction habituelle, au carrefour de la Uhlandstrasse, sur lequel donne la résidence de la famille Azmi. C'est le seul point de repère fixe et fiable de leur longue traque de près de neuf semaines. Ils vont tenter de faire coller l'accomplissement de leur « sainte mission » au calendrier de la Semaine sainte... Le Vendredi saint, rien à signaler. Le lendemain, Archavir invite le fils de sa logeuse, le policier Sack, à prendre un verre au Café anglais. A travers la baie vitrée, il aperçoit Djemal Azmi sortant de l'immeuble : son apparition laisse son compagnon de marbre, ce qui confirme que son service n'a pris aucune mesure particulière pour assurer la protection du Turc. En revanche, si le « monstre de Trébizonde » avait quelque soupçon d'être filé par Archavir, le fait de voir celui-ci attablé avec un policier à la terrasse du café serait plutôt de nature à le rassurer et à dissiper ses doutes.

16 avril, dimanche de Pâques. Archavir cède sa place à Aram, car il ne peut faire autrement que de passer ce jour de fête en famille avec les Sack. D'abord à l'église, puis à la maison où le fils a invité plusieurs de ses collègues, enfin le soir au restaurant où Archavir offre un dîner de gala à ses hôtes. Qui pourrait deviner ses intentions meurtrières pour le lendemain d'une si belle journée ?

Le lendemain, lundi de Pâques, il revêt la chemise blanche sans col qu'il portait le jour où il avait exécuté le traître Ihssan en pleine rue à Constantinople, et qu'il avait remise pour abattre Saïd Halim à Rome. Son revolver y a même laissé un tache de rouille. Cette chemise est pour lui comme un talisman, une sorte d'armure magique qui l'a déjà protégé deux fois dans sa « carrière » de justicier révolutionnaire. Son revolver de marque américaine Savage, bien nettoyé et approvisionné en munitions, fait une bosse invisible mais palpable sous sa veste des jours de fête.

Aram vient le rejoindre au café habituel vers 15 heures, après avoir lui aussi vérifié l'état de son Mauser. Au même moment, Behaeddine Chakir se pointe à l'horizon de la rue, accompagné du vieil homme déjà aperçu : il se rend au domicile de Djemal Azmi. Ne les voyant pas ressortir à l'heure du dîner, les deux Arméniens interrompent leur guet pour aller se restaurer à leur tour. Vers 21 h 30, l'immeuble d'Azmi est plongé dans l'obscurité. Archavir file au domicile de Chakir : aucune lumière non plus à l'appartement du premier étage. Il remonte l'Uhlandstrasse et s'arrête devant le numéro 80, à quatre blocs de l'immeuble d'Azmi. Là réside l'ancien gouverneur de Smyrne, dont le nom ne figure pas sur la liste des hommes à abattre : c'est pourquoi les vengeurs ont qualifié son domicile de « territoire neutre ». Comme il est resté éclairé, il y a une chance pour que ceux qu'ils recherchent s'y trouvent réunis, ce qui comblerait leur espoir de les avoir enfin ensemble dans leur ligne de mire : une occasion unique pour exécuter le plan ! Archavir court prévenir Chahan au Café Anglais où il dispute une partie de billard avec un client japonais. Chahan s'excuse auprès de son partenaire et vient se poster à 200 mètres de la sortie d'un cinéma où l'on projette le *Docteur Mabuse* de Fritz Lang. C'est l'itinéraire de repli prévu par ses camarades qui arpentent le trottoir en se mêlant à la foule des spectateurs. Ceux-ci se déversent dans la Uhlandstrasse par vagues successives à mesure que se vident les salles, théâtres ou cinémas, qui bordent cette artère très fréquentée.

23 h 45. Le porche du 80 s'entrouvre. Un Turc à la barbe courte sort prudemment, regardant à droite et à gauche : c'est le commissionnaire habituel des Ittihadistes, Rouhssi bey. Il a les mains enfouies dans ses poches, prêtes à faire feu. Il retourne à l'intérieur de l'immeuble, puis réapparaît, suivi cette fois de tout un groupe : en tête quatre femmes, la mère,

l'épouse et la fille de Djemal Azmi, ainsi que la fiancée de son fils ; suivent, bras dessus, bras dessous, Azmi et Chakir, et, derrière eux, la veuve de Talaat et la femme du Docteur. Un garde du corps allemand ferme la marche. La petite troupe se dirige d'un pas tranquille vers l'immeuble d'Azmi, à l'angle du Kurfürstendamm. Aram et Archavir se tiennent sur le trottoir opposé, au milieu de la foule qui continue de s'écouler à la sortie des salles de spectacle. Machinalement, Archavir fait le signe de la croix et les deux hommes s'élancent dans une rue latérale pour contourner l'immeuble et surprendre le groupe de face en lui barrant la route. Aram suit péniblement Archavir dans sa course, car ses pieds le font de plus en plus souffrir. Les Turcs ont pressé le pas et ont déjà dépassé le coin de la Uhlanstrasse quand Archavir débouche de la rue latérale. Le garde du corps les devance maintenant d'une trentaine de mètres pour se poster au-delà de la porte d'entrée : il ne voit pas l'Arménien surgir derrière eux du coin de la rue.

La veuve de Talaat, qui se tient un peu à l'écart du groupe arrivé devant la porte, est la première à comprendre et à réagir au moment où Archavir bondit, son automatique à la main. Elle se jette contre lui pour dévier son geste. Il la frappe d'un coup de manchette de son autre main, qui la renverse sur le trottoir : elle hurle dans sa chute et son cri fait se retourner Djemal Azmi. Le canon du Savage est braqué sous son œil gauche, à bout portant. Il s'écroule, foudroyé par le coup de feu, sans avoir eu le temps de sortir son arme. Le Dr Chakir plonge sa main dans sa poche pour saisir la sienne, mais déjà le canon du tueur est sur lui. Il crie : « Ah ! » A son exclamation répond celle du tueur qui vise son front : « Oui, ah ! ». Mais la balle manque sa cible et lui érafle tout juste la joue gauche. Aram surgit à cet instant et lui loge une balle en pleine poitrine, l'étendant raide mort sur le corps de l'autre. Tandis que, dans la confuse mêlée provoquée par les tirs et par la bousculade, les femmes se jettent à terre et que les enfants d'Azmi hurlent « Baba ! Baba ! », Archavir saute sur Rouhssi bey qui a dégagé son arme et l'entraîne dans sa chute, précipitée par deux nouveaux coups de feu d'Aram tirés dans leur direction. Le Savage lui a glissé des mains en tombant et luit sous un réverbère. Aram reste un moment prostré, craignant d'avoir atteint son ami dont le menton a heurté le pavé et qui a la bouche emplie de sang. Le garde du corps allemand, lui, a disparu. Aram se met à tirer dans les réverbères pour plonger ce coin de rue dans l'obscurité et faciliter leur fuite. Ils s'élancent dans Augsburgstrasse. Là, un policier en uniforme tente de leur barrer le passage. Archavir le repousse et Aram tire deux balles à ses pieds. Des cris retentissent de tous côtés et des passants se lancent aux trousses des deux fugitifs.

Aram n'en peut plus de courir et dit à Archavir de ne pas l'attendre. Il s'assied, tout essoufflé, sur les marches d'un perron. Quand les poursuivants arrivent à sa hauteur, ils le prennent pour l'un des leurs et continuent leur route sans se soucier de lui : Archavir, qui n'a pu récupérer son arme, revient sur les lieux de l'attentat par une voie restée déserte, la Pariserstrasse. Mais l'attroupement, qui est devenu dense autour des corps étendus à terre, l'empêche d'approcher. Pour ne pas risquer d'être reconnu par la veuve de Talaat, Archavir s'éloigne au milieu d'une famille allemande. Il hèle un taxi sur la Ludwigstrasse, se fait déposer à Unter-den-Linden, en prend un autre à la Leipziger Platz pour le jardin zoologique, non loin du domicile des Sack. Il regagne sa chambre sur la pointe des pieds, fait disparaître dans le lavabo la vaseline dont il s'est servi pour nettoyer son Savage, et jette le pot vide et la petite brosse par la fenêtre de derrière donnant sur le ballast du chemin de fer.

Il est réveillé par des coups frappés à la porte... C'est le fils Sack qui arrive en catastrophe de son bureau :

— Herr Ghazarian, appelle-t-il à travers la cloison, Herr Ghazarian, deux pachas viennent d'être tués par deux Arméniens. Si cela peut vous faire plaisir, habillez-vous vite, je vous emmène voir les victimes avec moi.

Hanna Sack sort de sa chambre en déshabillé de nuit et morigène son fils :

— Quelle idée ! Veux-tu bien laisser notre pensionnaire dormir tranquille ! Tout le monde n'est pas obligé de partager ce goût morbide des policiers pour les cadavres, même turcs.

Soulagé, Archavir peut enfin s'abandonner au sommeil du juste.

Aux premières heures de la matinée du 18 avril, le pseudo-Mehmed Ali reçoit un appel téléphonique éploré de son inséparable « ami » Ekmel. Avec des sanglots dans la voix, celui-ci lui relate les circonstances de l'assassinat de son père et de Behaeddine Chakir. Ce coup double des Arméniens plonge la communauté turque de Berlin dans la stupeur et la plus profonde affliction. Bien sûr, Hratch exprime ses sincères » condoléances : il partage la douleur de la famille Azmi et prend part à son deuil. Il accompagne d'ailleurs Ekmel, sa mère et sa sœur à la morgue. Il figurera en bonne place sur les photos officielles prises à cette occasion et assistera aux obsèques aux côtés d'Enver et de Djemal Pacha.

La police allemande est sur les dents. Elle a dressé une liste de suspects à partir du fichier d'enregistrement des Arméniens résidant en Allemagne, et procède à des interpellations massives. Grâce à ses subterfuges et à la distraction de Herr Sack, Ghazarian-Chiraguian n'y figure pas. Heureusement pour lui, car les Arméniens raflés sont confrontés un à un à la veuve de Talaat qui affirme être en mesure d'identifier au moins l'un des tueurs, celui qui l'a brutalisée avant de tirer sur Azmi et qu'elle croit avoir déjà rencontré à plusieurs reprises dans la rue. Parmi la cinquantaine de suspects retenus dans les commissariats, elle croit reconnaître son agresseur dans la personne d'un étudiant de Leipzig nommé Berberian, venu passer les vacances de Pâques chez un ami à Berlin. Il ressemble de façon frappante à Archavir, ce qui lui vaudra de rester plusieurs mois en détention préventive. Le consul d'Arménie, Avedikian, est également soupçonné d'avoir financé le commando, car c'est un riche bourgeois originaire de Smyrne.

Chahan Natali est le premier à franchir la frontière, non

en raison de ses responsabilités élevées dans le réseau de l'« Opération Némésis », mais parce que, deux jours après l'attentat, un journal allemand révèle que les enquêteurs sont sur la piste d'un reporter américain récemment envoyé à Berlin, et que telle est sa couverture... Avant de disparaître, il rassure Archavir sur le sort d'Aram et lui dit de contacter Libarit Nazariants, qui représente toujours le gouvernement arménien en exil, ainsi que le professeur Zorian : ils pourront l'aider à quitter à son tour l'Allemagne. Aram fait sa réapparition le 21 avril, au Café Anglais, relativement protégé par son passeport de touriste persan. Il raconte à son compagnon comment il a réussi à passer inaperçu de leurs poursuivants en reprenant son souffle assis sur un perron.

— Je haletais en montrant du doigt la direction que tu avais prise, sûr que tu les avais semés. Ils ont cru que je participais aussi à la chasse à l'homme et m'ont laissé à la traîne. Alors, je suis allé jeter mon Mauser par-dessus un mur de jardin et j'ai repris ma marche nonchalante. Je suis passé devant un commissariat. Un agent s'est précipité au devant de moi, mais c'était pour me demander du feu. Puis je suis rentré chez moi en taxi.

— Et si on profitait de l'enterrement pour liquider les autres Ittihadistes ? Il nous suffirait de venir avec des couronnes mortuaires.

— Le problème est que nous n'avons plus d'armes. Avant de prendre le train de Vienne, Chahan s'est débarrassé du revolver laissé par Yezid en le balançant dans la Spree. Et le pauvre Hratch a été désigné par Ekmel pour porter le cercueil de son père ! Quant aux autres camarades du parti présents à Berlin, ils ne sont plus tellement disposés, devant le tollé général de la presse, à soutenir de nouvelles actions terroristes !

Les investigations policières s'intensifient et la communauté arménienne — surtout étudiante — est l'objet de tracasseries croissantes. De plus, Archavir apprend par Herr Sack que les services secrets de Constantinople ont envoyé des agents pour fournir des renseignements à leurs homologues allemands. Ils ont promis d'apporter des photos de « Berberian », dont le signalement leur a été communiqué, en faisant savoir que le suspect en question a, sous une autre identité, un lourd dossier. Archavir a la conviction que les photos en question sont celles que son vieil adversaire Echref a trouvées chez lui après le meurtre d'Ihssan.

Aram, à son tour, a pris le train pour l'Autriche : ses papiers sont en règle, ce qui n'est pas le cas d'Archavir, puisqu'il ne s'est pas fait enregistrer comme résident étranger et ne peut obtenir de visa de sortie. Après avoir contacté le professeur Zorian, qui lui propose de l'héberger chez lui, Archavir demande à un ami résidant à Vienne de lui envoyer le télégramme suivant : « Oncle mourant, reviens vite régler succession ». Dès sa réception, il montre le message à Herr Sack en lui disant qu'il doit rentrer sur-le-champ en Roumanie et en lui demandant son aide pour quitter l'Allemagne. Il souhaiterait même se faire accompagner, à ses frais bien entendu, car il se sent incapable de se débrouiller seul dans l'adversité. Herr Sack regrette d'être retenu par l'enquête sur le double attentat, mais il lui promet de régler son affaire de visa. Après quelques atermoiements, il se rend avec lui au commissariat central et tamponne d'autorité son passeport.

Le 18 mai, après un mois d'angoisses et de sueurs froides, Archavir réussit à sauter dans un train pour Vienne avec son visa, le jour même où Herr Sack prend connaissance à Leipzig des photos de Berberian transmises par Constantinople : le portrait craché du pensionnaire de sa mère, Torkom Ghazarian, alias Archavir Chiraguian !

Le mois suivant, il échappe de justesse à une tentative d'enlèvement en Bulgarie par des agents de la police secrète turque qui ont réussi à retrouver sa trace. Les représentants locaux des Dachnak le planquent quelque temps dans une station thermale de montagne où il a la joie de recevoir la visite de Hratch, d'Aram et même de Yezid, exclu du commando de Berlin. Puis il retrouve Missak Torlakian en Roumanie où l'A.B.M., qui assure la direction du Parti, prépare son repli devant les progrès de la révolution nationale kémaliste en Turquie et le mouvement de retrait des forces d'occupation alliées. Enfreignant les consignes et les règles de sécurité élémentaires, Chiraguian embarque le 20 août à Constantsa sur un bateau à destination de Constantinople : il veut avant tout tenir la promesse qu'il a faite à Gaïané, qui n'a cessé de lui adresser des lettres par le canal de son ami à Vienne durant toute cette période. Il vient rendre compte, par la même occasion, de ses tribulations européennes aux camarades Amadouni et Navassartian, restés au siège du *Djagadamard*. Le général Mustafa Kemal se prépare alors à faire une entrée triomphale dans la capitale que désertent en masse les Grecs et les chrétiens fortunés. Des bâtiments de guerre alliés mouillent encore dans la mer de Marmara pour veiller à la sécurité de leurs seuls ressortissants. Le Comité central dachnak s'apprête également à quitter le pays, et certains de ses cadres à rentrer dans la clandestinité.

Ces sombres perspectives n'empêchent pas la cérémonie officielle des fiançailles d'Archavir et de Gaïané de se tenir le 1er octobre dans un faubourg encore protégé de Constantinople, en présence du beau-frère Manoug Aslanian, responsable du recrutement et de la sélection des équipes de l'« Opération Némésis ». Les Turcs venaient d'incendier Smyrne. L'avant-garde des forces populaires mobilisées par Kemal commence à répandre la terreur. Le patriarche Zaven remet à Archavir un passeport au nom de Souren Ghazarian et 500 livres turques afin qu'il gagne la France, puis les États-Unis, car sa seule présence met en danger le reste de la communauté arménienne. Le 10 octobre 1922, il quitte la Turquie sans vouloir se demander si c'est pour toujours.

Kandilli en Turquie et le mouvement de retrait des forces d'occupation alliées. Il s'occupe des contingents et des cours de sécurité clandestines. C'est lui qui embarque le 19 août à Constantza sur un bateau à destination de Constantinople, qui veut avant tout tenir la promesse qu'il a faite à Lénine, qui a cessé de lui adresser des lettres par le canal de son ami à Vienne durant toute cette période. Il s'appuie aussi, comme par le passé, sur certains de ses fréquentations européennes : ses camarades Mahmoud et Névzadé, [illegible] au siège de l'Organisation. Le général Moustafa Kemal se présente alors à [illegible] entré clandestinement dans la capitale que désertent en masse les Grecs et les chrétiens en général. Dès le lendemain de guerre elles [illegible] encore dans la rue de Marmara pour veiller à la [illegible]. Le Comité central [illegible] à quitter le pays, et certains de ses cadres à rentrer dans la clandestinité.

XI

A la barbe de la Tchéka

La faille apparue entre le Corps responsable à l'étranger (A.B.M.) et le Bureau du Parti dachnak replié à Tabriz (en Perse) au lendemain de la conférence intérimaire d'avril 1921, les défaillances qui se sont révélées dans les préparatifs du double attentat de Berlin, les divergences au sein des comités responsables et parmi les équipes de l'« Opération Némésis », tout cela n'a fait que s'accentuer au fil des mois. Au point que le réseau clandestin, mis sur pied par le bras armé du Parti, semble interrompre ses activités de lui-même après un dernier attentat durant l'été 1922, sans qu'aucun ordre en ce sens ne figure dans les archives secrètes de la Fédération révolutionnaire arménienne. Il est vrai que ces actions terroristes n'ont jamais été officiellement revendiquées et que l'existence même des commandos de vengeurs, « justiciers du génocide » avant la lettre, est restée longtemps secret d'appareil. Celle-ci a pourtant laissé des traces dans la correspondance inédite échangée entre l'A.B.M et les comités centraux régionaux, où cette activité de l'ombre avait été prise en charge par des noyaux formés pour accomplir la Mission spéciale *(Hadoug Kordz)* dont elle relevait.

Le tournant qui sera pris en ce domaine à la conférence intérimaire de Vienne en 1923, en attendant le Xe Congrès mondial repoussé à l'hiver 1924-1925, résulte de cette crise latente imputable au moins autant aux circonstances qu'aux faiblesses humaines. Les difficultés de Chahan Natali avec les autres dirigeants, tant sur le plan financier que sur le plan organisationnel et politique — et qui finiront par son exclusion du Parti —, ont, à cet égard, valeur de témoignage significatif. Tous ses écrits reflètent son amertume de se sentir en butte aux rumeurs de toutes sortes sur le coût exorbitant de son « doublé » de Berlin. Ainsi le responsable du Fonds spécial au Comité central américain, Aharon Satchaklian, lui reproche-t-il, dans une lettre, non seulement ses dépenses « inconsidérées » pour la Mission, mais aussi la prodigalité de son mode de vie : « Si vous ne pouvez économiser sur le budget, on peut vous remplacer », menace-t-il. Et de lui refuser notamment le remboursement de deux chemises achetées à Berlin en sus des quatre achetées à son départ de Boston. L'exemple d'Archavir Chiraguian est pourtant là pour montrer que les opérations de filatures, à elles seules, exigent des garde-robes bien fournies, sans compter tous les frais d'une vie clandestine...

Mais, surtout, Chahan Natali se verra accusé de continuer à collecter des fonds après le terme mis à cette série d'attentats et sommé de rendre des comptes, notamment par l'un des pionniers de la justice révolutionnaire, Rouben Ter-Minassian. Il fournira d'ailleurs un état détaillé des recettes et des dépenses pour répondre à ses détracteurs. Et, derrière ces « calomnies » répandues sur son compte, il dénoncera en fait un règlement de comptes politique consécutif à un désaccord de fond sur les orientations du Parti devant les changements géopolitiques intervenus au Proche-Orient. Il n'hésitera pas à parler de la trahison de Némésis par le « serment prométhéen de Tabriz », visant par là les dirigeants du Bureau dont la haine des Bolcheviks a été plus forte que l'impératif de vengeance des crimes turcs. Selon lui, l'anticommunisme des Simon Vratsian, des Rouben Ter-Minassian, des Vahan Navassartian et autres ministres en exil de la République d'Arménie, leur a fait oublier la dette de sang contractée en Anatolie. Si la « sainte mission » accomplie à Berlin a duré neuf semaines, ajoute-t-il, c'est parce qu'elle s'est heurtée à des oppositions internes et à des manœuvres de sabotage, tant à Berlin même qu'à Constantinople, sous l'influence des « défaitistes » de Tabriz prêts à passer un compromis avec les nationalistes turcs d'Ankara. Et il accusera à son tour ceux qui ont mis en cause sa probité et fini par interrompre son action, l'empêchant de mettre à exécution son projet d'empoisonner les puits, les sources et les approvisionnements en eau de la Turquie kémaliste !

Même si les jugements de Chahan Natali paraissent excessifs, certains documents d'archives témoignent d'un abandon progressif de la traque des responsables des massacres de 1915, au détriment de la ligne encore soutenue par l'A.B.M. au début de l'année 1922. Le président du Corps responsable à l'étranger, Abraham Gulkhandanian, donne alors son accord, au nom du Parti dachnak, pour reconnaître la République soviétique d'Arménie comme garante de la survie de la nation arménienne. Le grand patron de la Mission spéciale, Armen Garo, qui téléguide l'« Opération Némésis » depuis les États-Unis, estime lui-même que la terre arménienne peut amender les Bolcheviks et nourrit l'espoir que le gouvernement communiste d'Erivan parviendra à développer le pays avec l'aide des Soviets. Le commando de tueurs est envoyé de Constantinople à Berlin où Natali supervise l'opération sur le terrain. Et, le 10 janvier, l'un des vengeurs opérant en Géorgie, Stepan Dzaghiguian, ex-compagnon d'armes d'Aram Yerkanian, écrit de Batoum au général Sebouh, chef du comité de Boston : « Nous n'avons pas encore réussi à coincer Enver [n° 2 du triumvirat Jeune-Turc et de la liste noire], en dépit de tous nos efforts, mais nous poursuivons nos tentatives. »

Le 25 du même mois, l'A.B.M lance un appel de fonds à tous les comités centraux régionaux, car il n'a pas de quoi financer l'organisation du prochain Congrès mondial du Parti. En février, il envoie Chahan Natali à Paris pour vérifier la régularité des élections du comité local. Dans une lettre confidentielle adressée le 25 aux comités centraux, il fait part de treize décisions d'exclusion prises depuis le IXe Congrès d'Erivan — notamment à l'encontre d'une fraction gauchiste — par la commission d'arbitrage du Parti.

6 mars. Lettre du Comité de Constantinople à celui de Boston :

« La Mission spéciale en cours de réalisation selon le plan prévu exige des sommes considérables. Nous ne disposons tout juste de la somme nécessaire que pour un cas. Chahan a dû écrire à ce sujet au Comité spécial. »

15 avril. Lettre d'Hovannès Amadouni (Constantinople) à Boston :

« La Mission spéciale se poursuit avec les fonds collectés seulement jusqu'en 1921. L'expérience montre qu'elle nécessite beaucoup d'argent. Il est devenu plus difficile que par le passé de recueillir de telles sommes. Nous sommes totalement démunis ici. Comment atteindre les nouveaux objectifs sans budget approprié ? La poursuite de la mission risque d'en être compromise. »

17 mai. Réponse de Boston à l'A.B.M (Constantinople) :

« On vous a envoyé 2 500 dollars prélevés sur le Fonds spécial. Nous ne pouvons satisfaire votre demande de 5 000 dollars supplémentaires avant la prochaine réunion de notre Comité central, d'ici un ou deux mois. De la collecte effectuée pour S.T. [Soghomon Tehlirian], il reste environ 2 100 dollars. Nous devons garder cette somme pour nos besoins ici. Le Comité central des États-Unis dispose de ces fonds sous l'intitulé "libération", comme vous le verrez dans nos comptes. Nous avons eu à faire face, cette année, à des dépenses imprévues. »

6 juillet. Résolution du 29e congrès régional dachnak des États-Unis :

« Considérant l'importance des actions révolutionnaires, le congrès décide d'adopter un moyen radical pour en assurer le financement : chaque camarade versera un dollar en plus de ses cotisations contre la remise d'un timbre spécial à coller sur sa carte. »

7 juillet. Lettre de Gulkhandanian (A.B.M) adressée de Constantsa (Roumanie) à Boston :

« Faites le nécessaire pour que T. *[le terroriste de Djivanchir]* puisse partir reprendre ses études aux États-Unis le mois prochain. »

27 juillet. Ouverture du Xe Congrès régional dachnak de Constantinople : Chahan Natali, représentant l'A.B.M, est élu co-président du Congrès. Une séance à huis clos sera consacrée au rapport secret d'un comité *Zyphon* (ancien nom de code donné à un projet d'assassinat du sultan Abdul Hamid en 1905). Ce rapport conclut à l'inutilité de payer un responsable à plein temps pour effectuer les investigations, alors que les techniques modernes permettent à n'importe quel membre du Comité central d'assumer cette tâche. Il est décidé à l'unanimité de pousser davantage les investigations pour *Zyphon.*

21 août. Lettre de Boston à l'A.B.M :

« Le total des sommes recueillies d'avril 1921 à juillet 1922, au nom de Soghomon Tehlirian, a atteint 16 756 dollars. Il n'en reste que 2 102. »

29 septembre. Lettre de Chahan Natali (Constantinople) à Boston :

« J'enrage de voir le Comité central des États-Unis envoyer de l'argent à une adresse qu'il ne faut plus utiliser : n'avez-vous pas pensé à la situation ici en adressant le mandat, au nom du Comité central révolutionnaire arménien, à Mardinian au siège du *Djagadamard* ? »

5 octobre. Télégramme du comité de Constantinople au comité régional des Balkans :

« Ne plus écrire à l'adresse du *Djagadamard,* sauf

pour passer articles. Cesse d'être l'adresse de l'organisation, transférée au siège d'une compagnie d'assurances. »

25 octobre. Au nom de l'A.B.M., Natali et Amadouni signent une circulaire à tous les comités centraux du Parti, pour les informer des dangers que la défaite des Grecs fait courir aux jeunes Arméniens de Constantinople : en conséquence, un comité spécial a été créé pour organiser l'autodéfense des jeunes et des réfugiés, l'évacuation des militants en vue et le transfert en Roumanie, entrepris depuis trois semaines, des services et des effectifs de l'A.B.M., dont seuls resteront sur place deux camarades.

2 novembre. Lettre de Boston à Chahan Natali :

> « Nous avions envoyé 3 000 dollars à Berlin pour la libération de Tehlirian. Nous n'avons aucun compte rendu de l'usage de cette somme. Nous attendons une réponse dans les plus brefs délais. »

4 décembre. Le dernier représentant du Comité central dachnak de Constantinople encore présent signale le départ pour Sofia (Bulgarie) de Natali, d'Amadouni et de deux autres élus du congrès régional, qui rejoindront ensuite l'A.B.M. replié à Bucarest. Natali effectue encore, à la fin de l'année, un rapide séjour à Berlin, avant de regagner les États-Unis qu'Armen Garo, malade et découragé, a quittés depuis le milieu de l'automne pour rentrer à Paris, après une cure en Californie, et se retirer parmi les siens à Genève. Il y succombera à son mal le 23 mars suivant.

27 mars 1923. Lettre de Chahan Natali de New York au Comité central arménien à Boston :

> « J'attends de me faire rembourser mon voyage de retour. J'ai dû emprunter 500 dollars à un oncle pour la traversée. Il était pourtant convenu par ceux qui m'ont envoyé en mission en Europe, voici plus de deux ans, que me serait payé mon billet de retour. Certes, je n'y avais pas été délégué officiellement par le Comité central

des États-Unis, mais, après la conférence de Bucarest, je l'ai représenté au Bureau et j'ai été élu membre de l'A.B.M. Or les circonstances font que ma mission a cessé, faute d'objet et de moyens. Il m'a fallu revenir à mes frais. Vous trouverez ci-joints mes comptes. J'attends une réponse rapide. »

11 avril. Lettre de Chahan Natali au Comité de Boston :

« On m'a trop tardivement prévenu pour que je puisse faire valoir mon point de vue sur la question mise à l'ordre du jour de la prochaine conférence intérimaire de Vienne : l'orientation du Parti face à la soviétisation de l'Arménie. Vous n'êtes pas innocent de ce retard qui m'empêche de faire revenir le Parti à sa ligne révolutionnaire. »

Natali est retenu par ses obligations à Hartford où Archavir Chiraguian, arrivé de Paris en novembre 1922 avec un passeport diplomatique, étudie l'anglais à l'International College pour le compte du réseau mis en sommeil.

18 avril. Lettre de Chahan Natali à Boston :

« Je vous précise que la convocation pour la conférence de Vienne ne m'est parvenue que quinze jours après son ouverture. Cette situation me navre au plus haut point. »

22 juillet. Lettre de Chahan Natali à l'A.B.M. (de retour à Constantinople, qui deviendra Istanbul lors de la proclamation de la République par Kemal « Atatürk ») :

« J'écris peu, mais vous devez me lire entre les lignes. Un corps indépendant du Centre doit utiliser les fonds collectés pour un programme plus large et mieux conçu, avec votre consentement. J'en ai parlé au camarade Rouben. Nos camarades des États-Unis sont prêts à tous les sacrifices possibles pour cette action. Je travaille systématiquement depuis quatre mois au financement de ce comité en collectant des fonds même à l'extérieur du

Parti. Il reste beaucoup à faire pour reprendre l'action. Durant mes dix-huit mois d'absence, on n'a plus rien fait sur ce plan, alors que les opportunités restent formidables. »

11 août. Lettre du Comité de Boston à l'A.B.M. :

« La résolution suivante a été adoptée sans être enregistrée dans les minutes de notre 30e Congrès régional : un nouveau Comité spécial pour des actes de libération est placé sous l'autorité du Corps responsable à l'étranger (A.B.M.) et disposera des fonds collectés. La responsabilité en est confiée au général Sebouh. Sur rapport présenté par Sebouh, la somme de 1 604 dollars a été remboursée à Chahan Natali sur présentation de ses factures. »

Il semble donc bien qu'au moment de la signature du Traité de Lausanne qui, le 24 juillet 1923, enterre définitivement la question arménienne à la satisfaction de la Turquie nouvelle, la direction du parti Dachnak ait envisagé la relance du terrorisme révolutionnaire. Il ne s'agit déjà plus de l'« Opération Némésis ». Au Xe Congrès mondial du Parti Dachnak, réuni à Paris de la mi-novembre 1924 et la mi-janvier 1925, Chahan Natali se voit une fois de plus sommé de rendre des comptes sur l'utilisation des fonds spéciaux provenant de ses collectes tous azimuts, avant d'être élu membre à part entière du nouveau Bureau directeur aux côtés de ses détracteurs du Caucase, Simon Vratsian et Rouben Ter-Minassian. Mais, quand ce Bureau sera renouvelé quatre ans plus tard par le XIe Congrès, l'ancien chef des commandos de vengeurs sera écarté de toute fonction de responsabilité et quittera de lui-même le Parti, ruminant sa rancœur de n'avoir pu mener la « Sainte Mission » à son terme.

Les deux derniers membres du triumvirat Jeune-Turc ordonnateur du génocide des Arméniens d'Anatolie auront d'ailleurs trouvé la mort, au cours de l'été 1922, en territoire soviétique : l'un, Djemal Pacha, par l'action des justiciers opérant encore en Géorgie sous les ordres du Comité régional dachnak ; l'autre, Enver Pacha, en combattant les armes à la main ses anciens amis bolcheviks.

L'ancien ministre de la Marine et commandant de la IVe armée ottomane sur le front du Sinaï, condamné à mort par contumace au procès des dirigeants ittihadistes devant la Cour martiale de 1919, avait quitté son refuge de Berlin dès 1920 pour passer avec Enver du côté des Soviets, puis devenir conseiller militaire de l'émir d'Afghanistan, Amanullah. Au début de 1922, sous la pression du contre-gouvernement kémaliste d'Ankara, il doit quitter ce pays et se rend d'abord à Paris, puis revient à Berlin en avril, conférer avec ses anciens collègues dans la maison de la Sultana (la femme d'Enver) à Grünwald, et assister aux obsèques du Dr Behaeddine Chakir et de Djemal Azmi. Il obtient ensuite du Kremlin un poste de conseiller aux affaires transcaucasiennes.

Djemal Pacha est le seul à avoir tenté de se dégager totalement des mesures prises contre les Arméniens pendant la guerre et à avoir déploré les massacres qui en ont résulté dans un plaidoyer *pro domo* publié sous forme de mémoires. Après avoir rendu hommage à la bravoure, à la distinction et à la fidélité des premiers révolutionnaires arméniens qu'il dit avoir toujours préféré aux Grecs et aux Bulgares, il rappelle la condamnation par les Jeunes-Turcs des massacres déclenchés par le sultan Abdul Hamid en 1894-1895. Cette perspective historique lui permet d'imputer au double jeu de l'impérialisme tsariste — qui ne se gênait pas pour opprimer les Arméniens du Caucase — la haine que Turcs, Kurdes et Arméniens se sont vouée par la suite. Les Dachnaks ont compris, selon lui, où était l'intérêt de leur communauté quand ils ont commencé à collaborer avec les Jeunes-Turcs. Mais, loin de favoriser une décentralisation progressive de l'Empire ottoman cimenté par la patriotisme turc, l'intervention intéressée des grandes Puissances, alliées à la Russie, n'a fait que compromettre les possibilités d'évolution en tentant d'imposer de l'extérieur des réformes inapplicables. Nommé gouverneur d'Adana quatre mois après les tueries qui y ont accompagné la tentative contre-révolutionnaire de mars 1909, Djemal prétend que l'origine des atrocités commises incombe en vérité à un fanatique vicaire de l'Église apostolique arménienne, Mgr Mouchegh, mauvais génie du Parti hentchak qui, après le rétablissement de la Constitution, a voulu imposer son leadership politique et religieux sur la province en armant la population arménienne et en la dressant contre les autorités et le pouvoir central. Djemal s'empresse d'ajouter que le Comité dachnak a tout fait pour brider les ambitions de cet évêque et n'a pris aucune part aux excès commis par les Hentchaks. L'explosion du 14 avril 1909 et la réaction d'auto-défense qui a amené la population turque à se venger malheureusement sur des Arméniens innocents résultaient des provocations à la violence de Mgr Mouchegh et de la carence du gouverneur, Djevad bey, incapable de prévenir les désordres.

> « Quand j'ai pris sa succession, écrit Djemal, j'ai consacré la moitié des crédits à indemniser les Arméniens et à restaurer leurs maisons et leurs commerces avec l'aide de missionnaires américains. Personnellement, j'ai toujours condamné les méthodes qui consistent à fanatiser les masses pour briser les mouvements révolutionnaires en les incitant au pillage et aux massacres. »

Fort de sa bonne conscience, Djemal évoque ses fonctions successives de gouverneur militaire à Bagdad, puis à Constantinople, avant d'entrer au gouvernement animé par le triumvirat, dont il était le numéro 3 :

> « Le plan de réformes que les Puissances ont alors tenté de nous imposer en profitant de notre faiblesse visait, en fait, à placer les vilayets de l'Est sous protectorat russe et nos provinces arabes sous tutelle franco-britannique. D'où notre alliance avec l'Allemagne et l'Autriche-Hongrie, pour garantir notre souveraineté.

Nous voulions en finir avec les intrigues impérialistes et procéder nous-mêmes aux réformes nécessaires. »

Dès le début de la guerre, Djemal quitte Constantinople pour prendre la tête de l'armée de Syrie et la défense des échelles du Levant :

« J'ignore tout des motifs de la déportation des populations arméniennes décidée par mes collègues du gouvernement, qui ne m'ont pas consulté à ce sujet, affirme-t-il. Le commandement en chef m'a demandé de prendre toutes mesures pour assurer la protection des populations déplacées dans la région relevant de mon autorité sur la plan militaire, mais les déplacements eux-mêmes étaient exclusivement du ressort des autorités civiles. J'aurais trouvé plus judicieux d'installer ces populations déportées de l'est au centre de l'Anatolie au lieu d'encombrer de leurs convois les routes d'accès à la Mésopotamie et de gêner l'acheminement de mes renforts le long du Taurus, d'Adana à Alep. J'étais furieux, mais n'avais pas le pouvoir de m'opposer à une décision gouvernementale fondée sur un vote du Parlement. Je me suis plaint toutefois de l'incapacité des autorités régionales à maintenir l'ordre entre Bozanti et Alep, à empêcher les agressions contre les convois et à ravitailler ces populations en marche vers les camps. Je me suis rendu sur place et j'ai ordonné que leur soient distribuées des rations de pain des dépôts militaires, et que les médecins de l'armée postée sur ces voies de communication soignent les malades. Je me suis ensuite opposé à la mesure de déportation étendue aux Arméniens d'Adana et d'Alep, qui ne répondait à aucune nécessité militaire, mais je n'avais pas davantage le pouvoir d'en empêcher la mise en vigueur. J'ai seulement obtenu d'installer 150 000 déportés dans les vilayets syriens d'Alep et de Beyrouth sous mon contrôle. Je les y ai traités avec humanité... je peux prouver qu'il n'y a pas eu d'exactions dans les territoires dont j'avais le contrôle.

« Si j'avais été à Constantinople, je ne sais si j'aurais approuvé les premières mesures drastiques prises par mes amis Jeunes-Turcs concernant les provinces de l'Est, à l'arrière du front. Mais je suis certain que notre armée s'est trouvée menacée par des mouvements insurrectionnels arméniens. Les crimes commis par les Arméniens révoltés n'ont pas été moins cruels. Le spectacle de la fuite éperdue des populations musulmanes devant l'avance russe dans ces provinces équivaut bien, en horreurs, le sort injuste parfois réservé aux Arméniens déportés sur les routes. Mais il n'y avait pas de missionnaires américains ou allemands auprès d'elles pour rédiger des rapports.

« Si l'on admet que 1,5 million d'Arméniens ont été déportés et que 600 000 en sont morts, combien de civils kurdes et turcs ont payé de leur vie l'avance des Russes à travers ces marches de l'Est ? Avaient-ils moins de valeur aux yeux de l'humanité ? »

Cet habile plaidoyer passe évidemment sous silence le rôle politique de premier plan joué en vérité par son auteur dans le déclenchement des événements qui ont abouti à la disparition effective des Arméniens de l'Arménie turque. La carrière politique de Djemal a sans doute officiellement commencé le soir du coup d'État Jeune-Turc du 23 janvier 1913, où il fut nommé gouverneur militaire de Constantinople chargé du maintien de l'ordre nouveau instauré par le Parti Union et Progrès. Mais Djemal n'explique pas comment il est devenu, dès l'année suivante, le troisième homme du triumvirat qui entraîna le gouvernement de la Sublime Porte dans le conflit mondial à la faveur duquel fut décidée et planifiée la solution finale de la question arménienne. Et il se garde bien d'évoquer les liens de solidarité qu'il a maintenus avec ses deux partenaires, Talaat et Enver, aussi bien dans le sauve-qui-peut qui suivit la capitulation de Moudros que dans leurs activités revanchardes en exil. De même que les attendus de la sentence de mort prononcée par une juridiction ottomane dont il se contente de contester la validité sous prétexte qu'elle fut instituée par un « gouvernement fantoche » pour complaire aux occupants alliés. Il a cru s'en tirer à bon compte en ralliant le camp des Soviets et en mettant ses compétences au service du pouvoir bolchevik instauré dans les Républiques transcaucasiennes à la faveur de l'accord tactique passé entre la Révolution communiste russe et la révolution nationaliste turque.

En juillet 1922, il est précisément l'hôte du gouvernement de la République soviétique de Géorgie qui l'a installé dans un palais ayant appartenu à une riche famille arménienne de Tiflis, dans le quartier de Sololaki. Or, sa présence coïncide avec l'annonce du passage éventuel d'un officier circassien, Bekir Sami bey, commissaire aux Affaires étrangères du contre-gouvernement turc d'Ankara, en route vers Moscou pour négocier de nouveaux accords avec le Kremlin. Ce militaire-diplomate figure sur la liste des bourreaux du peuple arménien que le Comité central régional du parti Dachnak, sous la direction de deux de ses dirigeants, Gürün Kazazian et Dikran Avedissian, a pris sur lui de châtier s'ils venaient à mettre les pieds en territoire géorgien. Un mot de passe a été adopté pour signaler la présence d'un de ces hommes à abattre : « Expédiez le colis. »

Quand ils apprennent que le Circassien s'apprête à se mettre en route pour Moscou à travers la Géorgie, Kazazian et Avedissian mobilisent le seul vengeur aguerri dont ils disposent encore : Stepan Dzaghiguian. Né en 1886 dans un village d'Arméniens catholiques exerçant en général le métier de boulangers et fournissant en pains les montagnards de la région de Trébizonde, Stepan a fait ses études chez les Frères, actifs dans ce grand port de la mer Noire considéré comme l'accès maritime au Yerkir, la légendaire Arménie des ancêtres. Il a été l'un des premiers habitants de ces villages de montagne à adhérer au Dachnak en 1908, avec l'idée de transformer leur mentalité catholique, héritée des missions françaises, en conscience nationale. Se trouvant chez un de ses oncles à Kharkov, en Ukraine, au début de la guerre mondiale, il a rejoint les volontaires arméniens du Caucase et combattu dans le bataillon d'Andranik, l'ancien chef *fedaï* auréolé de gloire. De retour à son village libéré par la première offensive russe, il a procédé à l'exécution de plusieurs criminels de guerre. Après la retraite d'Erzeroum en 1918, il est devenu l'adjoint du général Sebouh dans l'écrasement de l'insurrection communiste contre le gouvernement dachnak en Arménie indépendante. Il est demeuré en Transcaucasie en pleine soviétisation pour tenter de retrouver Enver et Djemal Pacha et de les tuer.

Le problème posé à ses « commanditaires » par le passage de Bekir Sami bey est qu'ils ignorent s'il se rendra à Moscou par Kars ou par Tiflis. Ils envoient Stepan au port de Batoum. C'est là que, le 22 juillet, il reçoit le télégramme convenu (« Expédiez le colis »), mais c'est pour l'avertir de la présence de Djemal Pacha, découvert entre-temps à Tiflis. Le soir même, Stepan est de retour dans la capitale géor gienne.

Un guetteur a déjà repéré les habitudes de Djemal qui sort chaque jour à 16 heures de son palais, escorté de deux gardes du corps, pour descendre l'avenue Golovinski, traverser la rue Sololakski et déboucher sur l'avenue Pierre-le-Grand où se trouve le siège de la Tchéka (la police politique communiste) de Géorgie, ainsi que la résidence du tchékiste arménien Atarbekian.

Le neveu de Stepan, Ardachès Kevorkian, qui s'est déjà fait la main sur quelques Turcs en Arménie lors de l'entrée de l'Armée Rouge, demande à Gürün l'honneur de prendre part à cette action, mais se heurte d'abord à un refus, car il paraît bien jeune au dirigeant du Comité central. Mais son oncle se porte garant pour lui : il se tiendra à 25 pas derrière lui et interviendra s'il le faut pour achever le travail. De toute façon, Ardachès ne sera pas seul. Stepan a prévu l'entrée en scène d'un autre activiste, Bedros Der-Boghossian.

Le 25 juillet à 16 heures, les deux « dévoués », suivis de

Stepan, se portent directement devant la résidence du tchékiste, à environ 150 pas du siège de son service, croisent le Pacha et ses deux gardes du corps et se retournent pour les assaillir par derrière, sur un signe de Stepan.

— Tu vas payer ta dette pour le massacre du peuple arménien ! lance Ardachès en apostrophant Djemal.

Les trois Turcs font volte-face, l'arme au poing, mais n'ont pas le temps de faire feu sous le tir croisé des deux Arméniens. L'ancien ministre du triumvirat tombe sous les balles de leurs Mauser, ainsi que l'un des gardes. L'autre garde tente de prendre la fuite.

— Tu n'as pas honte d'abandonner tes amis ? lui crie Bedros en lui courant après.

Le garde, interloqué, se retourne et se fait tuer à son tour. Stepan, qui s'approche pour s'assurer de la mort de Djemal, glisse à l'oreille de son neveu :

— File et tourne à la première rue, à la hauteur du cimetière catholique.

Mais, dans cette petite rue, se trouve une caserne de pompiers dont l'un a eu le réflexe de sortir, une hache à la main, dès qu'il a entendu les coups de feu. Le pompier intercepte Ardachès, mais Bedros lui fait lâcher prise en lui attrapant le bras avec lequel il allait fendre le crâne de son camarade, et lui loge une balle dans l'estomac. Le tchékiste Atarbekian se précipite hors de chez lui et trouve les trois corps couchés sur le trottoir, puis découvre celui du pompier dans la rue du cimetière, mais les trois agresseurs aperçus par d'autres passants sont hors de vue. Alerté par Atarbekian, le chef de la Tchéka géorgienne, Tsintsadzé, prend aussitôt l'enquête en main et, avec l'aide de son autre assistant arménien, nommé Bedrossian, fait arrêter 200 militants dachnaks. Mais les deux tueurs ont réussi à passer entre les mailles du filet.

Moscou finira par envoyer le général Dro, dernier collaborateur dachnak du cabinet de transition d'Erivan au moment de la soviétisation de l'Arménie, et qui était interné depuis lors, négocier à Tiflis la libération des Arméniens raflés. Mais, un peu plus tard, un traître donnera les cachettes de Gürün et de Stepan qui seront à leur tour emprisonnés par la Tchéka. Nul ne reverra jamais le chef du dernier commando de l'« Opération Némésis ».

XII

Enver : ce soir, à Samarkand

De tous les dirigeants Jeunes-Turcs figurant sur la liste noire des vengeurs arméniens, il est celui qui a tenté d'aller le plus loin possible dans la poursuite de sa guerre et dans la réalisation du grand projet panturquiste de l'Ittihad. Héros flamboyant de la révolution de 1908, chef des armées ottomanes à la fois comme ministre de la Guerre et généralissime, gendre de « l'ombre de Dieu sur la terre » (le calife de Constantinople), Enver Pacha aura joué jusqu'au bout de son image charismatique pour chercher à assouvir son insatiable ambition. Mais comment faire oublier ses responsabilités dans la défaite militaire de son pays, dans le génocide des Arméniens, dans le choix de son beau-frère, Djevdet bey, comme vali de Van et commandant en chef des forces frontalières, surnommé le « maréchal-ferrant » pour avoir fait ferrer les victimes de ses tortures ?

Lors de la fuite des Unionistes de choc à Odessa, au lendemain de la capitulation de Moudros, Enver est le seul à s'être alors attardé quelque peu en Crimée, dans l'intention de s'embarquer à Sébastopol ou à Simferopol pour gagner le Caucase. Mais les tempêtes en mer Noire l'ont contraint à rebrousser chemin et à rejoindre ses compagnons d'exil à Berlin où ils passent l'hiver 1918-1919 dans une semiclandestinité, jusqu'au rejet par l'Allemagne, le 30 avril 1919, de la demande d'extradition présentée par Constantinople pour les déférer en Cour martiale. Enver est alors le premier à vouloir se tourner vers les Bolcheviks. Dès ce mois d'avril, il cherche le moyen de rallier Moscou, mais la guerre fait rage en Pologne entre Blancs et Rouges. Il tente par trois fois de franchir le front russo-polonais en avion, mais il échoue les trois fois. Il prend alors contact à Berlin avec l'émissaire de la IIIe Internationale (Komintern) créée par Lénine en mars, Karl Radek, qui vient de sortir de prison. Ce dirigeant bolchevik lui fait miroiter la possibilité de continuer la résistance à l'abri des persécutions alliées. Moscou est en effet décidé à favoriser ou à soutenir tous les mouvements anticolonialistes et anti-impérialistes, afin de rompre son isolement et de contrer l'intervention de l'Entente. En novembre 1919, Lénine demande aux communistes d'Orient d'expliquer aux masses musulmanes que le « prolétariat international » est le seul allié des exploités et des opprimés.

L'offre de Radek séduit aussitôt Enver qui, en décembre, écrit à Djemal Pacha :

> « Notre ami bolchevik est sorti de prison. Nous evions prendre l'avion ensemble. Mais, ayant reçu l'autorisation de passer par la Pologne, il a finalement opté pour cette route. Moi, je prendrai l'avion en compagnie du docteur [Nazim]. Ici, nos amis bolcheviks acceptent de nous aider dans le cadre des idées débattues au cours de nos entretiens. Pour l'instant, voici ma position dans ses grandes lignes :
>
> 1) Libérer les nations musulmanes.
>
> 2) Étant donné que le capitalisme impérialiste constitue notre ennemi commun, collaborer avec les socialistes.
>
> 3) Adhérer au socialisme, à condition de l'adapter aux doctrines musulmanes qui régissent le fonctionnement interne des pays musulmans. »

Enver se fait ainsi le premier champion d'une sorte de socialisme islamique. Au même moment, un autre émissaire bolchevik propose un accord d'assistance mutuelle aux anciens Unionistes demeurés à Constantinople où ils se sont regroupés, dès la fin de 1918, au sein d'une société secrète, Karakol, et qui restent en liaison avec Enver. Quant aux Unionistes notoires réfugiés à Bakou, tels l'oncle d'Enver, le général Halil Pacha, évadé de Constantinople, ou son frère Nouri, évadé de Batoum (sous occupation anglaise), ils créent au début de 1920 un parti communiste turc et s'engagent, en échange d'armes et de fonds pour la résistance nationale, à aider à l'instauration du régime des Soviets en Géorgie, en Azerbaïdjan et en Arménie. Halil Pacha débarque à Moscou en mai, rejoint peu après par Djemal. Enver, retardé par des tractations secrètes à Berlin, n'y arrive que le 14 août, sa petite taille rehaussée par son bonnet d'astrakan, ses doigts ornés de gros diamants. Il est l'hôte du commissaire adjoint aux Affaires étrangères, l'Arménien Karakhan, qui l'installe dans un somptueux appartement donnant sur le Kremlin. Lénine y reçoit solennellement le gendre du calife, voyant dans cet aventurier surgi des Contes des Mille et Une Nuits un allié potentiel prêt à l'aider à arracher l'Inde à la domination britannique, moyennant l'instauration d'une république islamique du Turkestan aux confins de la Chine... Ce marché s'intègre en effet dans la stratégie du Kremlin, telle qu'elle ressort d'un appel lancé le 29 juin par le Comité exécutif du Komintern, rédigé justement par Karakhan et signé par son président, Zinoviev, et par son secrétaire, Radek, pour la réunion, à Bakou, d'un Congrès des Peuples d'Orient, y compris ceux de l'Inde et de l'Asie centrale...

Laissant son oncle Halil négocier le soutien matériel de Moscou à la résistance kémaliste en Anatolie, et son collègue Djemal des assurances d'aide à l'armée afghane, Enver demande un appui à « la révolution interne dont la Turquie a besoin », en échange de la propagation des thèses anti-impérialistes dans le monde musulman par une Union des sociétés révolutionnaires islamiques créée à son initiative. Il s'en explique dans une lettre adressée le 20 août à Djemal :

> « Je vais faire venir les représentants de l'organisation qui se trouvent actuellement à Berlin. Je compte donner à la chose une tournure militaire. »

Six jours plus tard, il écrit à son rival Mustafa Kemal à Ankara pour tenter de l'amadouer :

> « Je suis venu ici [à Moscou] en vue de créer une organisation islamique susceptible de venir en aide à notre pays. Les dirigeants soviétiques que j'ai rencontrés approuvent mes projets. En principe, les Russes acceptent de soutenir les mouvements révolutionnaires dirigés contre l'Angleterre, même si ces mouvements se situent en dehors du communisme... »

En fait, son « organisation de Berlin » se réduit pour le moment à un noyau actif d'une demi-douzaine d'anciens Tchettés, pompeusement parés du titre de « délégués ». Mais, face à Talaat qui, de son repaire berlinois, cherche au contraire un rapprochement avec les Anglais, Enver impose son leadership sur les Jeunes-Turcs en exil et les entraîne dans une lutte à outrance contre l'impérialisme britannique.

Lénine favorise sa participation au Congrès de Bakou, en dépit des réticences suscitées parmi les congressistes par son passé nationaliste et panturc. Le choix de Bakou n'est pas fortuit. La capitale de l'Azerbaïdjan sert déjà de refuge à de nombreux communistes arméniens, géorgiens, persans, turcs et d'autres nationalités d'Orient ou d'Asie. Sa situation géographique offre un accès facile aux délégations étrangères. Pour l'accueil de ce Congrès, la ville est décorée d'arcs de triomphe, des concerts et des représentations théâtrales sont organisés par les autorités soviétiques qui se sont mises en frais (pour 25 millions de roubles), alors que la disette sévit encore dans le pays. Enver y arrive par train spécial, escorté d'une troupe de tchékistes chargés à la fois de sa protection contre un éventuel attentat arménien et de sa surveillance, car certains, comme le révolutionnaire indien Roy, doutent de la pureté et de la loyauté de ses intentions. Il n'en est pas moins reçu en grande pompe par la population musulmane de Bakou, sensible à son auréole et à sa parole. Il fait ses dévotions, prêche dans les mosquées, multiplie les citations du Coran de nature à établir une concordance entre les enseignements respectifs de l'islam et du socialisme. Quand le Congrès des Peuples d'Orient s'ouvre, le 1er septembre, en présence de 1 891 délégués, dont 1 070 communistes, représentant au total 37 nationalités et 26 États d'Orient, mais aussi d'Occident, sous la présidence de Zinoviev et de Radek, le gendre de « l'Ombre de Dieu sur la Terre » fait une entrée remarquée, salué bien bas par une assemblée de marxistes pourtant éclairés obéissant sans doute à un mot d'ordre. Mais il gâche le bon effet d'annonce produit par la multiplication de ses gestes et déclarations d'allégeance à l'égard des Bolcheviks en soulevant un tollé dans l'assistance par sa présentation à la tribune d'une prétention démesurée :

> « Les organisations révolutionnaires du Maroc, de l'Algérie, de la Tunisie, de la Tripolitaine, de l'Égypte, de l'Arabie et de l'Hindoustan, dont je suis le représentant, sont avec nous ! »

Il poursuit en affirmant que la Turquie, par sa lutte contre l'Entente et la Russie tsariste, avait contribué à la soviétisation de la Russie...

Trop, c'est trop. Zinoviev interrompt l'orateur pour lui demander de présenter sa déclaration par écrit avant de remonter à la tribune. Mais sa propre intervention à la première séance du Congrès a de quoi refroidir les ardeurs parmi les délégués musulmans, car, faisant fi des conseils de prudence prodigués par Lénine et Staline, Zinoviev s'en prend sans ménagement au clergé, à la noblesse féodale et au nationalisme turc en particulier :

> « Nous soutenons avec patience les groupes qui ne sont pas encore avec nous et qui sont même, dans certains cas, contre nous. Tel est le cas de la Turquie, par exemple, où, comme vous le savez, camarades, le gouvernement soviétique prête main-forte à Kemal Pacha. Nous n'oublions pas que le mouvement qu'il dirige n'est pas un mouvement communiste... Il vous appartient de détruire la foi dans le sultan (dont Kemal proclame la

personne « sacrée et inviolable ») et d'édifier de vrais Soviets. Le panislamisme et les autres tendances nationalistes ne sont pas les nôtres. »

Certains délégués musulmans, furieux de voir escamoter de l'ordre du jour du Congrès la question sensible des rapports de Moscou avec les nationalités musulmanes soumises au pouvoir des Soviets, se rassemblent autour de la mosquée de Taza Pir. Enver en profite pour reprendre la parole et les exhorter à se placer néanmoins derrière lui sous la bannière de l'Internationale communiste :

> « Le rôle de la Russie nouvelle n'a rien de commun avec celui de l'ancienne Russie ; les Soviets et la IIIe Internationale luttent pour délivrer tous les opprimés. »

Il s'efforce d'expliquer que la tutelle du Kremlin sur l'Azerbaïdjan n'est que provisoire : « Bientôt, promet-il, le gouvernement sera remis à un pouvoir local. » Mais un délégué arménien de l'Azerbaïdjan lui reproche sa mauvaise foi et lui rappelle insidieusement de fâcheux souvenirs en disant que « les Bolcheviks massacrent encore plus que les Turcs ». Les organisateurs du Congrès envoient précipitamment l'un des leurs à la mosquée, où des délégués font des prières pour la gloire et la victoire de l'Islam, mettre fin à cette manifestation intempestive.

La déclaration d'Enver à la quatrième séance du Congrès témoigne de sa volonté de reprendre la situation en main, conformément aux vœux de Moscou, et de s'engager encore plus avant dans la voie révolutionnaire, selon une phraséologie inspirée du Komintern :

> « Ce n'est pas seulement le désir de trouver un appui qui nous entraîne vers la IIIe Internationale, mais aussi les liens étroits qui unissent ses principes aux nôtres. C'est dans les éléments opprimés du peuple... que nous avons puisé de tout temps notre force révolutionnaire... Camarades, nous insistons, au nom du peuple, sur le

droit de ce dernier à disposer lui-même de son avenir politique... Camarades, nous sommes contre la guerre !... Et pour établir enfin le règne de la paix sur la terre, nous nous rangeons du côté de la IIIe Internationale... Camarades, nous voulons le bonheur des travailleurs. Nous voulons que nul ne jouisse du travail d'autrui. Nous voulons que notre pays jouisse des fruits du travail commun. »

Cette doctrine, encore teintée de populisme et de corporatisme, l'ancien Pacha et chef de guerre va la mettre en forme dans un manifeste connu sous le nom de *Mesaï* (Travail), rédigé, d'après les supputations de Paul Dumont[1], au lendemain du Congrès de Bakou clos le 8 septembre, en compagnie des Unionistes réfugiés en Azerbaïdjan. Enver montre ainsi qu'il ne s'est pas laissé décourager, dans son ardeur de néophyte, par la douche froide que Zinoviev a versée en faisant voter, lors de la séance du 4 septembre, une motion très sévère à l'égard des anciens dirigeants turcs récemment convertis à l'action révolutionnaire.

Tout en saluant la lutte du peuple turc contre l'impérialisme, mais en déplorant que le mouvement révolutionnaire turc soit dirigé seulement contre les envahisseurs étrangers,

> « le Congrès estime qu'une très grande circonspection est nécessaire à l'égard des chefs de ce mouvement [Jeune-Turc] qui ont naguère conduit à la tuerie les paysans et les ouvriers turcs dans l'intérêt d'un groupe de puissances impérialistes [l'Allemagne et l'Autriche-Hongrie] et ont ainsi amené les masses laborieuses de Turquie à un double péril, au nom des intérêts d'une oligarchie de ploutocrates et d'officiers supérieurs. Ils doivent prouver par leurs actes qu'ils sont prêts maintenant à servir les intérêts du peuple et à réparer leurs anciennes fautes. »

1. Paul Dumont, *La Fascination du bolchevisme : Enver Pacha et le Parti des Soviets populaires* (Cahiers du Monde russe et soviétique, avril-juin 1975).

Il faut ajouter que le texte de cette motion a été proposé par le dirigeant communiste hongrois Bela Kun. Et qu'aucune allusion n'est faite aux massacres des Arméniens. A la fin du mois, alors que les forces kémalistes se ruent, sans déclaration de guerre, à l'assaut de la République d'Arménie, « bastion impérialiste au Caucase », les Arméniens de Tiflis descendent dans la rue et marchent sur l'Assemblée géorgienne, dont le président se solidarise en paroles avec eux :

> « Le but de l'alliance des sauvages pachas Enver et Kemal avec Lénine et Trotsky est de détruire successivement l'Arménie et la Géorgie. »

Nullement démonté par la motion du Congrès de Bakou, et résolu à donner des gages à Moscou pour faire ses « preuves », Enver se consacre, dans les mois qui suivent, avec l'accord et le soutien financier du Kremlin (500 000 marks), à la mise en place de son Union des sociétés révolutionnaires islamiques. Il confie à son oncle Halil Pacha, demeuré à Bakou, le soin d'en animer la branche turque, à laquelle il donne le nom de Parti des Soviets populaires, et se rend d'octobre 1920 à février 1921 en Allemagne, en Italie et en Suisse, pour structurer son organisation, rassembler ses fidèles et négocier des fournitures d'armes aux forces anatoliennes provisoirement aux ordres de son rival, le général Mustafa Kemal. Il réunit à Rome, puis à Berlin, le premier congrès quasi-clandestin de ses partisans. Ce soutien à la résistance anatolienne demeure l'objectif prioritaire, mais, dans son engagement à épauler aussi les mouvements révolutionnaires des autres pays musulmans, le Congrès proclame le leadership du gouvernement soviétique et du Komintern et décide en conséquence d'installer à Moscou le siège de l'Union des sociétés révolutionnaires islamiques. Dans l'esprit d'Enver, le véritable intérêt de cette initiative est de servir son dessein personnel : préparer son retour en Turquie et ressaisir le pouvoir usurpé par son ancien subordonné, Mustafa Kemal. Sa longue tournée européenne est orientée tout entière vers cette reconquête.

Il l'écrit sans ambages à son oncle Halil Pacha, dès le 4 novembre 1920 :

« L'ancien Empire ottoman doit être maintenu sous la forme d'une confédération... Pour obtenir la réalisation de cet objectif, il sera nécessaire, au printemps, de passer en Anatolie avec des troupes. Les Russes accepteront-ils de placer sous mon commandement exclusif quelques divisions de cavalerie, prêtes pour le printemps ? Ou bien voudront-ils que nous les formions nous-mêmes ? Bien entendu, ces divisions doivent être constituées de musulmans. Si je suis autorisé à passer en Anatolie avec de telles troupes, je me rendrai à Moscou en personne, et c'est de là que je prendrai mon départ. »

D'autre part, Enver s'emploie à consolider ses relations avec les anciens Unionistes qui, au sein de l'Anatolie, constituent un groupe d'opposition politique et parlementaire au gouvernement kémaliste d'Ankara. Il multiplie les directives en ce sens à ses partisans :

« J'ai écrit à Chukru [son ancien aide de camp], note-t-il lui-même le 28 janvier 1921, qu'il fallait organiser, à l'intérieur du pays, un parti regroupant tous ceux qui nous sont directement attachés et que cette organisation devait être conçue de façon qu'elle puisse, le cas échéant, dominer la situation. Même si je continue à travailler avec Talaat Pacha et ses amis à Berlin, je ne suis pas de ceux qui reçoivent des ordres de leur entourage... Dans tous les cas, je préférerais encore travailler avec Mustafa Kemal plutôt que d'avoir affaire à notre pantouflard [Talaat]. Mais nous n'en sommes qu'à la période des préparatifs. Pour l'instant, je n'ai l'intention de déclarer la guerre ni à l'un ni à l'autre. »

Enver regagne Moscou en février. Dans l'attente d'une conjoncture favorable, il multiplie les démarches auprès des dirigeants soviétiques dont il espère qu'en dépit de leurs tractations avec les représentants d'Ankara, ils l'aideront à reconquérir le pouvoir en Turquie face à Kemal. Il met tout en œuvre pour les séduire. Y compris l'idée d'un « Pacha bolchevik » en Anatolie. C'est du moins ce qui ressort du programme qu'il est en train de mettre au point pour le Parti des Soviets populaires animé par son oncle Halil. Ses 85 articles reprennent en substance les options du manifeste *Mesaï* de Bakou, dont les naïvetés doctrinales enrobent à peine un évident appel du pied en direction des communistes. Le programme, qui prétend adapter l'institution des Soviets sur le modèle bolchevique à la réalité turque et islamique, va encore plus loin dans la surenchère révolutionnaire. Faisant le procès des « parasites sociaux liés au système capitaliste », il prévoit non seulement la collectivisation des moyens de production, mais celle de l'agriculture sous forme de « domaines » gérés par des soviets ruraux. Même après le traité du 21 mars 1921, instituant une sorte d'axe Moscou-Ankara à travers le Caucase, qui contrarie ses plans militaires, Enver continue d'offrir au Kremlin une perspective plus alléchante : une alternative de gauche au pouvoir kémaliste.

Candidat à la bolchévisation de la Turquie, en dépit des rebuffades essuyées à Moscou — et de l'antipathie affichée à son endroit par le délégué indien Roy qui, à la Conférence de Bakou, l'a déjà soupçonné de vouloir, à travers une feinte conversion à l'internationalisme prolétarien, réaliser la vieille chimère d'un empire panturc s'étendant de Constantinople à la Mongolie —, Enver, entre-temps, a poussé ses préparatifs. A la fin de février, il a envoyé Halil Pacha à Trébizonde pour enrôler une milice et rameuter ses partisans sur le littoral de l'Anatolie. Fort de son accord avec Moscou, Mustafa Kemal riposte par des mesures d'expulsion qui frappent un certain nombre d'indésirables, dont Halil Pacha, contraint de réembarquer à la mi-mai. Mais les expulsés se retranchent dans le port géorgien de Batoum, à l'affût de la moindre faille prévisible dans le dispositif kémaliste, permettant cette fois une incursion armée.

Tout dépend de la fortune des armes dans le nouveau conflit opposant l'armée d'occupation grecque aux forces d'Ankara. Les Grecs sont passés à l'offensive le 10 juillet. Croyant son heure venue, Enver écrit à Kemal pour lui faire part de son intention de « voler à son secours » en reprenant lui-même du pouvoir. La tournure des combats semble lui donner raison, car les troupes grecques, repoussant victorieusement les Turcs au-delà de la Sakarya, s'enfoncent, à partir du 25 juillet, au cœur de l'Anatolie. Le 28, Enver s'entretient de la nouvelle situation avec le commissaire soviétique aux Affaires étrangères et, deux jours plus tard, quitte Moscou pour rejoindre ses partisans sur le pied de guerre à Batoum, décidé à profiter de la déroute des forces kémalistes pour se présenter en sauveur.

Le représentant d'Ankara à Moscou réagit, dès le 4 août, en se plaignant, dans un mémorandum remis au même commissaire, de « l'appui que les Soviétiques accorderaient à certains carriéristes écartés du pouvoir et qui, se cachant à l'étranger au moment le plus critique pour leur pays, intriguent contre ses gouvernants et cherchent à rentrer en Turquie en triomphateurs. »

A Batoum où Enver a réuni son état-major avec Halil et le Dr Nazim et où il guette l'effondrement total des kémalistes, le bruit court en effet que les Russes, reconsidérant leur pacte de non-agression et de coopération avec le régime d'Ankara, sont en train de masser à la frontière géorgienne des troupes de 10 à 15 000 musulmans pour les mettre à la disposition du « Pacha bolchevik ». Durant toute la première quinzaine d'août, des contacts sont pris en vue d'un débarquement en force à Trébizonde.

Mais Kemal, doté des pleins pouvoirs par son assemblée d'Ankara, reprend la tête de l'armée en débandade et passe, le 23 août, à la contre-attaque. L'issue de la bataille acharnée qu'il livre pour le contrôle de la Sakarya restera incertaine jusqu'au 13 septembre. C'est alors qu'aux cris de « Vive la Turquie des Soviets ! », Enver réunit le congrès de son parti, mobilise les Unionistes des provinces turques avoisinantes et forme le « gouvernement soviétique d'Adjarie », après avoir sommé Kemal — mais en vain — d'ouvrir les frontières à tous les exilés de l'Ittihad, afin de restaurer l'unité nationale compromise par sa politique dictatoriale. La victoire remportée par les Turcs, le 13 septembre, ruine d'un coup toutes ses chances d'être entendu, en même temps que tous ses espoirs. Peu soucieux de compromettre ses relations avec le gouvernement kémaliste revenu en force sur le devant de la scène en battant les Grecs à plate couture, le Kremlin s'empresse de dissoudre le gouvernement soviétique formé en Adjarie, coupe les vivres à l'état-major de Batoum et enjoint à Enver de quitter le Caucase.

Après s'être rendu secrètement une première fois à Boukhara et avoir envisagé de passer en Afghanistan, Enver accepte de revenir à Moscou où il est de nouveau comblé de prévenances par Karakhan qui met à sa disposition un appartement isolé, aux frais de son ministère. Les dirigeants soviétiques n'ont pas renoncé à utiliser l'influence qui lui reste auprès des musulmans des Républiques fédérées, demeurées hostiles au régime. Quant à Enver, décidé malgré tout à poursuivre son dessein à n'importe quel prix, il attend l'occasion de mettre à exécution un projet qui, après son fiasco du Caucase, a germé dans son esprit lors de son voyage-éclair au Turkestan.

Cette immense contrée, frontalière de la Chine, des Indes et de l'Afghanistan, berceau ethnique du peuple turc, est alors agitée de révoltes innombrables qui font régner l'anarchie dans ses États, émirats ou royaumes, naguère inféodés à l'Empire tsariste. Les nouveaux maîtres du Kremlin ont beaucoup de mal à y établir leur ordre. Il ne manque qu'un chef et une orientation précise à ces rébellions inorganisées pour soustraire leurs territoires à la tutelle soviétique.

Dans son exil doré de Moscou, Enver se prend à caresser le vieux rêve d'un « empire pantouranien » qui, à partir de ce cœur de l'Asie centrale, reconstituerait les conquêtes de Gengis Khan et de Tamerlan. Il se voit, en moderne Tamerlan, réintégrer dans son empire originel la Turquie enfin débarrassée de Kemal. La situation de l'ancien royaume boukhare en 1921 lui semble se prêter admirablement à ses projets : la rébellion y a des forces nombreuses et aguerries, des appuis extérieurs ; là, mieux que partout ailleurs, le gendre du calife lointain de Constantinople, précédé de sa réputation prestigieuse, peut parler de guerre sainte et rassembler les fidèles autour de sa personne[2].

La Boukharie est un pays de déserts pleins d'oasis et de vestiges historiques où cohabitent paisibles cultivateurs et nomades pillards et que traverse la vieille route des caravanes reliant de riches centres commerciaux. Il s'agit officiellement d'une République indépendante dirigée par un gouvernement de coalition « progressiste » et allié à la Russie soviétique, qui l'a « aidé » à chasser l'émir de son trône. D'abord retiré dans les montagnes de l'Est, l'émir de Boukhara a fui en Afghanistan depuis la défaite du mouvement insurrectionnel qu'il animait encore jusqu'en mars. Mais la répression qui s'en était suivie avait relancé la résistance incarnée par les Basmadjis, les combattants de la vraie foi, composée de chefs de tribus fidèles à l'émir, de brigands de grands chemins, de chefs religieux et de notables ralliés. Les bandes armées avaient attiré à elles tous ceux, paysans et citadins, qui fuyaient les représailles. Elles avaient si peu de liens entre elles qu'il leur arrivait de se combattre pour des intérêts particuliers. Mais cette révolte, même inorganisée, a fini par créer une crise du pouvoir à Boukhara. Certains chefs rebelles ont jeté le trouble en adressant un message au gouvernement des Jeunes Boukhares :

> « Nous luttons contre les Russes, pas contre le gouvernement national. Si les Russes s'en vont, nous sommes prêts à nous soumettre au gouvernement national. »

Tenu au courant de cette situation, Enver suggère aux dirigeants du Kremlin de l'envoyer sur place en médiateur. Il est si convaincant qu'il se voit confier la reprise en mains de la petite armée boukhare sous son double drapeau : le vert,

2. *Cf. Réforme et Révolution chez les musulmans de l'Empire russe*, par Hélène Carrère d'Encausse (A. Colin, 1966).

couleur du Prophète, et le rouge, couleur du prolétariat. Il arrive à Boukhara le 8 novembre, en grand uniforme d'officier turc, chevauchant un noble destrier dans les ruelles étroites de la capitale qui lui réserve un accueil féodal. Les femmes se pressent aux terrasses pour lui faire le plus grand honneur qu'une musulmane puisse faire à un mortel : elles relèvent leurs voiles sur son passage, offrant leur visage à son regard. Enver exprime son émotion de se retrouver premier parmi les siens, sur la terre de ses lointains aïeux, en s'y asseyant en tailleur.

De brefs entretiens avec les ministres suffisent à l'édifier à la fois sur la fragilité du régime pro-soviétique et sur l'anarchie du mouvement insurrectionnel. Il a toujours les tchékistes sur ses talons et son seul problème est de trouver un moyen de leur fausser compagnie. Trois jours après son installation dans sa résidence officielle, il monte l'« Opération Nemrod » : sous prétexte d'une partie de chasse en montagne, il s'éloigne au galop avec trois de ses officiers et une vingtaine de cavaliers. Il n'a aucun mal à semer ses gardes du corps de la Tchéka et à gagner le camp des insurgés en chevauchant vers l'Est. Emporté dans un tourbillon épique digne de son personnage et de sa légende, il a rendez-vous avec l'Histoire et avec le destin. Peut-être ce soir à Samarkand, sur les traces de Tamerlan...

En fait, il retrouve, au lieudit Djilikoul, un de ses anciens colonels de l'armée ottomane, Hassan, qui, prévenu de son arrivée par un messager, se porte au-devant de lui à la tête d'une petite escorte de 60 maquisards. Il réunit ses « compagnons de chasse », tous anciens officiers de l'état-major général, et ne cache pas ses intentions : unifier sous son commandement toutes les tribus et les peuples islamiques en butte à la tyrannie moscovite, puis chasser les Occidentaux du continent asiatique.

Le premier chef basmadji avec lequel il prend contact au bord d'une rivière est Djanaït Khan, surnommé « le Lion du désert ». Ce dernier écrit à l'émir avec lequel il promet de le mettre en rapport aussitôt que possible :

« Seigneur, j'ai rencontré Enver dans le désert. Le respect que je dois au gendre de l'Ombre de Dieu sur la Terre m'interdit de lui refuser quoi que ce soit. Mais pouvons-nous nous fier à un homme qui a rendu visite à Lénine et que le Kremlin a envoyé rétablir l'ordre à Boukhara ? »

L'émir en exil lui fait tenir sa réponse par le même courrier :

« Ne touche pas un cheveu de sa tête, même si le seraskir a été envoyé contre nous. Sonde plutôt son cœur, ô Lion du désert, et si son cœur nous est bienveillant, obéis à ses ordres, car, en vérité, il n'y a pas de meilleur chef de guerre dans tout l'Islam. »

Son cœur ayant été éprouvé, Enver devient le Cheikh du désert, chargé du commandement de tous les détachements basmadjis opérant en Boukharie. Il se met à porter le turban blanc, s'abîme en prières et dévotions et envoie des émissaires à Khiva, à Samarkand, au Ferghana pour rallier d'abord à son turban les basmadjis de ces régions, tenter d'imposer son autorité aux populations ouzbèkes et turkmènes, et d'unir tous les musulmans d'Asie centrale[3]. Transcendant largement les préoccupations locales des Basmadjis et leurs rivalités internes, il leur propose un projet commun : « la création d'un grand État musulman centro-asiatique. » Il adresse également une invitation à le rejoindre au gouvernement national de Boukhara qui va effectivement se disloquer, les ministres se partageant entre les deux camps. Et il remporte d'importants succès sur le terrain.

Le 14 février 1922, il s'empare de Douchambé, dans le Tadjikistan, qui lui ouvre la route de Boukhara. Avec seulement une petite troupe de 200 combattants, il inflige des pertes sévères aux forces bolchéviques et lance un raid qui le conduit à 9 kilomètres de la capitale, où les dirigeants

3. Les *Basmatchis*, par Joseph Castagné (Ernest Leroux, 1925).

boukhares encore en place ne cachent pas leur jubilation de la défaite du tuteur russe.

Dans la nuit qui suit cette bataille, le commissaire des Soviets à la Guerre, Trotsky, envoie à marches forcées, du Turkestan à Boukhara, la première armée de cavalerie — la célèbre Cavalerie Rouge du général Semion Boudienny, ancien maréchal des logis de l'armée tsariste passé aux Bolcheviks — qui s'abat sur le pays comme un vol de sauterelles. Cette première intervention brutale gagne au soulèvement presque toute la Boukharie. La rébellion s'étend d'un bout à l'autre du Turkestan. Au Ferghana, dans la province de Samarkand, en Turkménie et jusque dans l'oasis de Khiva, les basmadjis, solidement organisés, mais non point encore fédérés sous la houlette d'Enver, harcèlent sans cesse les renforts dépêchés par les Russes. Secondé par un état-major d'officiers et de partisans qui furent autrefois ses subordonnés et collaborateurs à Constantinople, Enver lance une double offensive pour tenter de déloger l'Armée Rouge de ses retranchements de Baïssoun et de Kerki. Ses succès initiaux, dus à l'effet de surprise et à l'extension de la guérilla, sont suivis avec intérêt par le roi Amanullah d'Afghanistan, qui lui fournit armes et munitions, fonds et volontaires, car il songe, lui aussi, à une confédération centre-asiatique débarrassée des tutelles russe et britannique...

Moscou décide alors de mettre le paquet : sur le plan diplomatique, en adressant un mémorandum menaçant à Kaboul pour que le roi cesse d'aider Enver et d'assister l'émir de Boukhara auquel il a accordé asile ; sur le plan militaire, en refoulant les troupes d'Enver de la région de Baïssoun et en les rejetant vers les oasis de l'Est. Dans la ville réoccupée par l'Armée Rouge, une commission spéciale vue de Boukhara organise, le 5 mars, un « congrès des populations libérées des basmadjis » qui y établit une administration soviétique. Les basmadjis sont présentés par l'ancien chef de la Tchéka du Turkestan, Peters, comme des bandes de brigands et d'anciens forçats « qui, depuis plus de quatre ans, continuent à transformer en désert la plus riche contrée du Turkestan » et qui, sous la conduite d'anciens fonctionnaires de l'émir déchu, cherchent à ruiner le pays. Une propagande qui commence à porter ses fruits.

Mais si les Soviétiques reprennent le contrôle des villes, Enver et ses alliés consolident leur pouvoir sur les steppes, les oasis et les montagnes de Boukharie centrale et orientale. L'ascendant du seraskir sur les tribus nomades paraît irrésistible, son art de la guérilla, qui lui permet de monter des coups de main d'une audace inouïe, semble le rendre invincible. Enver signe ses ordres du titre pompeux de « Commandant en chef de toutes les forces armées de l'Islam, gendre du calife et représentant du Prophète », qu'il a fait graver sur un cachet. Dans sa mégalomanie, il n'hésite pas à se proclamer « Émir du Turkestan », ce qui va lui aliéner l'émir de Boukhara et nombre de ses associés, à commencer par le chef d'une des tribus les plus belliqueuses, Ibrahim Beg, ancien officier boukhare qui, jaloux de ses succès, refuse de couvrir ses flancs, l'obligeant ainsi à distraire une partie de ses combattants.

Voué bientôt à lutter sur deux fronts, Enver se croit encore cependant assez fort pour lancer un nouveau défi au pouvoir des Soviets sous la forme d'un ultimatum adressé, le 19 mai, au Conseil des commissaires du peuple (le gouvernement du Kremlin) par l'entremise du président de l'Azerbaïdjan, Narimanov : « L'indépendance des peuples de Boukharie, du Turkestan et de Khiva doit être reconnue par la Russie des Soviets. » Il donne quinze jours à Moscou pour retirer l'armée étrangère qui occupe encore ces territoires, et pour supprimer les organes administratifs russes qui y fonctionnent. Il demande enfin la libération des détenus politiques et des otages au reçu de la présente résolution :

> « Le Conseil suprême des peuples de Khiva, de Boukharie et du Turkestan vous prie de faire savoir au commissaire à la Guerre Trotsky et au commandant des forces soviétiques Kamenev que, pour éviter toute effusion de sang entre les détachements de l'Armée musul-

mane du peuple et l'Armée Rouge, il est indispensable d'évacuer immédiatement cette dernière en Russie. »

Tandis que le « Chef suprême des armées de Boukhara, Khiva et du Turkestan », qui se pare également du titre de « commandant en chef des armées du Grand Touran », se laisse encenser par ses fidèles d'« une kyrielle d'épithètes qui dépassent en splendeur celles mêmes accordées au sultan[4] », son ex-partenaire du triumvirat Jeune-Turc, Djemal Pacha, désavoue l'aventure d'Enver, le 28 juin, quelques jours avant son départ fatal de Moscou pour Tiflis :

> « La lutte entreprise par Enver Pacha est une brèche faite dans le front unique du monde musulman. L'impérialisme anglais saura sans aucun doute en tirer parti... Le plus grand ennemi du monde musulman, le seul peut-être, est l'impérialisme anglais... Le monde musulman d'Asie est profondément convaincu que seul le gouvernement soviétique peut lui apporter son indépendance. Encore faut-il qu'il donne satisfaction aux aspirations des musulmans de Khiva, de Boukhara et du Turkestan. »

Avant de tomber à Tiflis sous les balles du dernier commando arménien de l'« Opération Némésis », Djemal aura été entendu des autorités soviétiques qui multiplient les concessions en faveur de ces populations, tout en cherchant à les dresser contre les Basmadjis.

Dès ce mois de juin, l'Armée Rouge entreprend une manœuvre d'encerclement qui ne va pas tarder à porter ses fruits, dans la mesure où les tribus que l'émir de Boukhara a mises au service d'Enver se heurtent maintenant à des tribus dissidentes, et où la coalition rassemblée par Enver sous le drapeau de l'islam donne des signes évidents de dislocation. Le 14 juin, Enver essuie une défaite majeure en lançant une troupe de 3 000 hommes à l'assaut des 8 000 soldats, dotés d'artillerie et d'un support de cavalerie deux fois supérieur en

4. Paul Dumont, *op. cit.*

nombre, dont dispose le général Karoukine. D'importantes désertions affectent son camp. Lâché par l'Afghanistan et par certains chefs basmadjis reconvertis dans le banditisme, acculé à battre en retraite en direction du Pamir, Enver lance un S.O.S. à l'émir qu'il appelle « cher frère » :

> « Je vous prie de m'envoyer au plus tôt 500 hommes avec quelques mitrailleuses... Envoyez-moi, je vous prie, des balles et des fusils. J'espère que les Russes ne seront bientôt plus pour moi un obstacle. »

Vœu pieux balayé d'avance par l'ancien tchékiste Peters dans les *Izvetsia* de Moscou du 28 juin en ces termes fatidiques :

> « Le peuple turc a rejeté de son sein l'aventurier Enver, qui l'avait engagé dans la sanglante guerre impérialiste. N'ayant plus de place en Turquie, il est allé chercher un peu de gloire parmi les basmadjis du Ferghana et de Boukharie. Mais, là encore, il n'y aura bientôt plus de place pour lui. Une scission se dessine déjà parmi les collaborateurs d'Enver Pacha. Enver a dû partager le pouvoir avec quatre chefs de bandits. C'est encore une aventure qui touche à sa fin. »

Le 19 juillet, Enver se plaint à son « frère » l'émir, toujours réfugié en Afghanistan, du double jeu d'Ibrahim Beg :

> « Ibrahim Beg a changé de tactique, afin de vous tromper. Il désire grouper autour de lui tous ceux qui sont les plus connus et m'isoler. D'un côté, il fait acte de soumission envers vous, de l'autre, il organise un soulèvement à Kouliab. Comme tout le fait supposer, Ibrahim Beg n'est pas un homme sûr... C'est pourquoi je vous prierai de m'éviter ces malentendus. De tout cœur, je vous souhaite une bonne santé. Je reste avec respect votre frère Enver. »

La débandade des tribus restées fidèles s'accentue : entre le 12 et le 19 juillet, l'Armée Rouge, qui a enrôlé des musulmans et fait la paix avec d'autres chefs de tribus, a reconquis les agglomérations de la Boukharie centrale et orientale et fait tomber six points stratégiques de la vieille route des caravanes, dont Douchambé et Valdjouan. Les débris de l'armée islamique d'Enver qui, au début de l'été, comptait encore 7 000 hommes et contrôlait la plus grande partie de l'ancien émirat, se regroupent à l'est de Valdjouan, pour se retrancher dans un dédale de montagnes où la Cavalerie rouge a du mal à les poursuivre et à les situer.

Le 25 juillet, Enver, sentant malgré tout l'étau se resserrer autour de lui, s'assied au pied d'un arbre dans le village tadjik de Satalmich, à 85 kilomètres de la frontière afghane. Il écrit à sa femme :

> « Le climat est déprimant, le soleil ne perce pas la brume. Aucun signe du côté des émirs. Vous et les enfants, je vous recommande à Dieu. Je vous envoie ces fleurs sauvages et ces brindilles d'orme. »

Pour débusquer l'ennemi oriental, les Russes ont compris qu'il leur fallait user d'armes et de méthodes orientales. Ils lâchent sur la piste d'Enver des agents d'origine arménienne. C'est du moins la version que donnera l'auteur d'une *Histoire du Guépéou*[5], Essad bey, de l'ultime assaut donné au réduit d'Enver. Selon lui, un jeune tchékiste arménien, recruté à l'Université qui venait d'en faire un Orientaliste accompli sous le nom de G. Agabekov, aurait d'abord été envoyé à Boukhara destituer les derniers ministres du gouvernement national, jugés sans exception de connivence avec Enver, et remis l'administration directe de l'État à la Tchéka, installée au cœur même de sa capitale. Son chef, Peters, lui aurait ensuite donné l'ordre de s'enfoncer dans le désert pour « loger » Enver et son dernier carré de guerriers.

Sachant que les nomades épargnent les marchands qui les ravitaillent, Agabekov se serait fait passer pour tel avec un ami, Ossipov, et le duo, chargé de marchandises vendues à

5. Éditions Payot, 1934.

vil prix, aurait emprunté la vieille route des caravanes pour exercer son commerce ambulant dans les oasis, les camps de nomades, les châteaux-forts en ruines. Marchant toujours plus avant vers l'est, au pied des montagnes contrôlées par les basmadjis, Agabekov aurait fini par se procurer à prix d'or, auprès d'un nommé Abdur Rachman, un renseignement lui permettant de localiser le dernier quartier général dans une grande oasis proche de Kijlak, la « ville des mirages ». Il s'y serait installé comme un paisible forain. Ayant conclu à l'impossibilité d'empoisonner ou de poignarder le « monstre », il aurait renvoyé son compagnon et le délateur à l'arrière, avec mission de rameuter le corps de cavalerie de Boudienny. Quelques jours plus tard, l'un des messagers serait revenu lui annoncer que des milliers de cavaliers rouges se tenaient en embuscade derrière la montagne dominant l'oasis. Jugeant son rôle terminé, le faux marchand Agabekov aurait pris congé des basmadjis du camp, le 3 août, et disparu avant l'assaut final.

Il s'agit là d'un récit un peu trop édifiant pour correspondre à la vérité. Plus fiables paraissent les témoignages plus contemporains de l'époque, recueillis par le correspondant du *Manchester Guardian* à Moscou, Arthur Ransome — auteur d'un article publié le 2 décembre 1922 et cité par Peter Hopkirk[6], par le biographe turc d'Enver, Sevket Aydemir[7], et par Joseph Castagné[8].

Le 4 août 1922, Enver aurait célébré la fête musulmane du sacrifice bayram dans un petit village montagnard en pisé, Abiderya, où il avait établi son dernier quartier général. Le sol est souillé du sang des moutons égorgés pendant la nuit par les villageois. Il récite les prières rituelles, distribue de l'argent à ses soldats et des parchemins frappés de son sceau à ses officiers, en guise de cadeaux traditionnels. Un messager interrompt la cérémonie pour lui annoncer l'arrivée de

6. Peter Hopkirk, *Lenin's dream of an empire in Asia*, John Murray édit., Londres, 1985.
7. *Enver Pacha*, Istanbul, 1970.
8. *Op. cit.*

300 Cavaliers rouges. Un grondement assourdissant venu des hauteurs lui fait comprendre que son camp est, cette fois, bel et bien cerné. Les avant-postes ouvrent le feu. Enver divise son détachement en trois groupes. Les deux premiers forcent les lignes pour se frayer un chemin vers l'est par les défilés montagneux. Entouré de l'élite de ses cavaliers, Enver décide de faire face. Il enfourche son coursier gris, baptisé Derviche, prend la tête d'un groupe de vingt-cinq hommes et charge, sabre au clair, sous le tir des mitrailleuses du commandant Koulikov. L'historien du Guépéou Essad bey enjolive sans doute sa mort en racontant que d'« un terrible coup de sabre, un Russe gigantesque emporte la tête du gendre du calife avec une partie de son épaule ». « Le cadavre, ajoute-t-il, fut retrouvé dans le sable, le sabre dans une main, le Coran dans l'autre, la photo de la princesse sa femme [la Sultana] dans la poche de sa vareuse. Le plus grand aventurier de l'Orient ne pouvait rêver plus belle mort. »

La réalité n'est pas moins romantique. Le commandant Koulikov examine la vingtaine de corps qui jonchent le terrain balayé par ses mitrailleuses. Il s'arrête devant l'un d'eux, à cause de son uniforme kaki, de ses bottes allemandes, d'un petit Coran tombé de la poche de sa vareuse turque. Contre sa poitrine, une paire de jumelles de marque allemande. Dans ses poches, il trouve le fameux cachet, des lettres de sa femme et de son fils datées de Berlin, quelques journaux anglais de l'Inde et une correspondance chiffrée. Les papiers sont envoyés pour examen à Tachkent, non loin de Samarkand. Le doute sur l'identification du cadavre, percé de sept balles qui l'ont rendu méconnaissable, est dissipé par les témoignages de basmadjis capturés dans le camp et des mollahs du village. Il est cependant enseveli anonymement, deux jours plus tard, selon le rite musulman, sous un noisetier d'Abiderya, à douze verstes de Valdjouan, là où Enver est tombé de son cheval Derviche, fauché par la mitrailleuse du détachement de l'Armée Rouge.

Dans la première brigade de cavalerie qui livrait combat contre les basmadjis d'Enver Pacha se trouvait une escouade d'Arméniens bolcheviks commandée par Hagop Melkounian, devenu Melkoumov, né en 1885 à Chouchi, dans les montagnes du Karabagh. Mais savait-il seulement qu'il avait une double raison, comme Bolchevik avoué et comme Arménien honteux, de mettre à mort le dernier survivant du triumvirat Jeune-Turc de Constantinople ?

Peu importe, au fond, son rôle, conscient ou non, direct ou non, de bras armé de Némésis, puisque c'est en fin de compte la fuite en avant, vertigineuse et suicidaire, d'un des plus grands criminels de lèse-humanité qui a mis un point d'orgue à la Mission inachevée des premiers justiciers du génocide arménien.

Épilogue

La mission inachevée

Une poignée de criminels de guerre exécutés contre plus d'un million de victimes exterminées. Le compte n'y est pas. Le compte n'y est jamais en matière de génocide[1]. La reconnaissance importe plus que la vengeance. Or, le génocide des Arméniens est un génocide nié. Non seulement un peuple, avec sa civilisation bi-millénaire, a disparu de sa terre natale, mais ses débris, dispersés à travers le monde ou refondus dans le moule soviétique, se sont vus longtemps privés du droit à la mémoire. Une image de l'historien Pierre Vidal-Naquet résume bien le discours de la négation, constitué par étapes dans les quatre années qui ont suivi l'effondrement de l'empire ottoman :

> « Il n'y a pas eu d'extermination ; cette extermination était justifiée ; les Arméniens sont les seuls artisans de leur propre malheur ; ce sont eux qui ont massacré les Turcs. »

L'année 1923 marque la seconde mort des Arméniens de Turquie. Grâce à l'alliance tactique nouée avec la Russie bolchévique, le général Mustafa Kemal, qui a pris la tête des troupes de gardes-frontières et de maintien de l'ordre laissés intactes par le traité d'armistice de Moudros, le 30 octobre 1918, et qui a constitué un contre-gouvernement national à

1. Yves Ternon, *Les Arméniens, histoire d'un génocide,* Le Seuil, pp. 313 et *sq.*

Ankara en avril 1920, transforme la défaite ottomane en victoire turque et parachève, sur le plan territorial, l'entreprise de ses prédécesseurs ittihadistes de Constantinople. Il règle le reliquat de la question arménienne en se débarrassant de la présence des Arméniens à l'est de l'Anatolie et en Cilicie, dans les territoires occupés, d'un côté par les forces russes, jusqu'à la débandade provoquée par la Révolution de la fin 1917, de l'autre par le corps expéditionnaire français en novembre 1918.

Le traité de Moudros prévoyait en effet la création en Cilicie d'un foyer national arménien sous protectorat français. A l'appel du haut-commissaire Georges Picot, 150 000 Arméniens émigrés en Syrie et en Mésopotamie reviennent s'installer dans cette région qui, à l'époque des croisades, constituait le royaume arménien de Cilicie dont le dernier souverain Léon V de Lusignan est enterré à la Basilique de Saint-Denis. Mais, après le traité de Sèvres du 10 août 1920 qui, s'il avait été ratifié, aurait consacré l'indépendance de la République arménienne du Caucase, la France renonce à l'occupation onéreuse de la Cilicie par un accord signé avec les Turcs le 20 octobre 1921.

Le traité de Sèvres prévoyait également de sanctionner les crimes de guerre et de

> « livrer aux Alliés les personnes réclamées par ceux-ci comme responsables des massacres commis, au cours de l'état de guerre, sur tout territoire faisant, au 1er août 1914, partie de l'Empire ottoman. Les Puissances alliées se réservent le droit de désigner le Tribunal qui sera chargé de juger les personnes ainsi accusées » (art. 230).

C'était introduire pour la première fois les Droits de l'Homme dans un traité international, et l'esprit de Nuremberg avec un quart de siècle d'avance. Mais le traité de Sèvres ne sera jamais ratifié par ses négociateurs. Et quand, le 18 novembre suivant, la Société des Nations (S.D.N.) fait état dans une résolution de la « sympathie universelle exprimée pour l'Arménie », il s'agit déjà d'un *in memoriam*...

Il est évident que les nationalistes turcs sont décidés à consommer la solution finale du problème arménien. S'étant rendu totalement maître de la situation sur le terrain, le gouvernement d'Ankara promulgue, dès le 15 avril 1923, une loi tendant à la confiscation de toutes les propriétés des absents, quels que soient la date, le motif et les conditions de leur départ. A la conférence de Lausanne où les représentants de l'Entente négocient le traité de paix avec la Turquie, qui doit se substituer au traité de Sèvres devenu caduc, le bras droit de Kemal Pacha, Ismet Inonu, déclare tranquillement :

> « La responsabilité de toutes les calamités auxquelles l'élément arménien fut exposé dans l'Empire ottoman retombe sur ses propres agissements, le gouvernement et le peuple turcs n'ayant fait que recourir, dans tous les cas et sans exception, à des manœuvres de répression ou de représailles, et cela après avoir épuisé toute leur patience. »

Le 24 juillet, c'est lui qui appose sa signature au bas du traité modifiant toutes les dispositions antérieures au bénéfice du seul vainqueur : le nouvel État turc. Il n'est plus question ni d'Arménie indépendante — celle du Caucase étant englobée officiellement depuis 1922 dans la Fédération soviétique transcaucasienne — ni même de foyer national arménien. Un tel foyer, sous suzeraineté turque, a bien été envisagé au cours des mois de dures négociations. Mais les Alliés ont fini par renoncer à cette ultime lueur d'espoir pour les Arméniens de Turquie, sous l'influence de l'Angleterre qui compte payer de cet abandon l'attribution de Mossoul et de ses ressources pétrolières. Effectivement, quelques jours après l'accord de Lausanne, les kémalistes cèdent ce territoire à l'Irak sous mandat britannique.

« Le pétrole a pesé plus lourd dans les tractations que le sang arménien », regrette Lord Curzon. Et le chef de l'opposition, Winston Churchill, de s'indigner : « L'Histoire cherchera en vain dans ce traité le mot d'Arménie. » Les mots « Arménie » et « Arméniens » n'y sont plus mentionnés, pas même dans les clauses accordant quelques garanties aux minorités. L'entité géographique a également été rayée de la carte. Entièrement modifiée au cours des décennies suivantes, la toponymie a effacé jusqu'au souvenir de l'ancien pays, où il ne reste pratiquement plus de survivants et où la perte de la langue et l'abandon forcé de la religion apostolique ont fait disparaître les principaux fondements de l'identité arménienne. S'il existe une certaine tolérance de la République officiellement laïque, proclamée par Kemal à l'automne 1923, à l'égard des non-musulmans dont la présence, réduite à la portion congrue, ne représente plus aucun danger pour l'intégrité et la prétendue homogénéité du territoire national, un véritable génocide culturel a parachevé l'œuvre des massacreurs. En 1934, une loi impose à tous les citoyens de Turquie de turquifier leurs patronymes, d'où l'abandon croissant, à Istanbul, de la désidence terminale *ian* pour celle d'*oglu.* Cette anthroponymie rend d'ailleurs difficile le dénombrement des Arméniens vivant encore en Anatolie : passés de près de 2 millions en 1912 à 100 000 au lendemain de la Seconde Guerre mondiale, ils ne seraient plus, aujourd'hui, qu'une cinquantaine de milliers, concentrés surtout à Istanbul. Les seules traces matérielles d'un passé arménien sont des monuments et des vestiges historiques épars, laissés à l'abandon.

Les Arméniens sont devenus une nation hors-espace, fragmentée en dizaines de colonies communautaires dans la diaspora ; la mention « sans retour possible », alors portée sur leur passeport, et l'interdiction de retourner en Turquie frappant tous ceux qui l'ont quittée entre 1915 et 1923, ont fait des réfugiés arméniens des apatrides. La S.D.N. leur a accordé, en 1924, le statut *Nansen*, et le Bureau international du Travail a entrepris de les caser dans les pays en quête de main-d'œuvre.

Dans un premier temps, les rescapés traînent leur traumatisme. Ils vont travailler dur pour survivre et s'adapter. Cette génération entretient une mémoire collective figée autour d'un mot-clé : *tchart* —, anéantissement en arménien. Au souvenir de l'horreur s'ajoute l'angoisse de la négation : c'est être doublement massacré que de subir aussi la négation du massacre. La survie du groupe exige qu'il fasse de ce génocide non reconnu la référence obligée de son identité. Qu'elle soit ressassée ou, plus rarement, rejetée comme un héritage à ne pas endosser, cette référence pèse de tout son poids sur la génération suivante et la frappe d'impotence : il est douloureux d'avoir pour aînés des vaincus se débattant dans le champ clos de leur humiliation. « Il ne faut pas faire de peine à ma mère, elle est déjà veuve » : ainsi Gérard Chaliand formule-t-il, en termes psychanalytiques, l'attitude de la deuxième génération des Arméniens de la diaspora, celle qui a profité des efforts et des sacrifices de la première pour parvenir à un niveau social convenable. C'est contre cette attitude qu'a réagi la troisième, en quête, comme il est classique, de racines, en recourant depuis 1975 au terrorisme publicitaire.

C'est que, comme l'écrit l'universitaire Anahide Ter-Minassian[2], le travail de deuil n'a toujours pas été fait après trois générations. Mais le monde, lui, a changé, et après les crises économiques et les bouleversements politiques de l'entre-deux-guerres, l'opinion publique internationale a découvert l'inhumanité des camps d'extermination nazis et du goulag soviétique, et pris conscience de la signification universelle du phénomène génocidaire. Le procès des criminels de guerre devant le tribunal international de Nuremberg a marqué une date importante dans l'évolution des mentalités. Culpabilisé par le sort des Juifs et des Tziganes dans l'Europe hitlérienne, l'Occident ressent la nécessité de mettre hors la loi commune les crimes contre l'humanité que sont les génocides.

Le 18 décembre 1948, les Nations-Unies signent une Convention sur la prévention et la punition des crimes de génocide :

2. *La permanence de la revendication arménienne, in* Temps Modernes, nº de juillet 1984.

« Un génocide signifie n'importe lequel des actes suivants commis avec l'intention de détruire, en tout ou en partie, en tant que tel, un groupe national, ethnique, racial ou religieux : a) tuer les membres du groupe ; b) nuire gravement, mentalement ou physiquement, aux membres du groupe ; c) infliger des conditions de vie conçues pour entraîner sa destruction physique en tout ou en partie ; d) imposer des mesures afin de prévenir les naissances dans ce groupe ; e) déplacer de force les enfants d'un groupe dans un autre. »

Vingt ans plus tard, l'O.N.U. rend imprescriptibles ces crimes contre l'humanité, dont les définitions s'appliquent intégralement à ceux commis sur ordre des autorités turques en 1915 ; mais, en confiant aux États le soin de punir les responsables d'un génocide, la Convention a créé sa propre impasse dans la mesure où, compte tenu des moyens qu'ils impliquent, les génocides ne peuvent être commis que par des États. Paradoxe insoluble, à moins d'avoir affaire à un État vaincu réduit à une reddition sans condition, comme le IIIe Reich.

Ce n'est pas, loin de là, le cas de la République turque forgée par Mustafa Kemal Pacha sur les ruines de l'Empire ottoman. Non seulement ce nouvel État ne reconnaît pas le génocide commis par les Jeunes-Turcs du précédent régime, mais, depuis son avènement, aucun gouvernement turc n'a accordé la moindre validité au procès des Unionistes de 1919 et à la condamnation de principe des principaux responsables de massacres.

Kemal Atatürk peut même se donner les gants de faire pendre, en 1926, le Dr Nazim et trois autres anciens ittihadistes, Djavit bey, Kara Kemal et Ismaïl Djanpolad, tous inscrits sur la liste noire des vengeurs de l'« Opération Némésis » et qui complotaient contre lui. Ils avaient en effet dissimulé des bombes dans des gerbes de fleurs offertes au chef de l'État lors d'une de ses tournées dans les provinces. Atatürk déclare à ce sujet, le 22 juin 1926, à un journaliste,

Émile Hildenbrand, qu'un groupe subversif d'aventuriers et de corrompus menaçait la République. Il les accuse d'avoir versé le sang turc en entraînant le pays dans la guerre contre la volonté du peuple, pour satisfaire les ambitions criminelles d'Enver Pacha. « Ils sont aussi responsables de la mort de nombreux citoyens chrétiens déportés et impitoyablement massacrés », s'offre-t-il le luxe d'ajouter.

Cette parenthèse de l'Histoire refermée, le général-président de la République moderne de Turquie peut se permettre de faire retomber la chape de silence sur les tragiques « événements » de 1915.

« Qui parle encore aujourd'hui du massacre des Arméniens ? » remarque Adolf Hitler dans une allocution confidentielle à ses chefs militaires réunis, le 22 août 1939, à Obersalzberg, quelques jours avant d'envahir la Pologne. Il leur explique sa décision d'attaquer la Pologne et de la rayer de la carte :

> « C'est sciemment et d'un cœur léger que Gengis Khan a envoyé à la mort des milliers de femmes et d'enfants. L'Histoire ne voit en lui que le fondateur d'un État... Le but de la guerre n'est pas d'atteindre des lignes définies, mais d'anéantir physiquement l'opposant... C'est par ce moyen que nous obtiendrons l'espace vital dont nous avons besoin. Qui parle encore, aujourd'hui, du massacre des Arméniens ? »

Est-ce un hasard si l'Allemagne hitlérienne restitue, en 1942, les cendres de Talaat au successeur de Kemal Atatürk qui les a fait transférer à Istanbul avec toute la pompe réservée aux héros de la patrie ? Les restes de l'ancien chef de file des Jeunes-Turcs, abattu par Tehlirian à Berlin, reposent depuis dans un mausolée érigé en 1943 sur la Colline de la Liberté. Le président de la République s'y recueille le 21 mars de chaque année, pour commémorer « la mort du martyr » Talaat, dont le nom a été attribué à l'une des principales artères d'Ankara, ainsi qu'à une école... Ce refus de toute responsabilité a été aggravé par la carence, sinon la complicité rétrospective de la Communauté internationale.

La négation du génocide est devenue vérité d'État, et cette vérité d'État a pris une dimension internationale, puisque les instances communautaires, officiellement gardiennes des Droits de l'Homme, n'ont pas davantage reconnu et condamné le génocide des Arméniens, en dépit des démarches répétées d'organisations non gouvernementales. Ainsi, depuis octobre 1971, le représentant de la Turquie à la Commission des Droits de l'Homme de l'O.N.U. s'oppose-t-il avec succès à l'adoption du paragraphe 30 d'un rapport sur la prévention et la répression du crime de génocide ainsi libellé :

> « A l'époque contemporaine, on peut signaler l'existence d'une documentation assez abondante ayant trait au massacre des Arméniens, qu'on a considéré comme le premier génocide du siècle. »

En février 1973, Ankara rappelle son ambassadeur en France pour protester contre l'inauguration, à Marseille, d'un monument élevé à « la mémoire des 1 500 000 Arméniens victimes du génocide ordonné par les dirigeants turcs en 1915 ». La Turquie intervient également auprès du ministère français de l'Intérieur pour faire supprimer le mot *turc* sur la plaque d'une rue du 24 avril 1915, à Vienne, dans l'Isère.

Si, en 1975, aux États-Unis, une résolution du Congrès fait du 24 avril une « Journée nationale de commémoration de l'inhumanité de l'homme pour l'homme » et invite le Président à faire de cette date une « journée du souvenir à l'égard de toutes les victimes de génocides », le Département d'État, très soucieux de ménager un partenaire placé aux avant-postes du dispositif de l'O.T.A.N. face à l'U.R.S.S., continue à nier, en novembre 1981, l'existence même de ce génocide. Israël accepte de céder aux pressions turques à l'occasion d'un congrès organisé sur le thème du génocide dans l'Histoire. Il n'est pas jusqu'au Tribunal Russel lui-même — initiative pourtant non officielle, destinée en 1967 à juger les crimes américains au Vietnam désignés sous le terme abusif de génocide —, qui ne consente à faire l'impasse sur celui des Arméniens pour donner satisfaction au « juge » turc, soutenu, au nom de l'islam, par son confrère pakistanais...

L'U.R.S.S., quant à elle, en dépit de la présence sur son territoire de plus de 4 millions d'Arméniens — 2 700 000 en Arménie soviétique, 1 million en Géorgie et en Azerbaïdjan, 400 000 en Russie, contre 600 000 aux États-Unis, dont 250 000 ont valu à Los Angeles le surnom de *Los Armenos* —, l'U.R.S.S., donc, s'est bien gardée de s'associer aux démarches en faveur de la reconnaissance de ce génocide, tout en tolérant, depuis l'entrée de la Turquie dans l'O.T.A.N., des manifestations à Erivan d'un anti-turquisme soigneusement canalisé en fonction des aléas de sa diplomatie.

Le destin de l'Arménie soviétique — la plus petite des 15 Républiques socialistes soviétiques depuis la dissolution par Staline, en 1936, de la Fédération transcaucasienne — est sans doute aussi peu enviable que celui des autres provinces de l'empire des Tsars récupérées par les nouveaux maîtres du Kremlin : collectivisation forcée et famine de 1929 à 1934, purges et déportations des années 1936-1938. Mais, en 1945, Moscou dénonce le dernier traité d'amitié soviéto-turc signé en 1925, et relance la question des territoires frontaliers dont les forces kémalistes s'étaient emparées à la fin de 1920, à la faveur de la disparition de l'Arménie indépendante. Parallèlement, une campagne de rapatriement des Arméniens est lancée par le Kremlin auprès de la diaspora, avec un certain succès, puisque quelque 100 000 Arméniens, surtout réfugiés au Proche-Orient, s'installent en Arménie soviétique. C'est que, quelles que soient les conditions souvent atroces et les contraintes totalitaires, cette enclave bolchévisée demeure un sanctuaire, avec son catholicosat d'Etchmiadzine, dépositaire du patrimoine et gardien de l'identité, et apparaît aux yeux de la majorité des Arméniens comme un foyer national. Condamnés à choisir entre le bourreau turc et le geôlier moscovite, les Arméniens du Caucase n'ont pas hésité, l'expérience leur ayant appris que seul celui-ci l'avait en fin de compte protégé de celui-là. Quant aux 2 millions d'Arméniens de la diaspora, ils sont restés très divisés dans leur attitude par rapport au « petit paradis » d'Erivan.

Les partis minoritaires, Hentchak révolutionnaire ou Ramkavar bourgeois, se sont alignés sur les positions communistes. Le Dachnak qui, avec ses filiales et ses sympathisants, a gardé une influence prépondérante sur les communautés organisées, a radicalement changé de politique depuis 1965[3]. Dans un premier temps, il prône la croisade contre le bolchévisme. Dès le 13 mars 1921, le dernier chef du gouvernement libre d'Erivan, Simon Vratsian, qui a tenté de s'opposer par les armes à la soviétisation avant de se replier en Iran, a pris contact avec des officiers kémalistes et a lancé un appel à l'aide au Parlement dissident d'Ankara pour sauver l'indépendance de l'Arménie caucasienne. L'année suivante, le Bureau éclaté du Parti désavoue la poursuite de l'« Opération Némésis » décidée par le Congrès de 1919, et le Corps responsable à l'étranger (A.B.M.), à la veille de transférer son quartier général de Constantinople à Bucarest, met pratiquement fin à l'action des commandos de vengeurs. Le XIe Congrès mondial Dachnak de 1929 élimine leur chef opérationnel, Chahan Natali, de la direction, et supprime la fameuse référence secrète au terrorisme des nouveaux statuts de la Fédération révolutionnaire arménienne.

Toute l'activité des dirigeants dachnaks est alors tournée contre les initiatives soviétiques. Les institutions de la République socialiste d'Arménie sont combattues en tant que rouages administratifs d'un empire étranger, et le « catholicos de tous les Arméniens » dénoncé comme un fonctionnaire au service du Kremlin.

Un premier tournant est pris après 1965, les autorités soviétiques ayant organisé une grande manifestation à Erivan pour marquer le cinquantenaire du génocide d'avril 1915. Le déferlement populaire qui s'en est suivi dans les rues de la capitale arménienne aux cris de « Nos terres ! Nos terres ! » a surpris les organisateurs débordés et donné lieu à une sévère

3. Jean-Pierre Alem, *L'Arménie* (Presses universitaires de France).

remise au pas. Mais des concessions sont faites dès lors à l'expression publique d'un certain nationalisme arménien : monument au souvenir des victimes du génocide en 1967, mémoriaux consacrés aux luttes héroïques du peuple arménien contre la Turquie, réquisitoires d'historiens contre les Jeunes-Turcs, cérémonies officielles du 24 avril, etc. A dater de cette période, les dirigeants dachnaks adoptent une *Ostpolitik*, en liaison apparente avec la nouvelle orientation soviétique :

> « Les expressions du sentiment national, pourchassées sous Staline, tolérées sous Khrouchtchev, furent soigneusement canalisées vers un antiturquisme qui semble désormais avoir sa place dans la stratégie globale de l'U.R.S.S. au Proche-Orient », écrit le Pr Anahide Ter-Minassian[4].

En diaspora, la commémoration du cinquantenaire du génocide est un simple point de repère qui marque le réveil des revendications arméniennes, avec l'émergence de la troisième génération issue de l'exil et qui va s'ériger en gardienne du refus. Mais c'est à l'occasion du soixantenaire, dix ans plus tard, que la cause arménienne explose, au terme d'une longue période d'enfermement et d'oubli. Non seulement les défilés de rues prennent une tournure officielle qui contraste avec la prudence des gouvernements soucieux de ménager les susceptibilités de la Turquie, mais cette attitude hypocrite fouette les passions d'une jeunesse arménienne qui vient de mesurer l'impact de la publicité. D'où le recours à des moyens plus spectaculaires encore, pour forcer l'intérêt et tenter d'infléchir les politiques gouvernementales sous la pression de l'opinion publique. C'est la résurgence du terrorisme, mais il s'agit d'un terrorisme d'un type nouveau : une vague d'attentats visant au premier chef les diplomates et les représentants de l'État turc qui refuse toujours d'assumer ses responsabilités passées, contrairement à l'Allemagne fédérale vis-à-vis des victimes de l'hitlérisme. Au lendemain de la Première Guerre

4. *La dissidence en Arménie soviétique, in* Critique socialiste, 4e trimestre 1982.

mondiale, le terrorisme arménien avait été ponctuel, frappant des individus responsables des massacres ; lorsqu'il reparaît en 1975, c'est-à-dire deux générations plus tard, il frappe moins des individus que des fonctions et des cibles symboliques.

Le dernier attentat arménien remontait à 1922. Le 23 janviers 1973, c'est un vieil homme de 78 ans, Kourken Yanikian, qui donne le coup d'envoi de la nouvelle vague terroriste arménienne, en assassinant à Los Angeles le consul général de Turquie et son secrétaire.

> « Ce survivant des massacres de 1915 avait tenté, toute sa vie, de faire entendre sa voix. Il se résigne à un acte spectaculaire : il invite ses victimes au Baltimore Hotel pour les exécuter. La Fédération révolutionnaire arménienne (dachnak) et la plupart des Arméniens le désavouent. Certains tentent de le faire passer pour fou. Ce n'était pas un fou, mais un désespéré. Il a mené sa réflexion en marginal et il a anticipé. Cette stratégie du désespoir deviendra, peu à peu, celle de la diaspora arménienne. Après dix ans de maturation, le monde occidental, si fragile devant le terrorisme, découvre la violence de ces oubliés[5]... »

Condamné à la prison à vie, Yanikian sera libéré en 1981.

Depuis 1975, les attentats sont revendiqués par de nouvelles organisations, telles l'Asala (Armée secrète arménienne pour la libération de l'Arménie) et la N.R.A. (Nouvelle résistance arménienne), nées dans le chaudron libanais, en contact avec les organisations terroristes palestiniennes qui ont inauguré ce type de « terrorisme publicitaire qui se nourrit des médias tout en les nourrissant » (Chaliand), par des détournements d'avions et des prises d'otages. Les Justiciers du génocide, eux, sont plus proches du Parti dachnak que du terrorisme international. Leur apparition coïncide avec un besoin de justice et d'affirmation de soi, né de l'esprit du temps, en

5. Yves Ternon, *La Cause arménienne,* Le Seuil, 1983.

réaction à un traumatisme dont veulent se libérer les jeunes générations, non par l'oubli ou le rejet, mais par l'action. Ces jeunes générations refusent le désastre naguère refoulé comme une fatalité historique. C'est de leurs rangs qu'a surgi soudain une poignée de terroristes, au lendemain de la suppression du paragraphe 30 du rapport présenté, le 16 septembre 1973, devant la sous-commission de la lutte contre les mesures discriminatoires et de la protection des minorités à la Commission des Droits de l'Homme de l'O.N.U.

Ce rapport, qualifié d'intérimaire, a été rédigé par un expert du Rwanda désigné en octobre 1971. Il est soumis en mars 1974 à une session de la Commission réunie à New York. Le délégué turc reproche au rapporteur d'avoir « confondu les caractères spécifiques du crime de génocide avec les conséquences normales des guerres ». A sa demande, appuyée notamment par la déléguée de l'Autriche, le rapport est envoyé en sous-commission, en vue de l'amputer de l'article faisant état du « premier génocide du siècle ». Les discussions traînent pendant plus de quatre ans. Le 4 juillet 1978, le paragraphe 30 ne figure plus dans le rapport définitif. Le 15 septembre, des organisations non gouvernementales demandent son rétablissement. Mais, le 16 mars 1979, le rapport est de nouveau présenté devant la Commission, amputé du paragraphe litigieux, en dépit des fermes interventions françaises et américaines. Il faudra attendre août 1985 pour voir mentionner le génocide arménien dans un nouveau rapport confié à l'expert britannique Benjamin Whittaker, après une longue bataille de procédure marquée par la volte-face du délégué soviétique[6].

C'est contre cette prise en compte tardive de la réalité du génocide arménien par les autres États, et en rupture avec l'impuissance des générations précédentes, que s'est développé entre-temps un terrorisme qui n'est à l'origine ni idéologique, ni déstabilisateur, mais avant tout un moyen d'expression face

6. Voir la série d'articles de la correspondante du *Monde* à Genève, Isabelle Vichniac, en août 1985.

à l'entêtement de la Turquie à réviser l'Histoire et au silence de ses alliés militaires ou de ses partenaires économiques.

Entre 1975 et 1982, vingt et un diplomates turcs ou membres de leur famille ou de leur personnel ont été tués au cours de quatorze attentats à Paris, Lyon, Los Angeles, Boston, Rome, La Haye, Ottawa, Beyrouth, Londres, Madrid, Vienne et Sydney. Durant les premières années, sans échec ou bavure grave, ce terrorisme du dernier recours, en l'absence de juridiction supranationale même pour condamner moralement et rétroactivement un génocide, a sans doute joué un rôle déterminant pour ramener à l'ordre du jour un crime contre l'humanité quasiment relégué aux oubliettes — sauf pour la mémoire collective des Arméniens. Il a pu servir la cause arménienne dans la mesure où l'ampleur du crime motivant ces attentats dépassait en horreur la réprobation à leur égard. Ainsi, en France, le procès de Max Kilindjan devant la cour d'assises d'Aix-en-Provence, en janvier 1982, a-t-il constitué un événement important. L'accusé faisait partie d'un groupe armé ayant attenté sans succès à la vie d'un diplomate turc en poste à Genève, en 1980. Pour la première fois depuis l'acquittement du meurtrier de Talaat, Soghomon Tehlirian, en 1921 à Berlin, il permettait de faire entendre devant une juridiction les faits qui sont à l'origine de ce regain de terrorisme arménien. La *Marseillaise* entonnée à l'annonce de son élargissement, après une peine de principe couvrant sa détention préventive, n'avait d'autre sens que de saluer la justice d'un pays qui, au-delà de la raison d'État, permettait l'expression publique de la vérité tout en faisant preuve de clémence.

Plus révélateur encore, le procès des quatre terroristes de « l'opération Van » devant la cour d'assises de Paris, du 24 au 31 janvier 1984.

Ces quatre jeunes Arméniens avaient à y répondre de l'occupation, le 24 septembre 1981, du consulat général de Turquie, avec prises d'otages et, hélas, mort d'homme — un policier turc trop zélé. Ce jour-là, un autre événement avait disputé la « Une » des journaux à cette action médiatique spectaculaire : la première conférence de presse du septennat de François Mitterrand, au cours de laquelle le Président de la République déclarait en préambule : « les aspirations légitimes d'un peuple finissent toujours par surgir, et elles surgissent d'autant plus violemment qu'elles ont été trop longtemps contenues ».

Lors de la première audience du procès, le président de la cour, Guy Floch, avait donné le ton en adressant une remarque aux jurés : « Vous verrez que j'ai évité, et on devrait éviter, d'employer le mot "terroriste". C'est un mot que je n'aime pas. Tout le monde est toujours plus ou moins, à un moment donné, le terroriste de quelqu'un d'autre. Il y a actuellement des Chefs d'État qu'on a appelés "terroristes" à un moment quelconque de leur action. »

Le commando-suicide de l'opération Van s'était directement inspiré de l'occupation de la Banque ottomane à Constantinople en 1896... « L'entreprise, qualifiée de criminelle, n'a tendu à rien d'autre qu'à affirmer à la face du monde, et par les seuls moyens qui lui sont perceptibles, que l'humanité ne peut plus vivre avec, dans sa cave, le cadavre d'un peuple assassiné », a plaidé l'un des défenseurs, Maître Émile Aslanian.

Condamnés à sept ans de prison, les accusés seront libérés en fait en juillet 1986 et expulsés vers le Liban.

Mais l'action violente, si elle a un effet cathartique positif pour dévictimiser l'identité arménienne, ne peut tenir lieu de programme politique ni de stratégie à long terme. En outre, la revendication territoriale formulée, à la faveur de ce réveil brutal, par les organisations politiques arméniennes, est à la fois caduque et utopique. Alors que la réparation à laquelle aspire l'écrasante majorité des Arméniens, assimilés ou non, ne peut être que morale, cette surenchère maximaliste est vouée à l'impasse. Et la dérive publicitaire du terrorisme finit par nuire à la cause qu'il prétendait servir, en retournant contre elle l'opinion que la cohérence et la spécificité de ses actions initiales lui avaient acquise.

Or, à partir de 1979, le groupe terroriste qui ne craint pas l'hyperbole en se dénommant « Armée secrète arménienne pour la libération de l'Arménie » se livre à des attentats à la bombe contre des compagnies d'aviation telles que Swissair, Lufthansa, K.L.M., Sabena, T.W.A., British Airways et, bien entendu, El Al, sous le prétexte qu'elles représentent des intérêts d'États liés commercialement à la Turquie. En octobre 1980, deux de ses militants ayant été arrêtés en Suisse en manipulant maladroitement une bombe dont l'explosion a rendu l'un d'eux aveugle, l'Asala commet des attentats contre des établissements helvètes et continue à les commettre, en février 1981, alors que son terroriste infirme a été libéré ! Il y aura pire, les deux années suivantes, quand un « groupe Orly », dissident de l'Asala, se lance dans une série d'attentats aveugles à Paris et à Orly. Ces crimes absurdes sont nés de l'illusion qu'il est possible de faire ainsi chanter des États. Ils témoignent d'une immaturité doublée de débilité politique, avec un risque évident de manipulation : comme, par exemple, quand des terroristes arméniens se laissent entraîner à des actions anti-israéliennes alors que leur propre projet est le retour à une terre ancestrale, aujourd'hui peuplée par d'autres populations. Il faut, de même, une haute dose de crétinisme politique pour s'attaquer, en France, à des personnes n'ayant aucun rapport avec le problème du génocide arménien, alors que la France est le premier État au monde à reconnaître la réalité de ce génocide.

> « L'action ne dispense pas de l'usage de l'intelligence, écrit encore Gérard Chaliand. Il importe de ne pas se tromper de combat et de ne pas servir de repoussoir à une cause qu'on a contribué, plus que beaucoup d'autres, à faire connaître. »

Non, les poseurs de bombes de l'Asala et du groupe Orly ne sont pas les héritiers des héros du Mousa Dagh, ou de Sardarabad, ou de l'« Opération Némésis ». D'ailleurs, qui punir, plus d'un demi-siècle après la consommation du crime ? La culpabilité des ascendants ne doit pas retomber éternellement sur les descendants, mais ceux-ci ne doivent pas davantage l'ignorer. Faire savoir est plus important que répondre au sang par le sang de génération en génération. Et, finalement, le geste d'un Willy Brandt s'agenouillant devant le monument du ghetto de Varsovie a plus fait pour purger l'Allemagne de ses démons et pour exorciser la hantise d'Israël que la traque des criminels nazis.

Certes, il ne dépend pas des Arméniens qu'un leader turc imite un jour le geste de Brandt. Mais une manifestation internationale, comme celle du Tribunal permanent des Peuples réuni à Paris du 13 au 16 avril 1984, a mieux ouvert la voie à la réparation morale et historique auxquels ils ont droit que les bombes jetées aveuglément dans la foule des aéroports. Héritier du Tribunal Russell, cet organisme a été institué à l'initiative du sénateur italien Lelio Basso pour pallier la carence morale et politique des États comme instruments de réalisation de la justice. Il a consacré cette session spéciale à l'examen des griefs des Arméniens, précisément à cause du long silence des organisations internationales et de la quasi-complicité des grandes démocraties occidentales (à l'exception récente de la France) qui entretiennent des liens de toutes sortes avec l'État turc. Car ce n'est pas le peuple turc, mais l'État turc et son attitude constante à l'égard des événements de 1915-1916, qui se trouvaient mis en accusation.

> « La réalité des actes matériels constituant le génocide ne fait pas de doute, lit-on dans les attendus de la sentence rendue par le Tribunal permanent des peuples. Les faits... ressortent clairement et d'abondance des preuves fournies. »

Il décide en conséquence que le gouvernement des Jeunes-Turcs est coupable de ce « crime imprescriptible » et que :

> « Le génocide arménien est aussi un *crime international* dont l'État turc doit assumer la responsabilité, sans pouvoir prétexter, pour s'y soustraire, d'une discontinuité dans l'existence de cet État ; cette responsabilité entraîne principalement l'obligation de reconnaître officiellement

la réalité du génocide et du préjudice subi par le peuple arménien ; l'O.N.U. et chacun de ses membres sont en droit de réclamer cette reconnaissance et d'assister le peuple arménien à cette fin[7]. »

Est-ce l'effet du hasard si, l'année suivante, le 29 août 1985, les experts de la sous-commission des Droits de l'Homme des Nations Unies, lors de sa 38e session à Genève, ont adopté le rapport du délégué britannique Benjamin Whittaker citant comme « cas de génocide le massacre des Arméniens par les Ottomans en 1915-1916 » (paragraphe 24) : par 14 voix contre une, celle de l'expert soviétique, et quatre abstentions (Cuba, Bengladesh, Jordanie et Maroc). C'est la première fois que l'évocation du génocide arménien passe le barrage d'une instance onusienne. Derrière ce premier pas, la France a proposé à ses partenaires de la Communauté européenne, le 15 décembre 1985, la constitution d'une commission d'historiens pour « vider l'abcès », selon le mot de Roland Dumas, alors ministre des Relations extérieures. « Nous faisons cette proposition non pas dans un souci de combat, mais dans un souci d'apaisement », a-t-il ajouté.

La reconnaissance internationale du génocide des Arméniens serait seule susceptible de donner enfin tout son sens à la mission inachevée des commandos de l'« Opération Némésis ».

7. Tribunal Permanent des Peuples, *Le crime de silence*, Flammarion, 1984.

SOURCES

Cette page peu connue de la Passion arménienne appartient au peuple qui l'a écrite avec son sang et ses larmes. L'auteur doit une gratitude particulière à Gérard Libaridian, directeur de l'Institut Zoryan à Cambridge (Massachusetts), ainsi qu'à Sdepan Dardouni, de la rédaction de *Haïrenik* à Boston, qui lui ont permis d'accéder à des témoignages inédits, à la correspondance secrète et aux archives en cours de dépouillement du parti Dachnak, et lui ont traduit oralement les publications arméniennes et américaines relatives à cette période. Il tient à remercier, d'autre part, Anahide Ter Minassian, maître de conférences en Histoire à l'Université de Paris I, Claude Mutafian, maître de conférences à Paris XIII, Alice Samuelian-Aslanian, libraire orientaliste, et le Dr Yves Ternon, historien de la cause arménienne, qui l'ont guidé dans ses recherches et lui ont fourni les références bibliographiques essentielles disponibles en français.

Boston-Paris-Boston,
septembre 1985 - avril 1986.

RÉFÉRENCES BIBLIOGRAPHIQUES (EN FRANÇAIS)

AFANASYAN Serge : *L'Arménie, l'Azerbaïdjan et la Géorgie,* Éditions l'Harmattan, 1981.

ALEM Jean-Pierre : *L'Arménie,* Que sais-je ? P.U.F., 1959.

CARRÈRE d'ENCAUSSE Hélène : *Réforme et Révolution chez les Musulmans de l'Empire russe,* Armand Colin, 1966.

CARZOU Jean-Marie : *Arménie 1915 - Un génocide exemplaire,* Flammarion, 1975.

CASTAGNÉ Joseph : *Les Basmatchis,* Ernest Leroux, 1925.

CHALIAND Gérard : *Le Génocide des Arméniens* (avec Yves Ternon), Éditions Complexe, Bruxelles, 1984.

CHIRAGIAN Archavir : *La Dette de sang,* Éditions Complexe, Bruxelles, 1984.

DUMONT Paul : *La fascination du Bolchevisme : Enver Pacha,* Cahiers du monde russe et soviétique, avril 1975.

ESSAD BEY : *Histoire du Guépou,* Payot, 1934.

GÜRÜN Kâmuran : *Le Dossier arménien,* Triangle, 1983.

LEPSIUS Johannès : *Archives du Génocide des Arméniens,* Fayard, 1986.

MORGENTHAU Henri : *Mémoires,* Flammarion, 1984.

TER MINASSIAN Anahide : *La Question arménienne,* Parenthèses, 1983. *La Permanence d'une revendication,* in "Temps Modernes", juillet 1984.

TERNON Yves : *Les Arméniens : histoire d'un génocide, Le Seuil, 1977. La Cause arménienne,* Le Seuil, 1983.

TOYNBEE Arnold J. : *Les massacres arméniens,* Payot, 1916.

WERFEL Frantz : *Les Quarante jours du Mousa Dagh,* Albin Michel, 1936.

Arménie : le Droit à la mémoire, Esprit, avril 1984.

Tribunal permanent des Peuples : *Le Crime de silence,* Flammarion, 1984.

CARTES

THÉÂTRE DE L'OPÉRATION NEMESIS

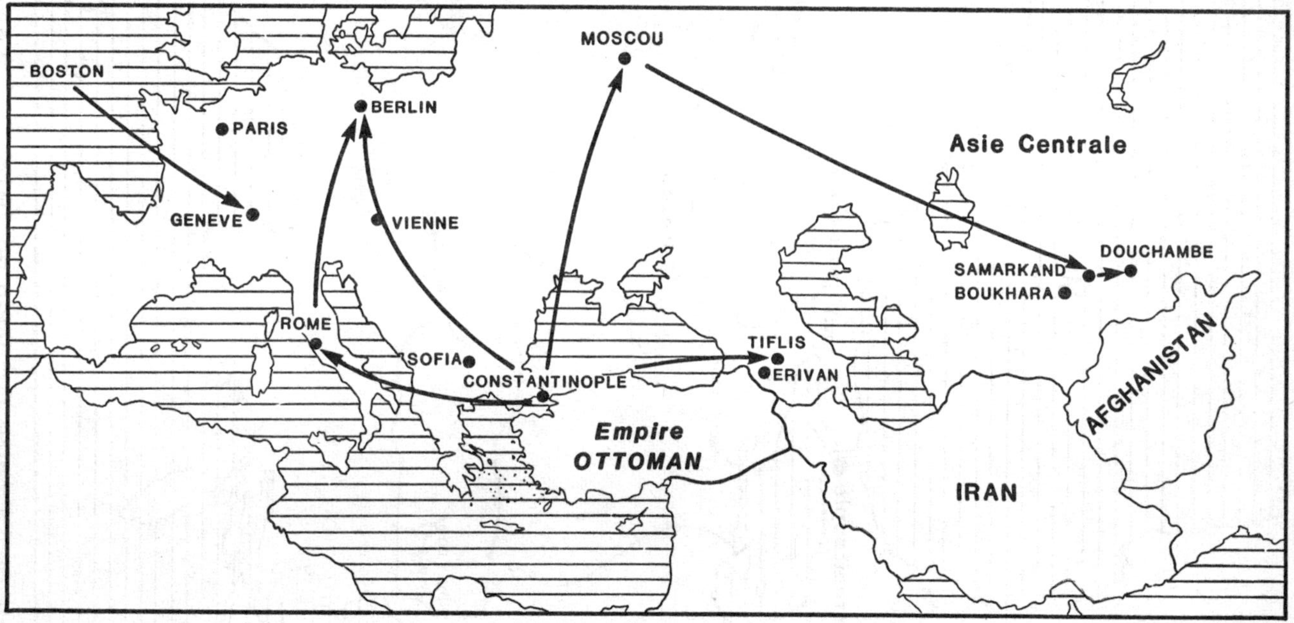

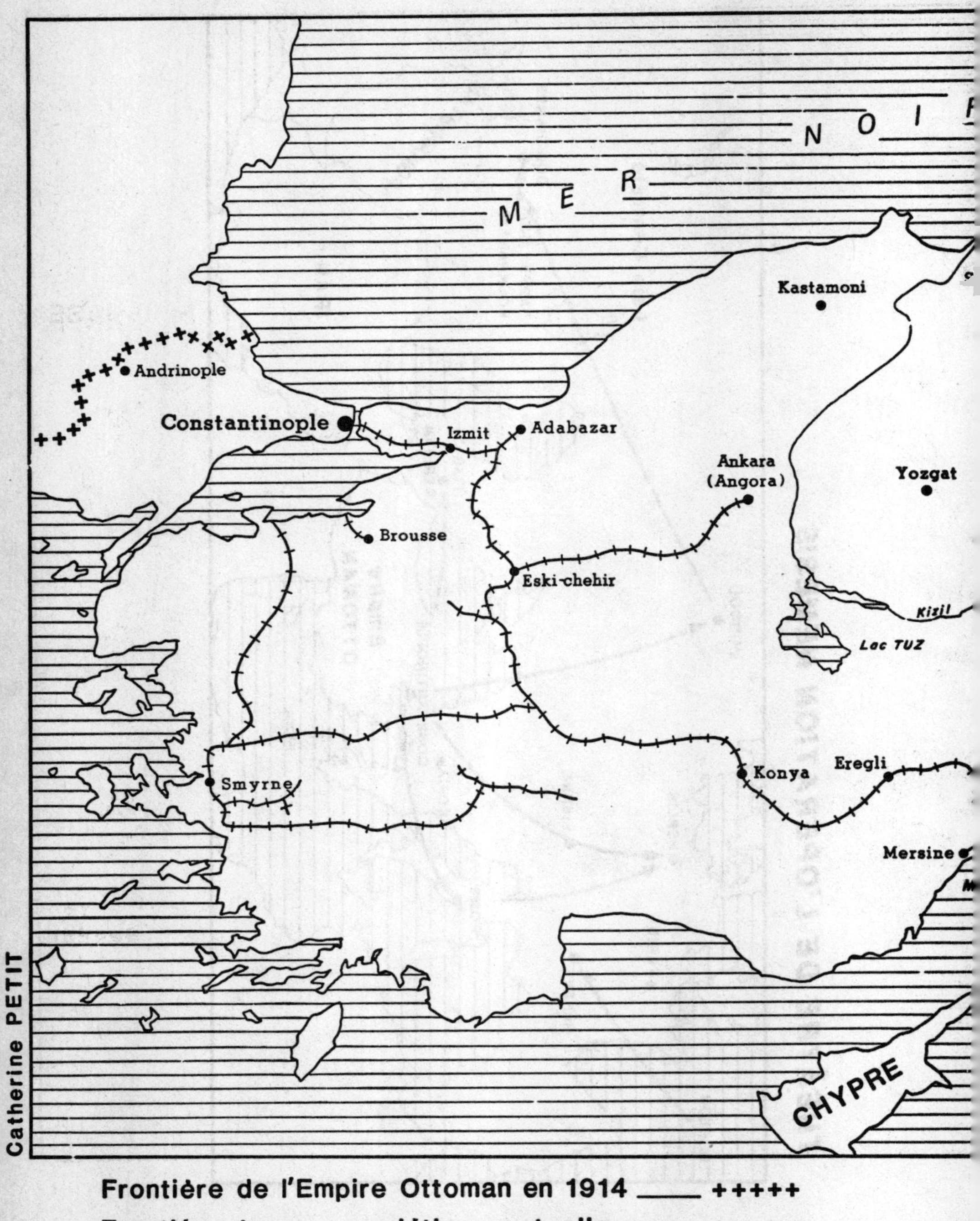

Frontière de l'Empire Ottoman en 1914 _____ +++++

Frontière turco - soviétique actuelle _____ +·+·+·+

Arménie indépendante 1918 - 1920 _____

L'ASIE MINEURE
PENDANT LA GRANDE GUERRE

SOMMAIRE

Cet ouvrage a été composé par C.M.L., Montrouge
et achevé d'imprimer en août 1986
sur presse CAMERON,
dans les ateliers de la S.E.P.C.
à Saint-Amand-Montrond (Cher)
pour le compte de la librairie Arthème Fayard
75, rue des Saints-Pères — 75006 Paris

35-30-7601-01
ISBN : 2-213-01829-4

Dépôt légal : septembre 1986.
N° d'Édition : 2269. N° d'Impression : 1502.

Imprimé en France

35-7601-4